流动的博物馆

李德庚————著

LIQUID
MUSEUM

文化艺术出版社
Culture and Art Publishing House

目录

一　什么是博物叙事

- 2　用叙事来抗拒时空压缩的迫害
- 7　精选现实对现实的威胁
- 11　博物叙事 ——一种超现实主义的现实形式

二　从家庭博物馆到社会博物馆

- 18　**家庭中的博物馆**
- 18　个人和家庭的博物收藏
- 20　个人和家庭博物收藏的储存、展示与叙事
- 25　**博物馆的社会化**
- 26　博物馆情感从个人、家庭向公共社会转移
- 31　博物馆文化权力的建立
- 34　博物馆展览资源社会系统的建立
- 41　博物馆展览叙事的社会分工
- 46　**流动的博物馆**
- 48　重新理解公共性
- 50　从知识传播到文化生产
- 57　**博物馆展览叙事的基本结构**
- 57　展览的四样要素
- 60　展览叙事的结构

三　走向成熟的博物叙事语言

- 64　**物的解放与进化**
- 64　日常生活中的物的进化
- 66　博物馆中的物的范围的扩展
- 68　超物之物
- 84　非物之物 ——以文字的展品化为例
- 98　对物的尊重
- 102　**对物的解构与博物叙事语言的形成**
- 102　从原作到仿品
- 104　从模仿到创造
- 107　像、媒介与意义的拆解与重构
- 114　**物的表演**
- 114　展览围绕着物的表演展开
- 116　物在演出中的身份与角色

124 物的表演

四 从观众到新观众

144 "观众"的演变
144 从日常的主体到"观看"的主体
145 强化了视觉的观众
146 观众的感官蒙太奇
148 观众成为参与的主体
152 "观看"的延伸
152 展览中的观众是被重新设定的感知综合体
155 观众感知系统的延伸
159 突破感知与行为的禁令
164 观众对展览的自我剪辑
164 观众的行为、观看与思考
170 展览观众的自我叙事剪辑

五 作为文化能量场的博物馆空间

180 展览空间的演变
180 从藏品库到展厅
181 游牧的博物馆空间
185 互联网给展览空间带来的改变：
 交织与结点
190 展览叙事的能量场
190 黑盒子与白盒子
192 文化叙事的游戏场
194 事物结构关系的"协调者"
200 展览空间结构的叙事性
200 展览空间结构的叙事性
202 博物馆建筑结构的叙事性
205 用参观时间塑造展览空间
205 展览叙事的线性空间
206 展览线性空间关系中的两组矛盾
212 线的空间构成
213 墙面
220 隧道
222 观众流线

六　展览叙事中的真实

- 236　**在客观存在与主观认识之间的真实**
- 236　谁的真实？什么的真实？
- 239　对真实的修补与升华
- 246　**叙事现场与现实世界之间的真实**
- 247　往事与当下现实的共振
- 249　当下的事与当下现实的共振
- 253　**准备发生的真实**
- 254　现场的真实
- 257　知识与文化的真实
- 259　社会影响的真实

七　展览叙事中的文化视角

- 266　**展览叙事中的两种经典视角**
- 269　**博学家视角的演变**
- 269　从博学家到陈述人
- 276　从讲述知识的博学家到叙事实验的主持人
- 293　博学家视角与诗人视角的融合
- 298　**亲历者视角的演变**
- 299　亲历者视角在今天的勃兴
- 299　亲历者视角与亲历者叙事
- 307　亲历者叙事的现场结构营造

八　走向新展览 —— 从文化叙事到文化实践

- 318　**博物馆展览的转型**
- 318　博物馆的异化与泛化
- 321　展览叙事的成长
- 323　从文化叙事到文化实践
- 325　**走进世俗生活的展览叙事装置**
- 331　**融入现实 ——**
  当代展览叙事装置的社会性结构
- 338　**保持文化独立性 ——**
  当代展览叙事装置的叙事性结构
- 344　**积极的中立区**

- 348　注释
- 353　后记

一 什么是博物叙事

（一）用叙事来抗拒时空压缩的迫害

为什么人们会创建博物馆？为什么今天人们仍然需要博物馆？为什么在虚拟世界急速冲击一切的同时，以物质世界为基础的博物馆并没有走向消亡反而呈现百花齐放的态势？这几年来，带着这些问题，我查阅了大量的博物馆相关著作、论文与案例去寻找答案。其中，我最喜欢的是美国女诗人苏珊·斯图尔特（Susan Stewart）[1]的一个极其简短的说法——"抗拒时空压缩的迫害"[1]。博物馆这个概念历经千年，从个人、家庭到特定阶层，到公共社会，到不同社群，在不同的地方、不同的时代中承担过形形色色的社会功能，到了今天更是演绎出无数种化身，呈现极其丰富的多样性与复杂性。而博物馆的内核却从未改变，就是无论在任何场景下，以任何形态出现，都是靠集合时空中的"碎片"事物，重新编织出一个乌托邦幻境，来帮助人突破"此时

---

1 苏珊·斯图尔特（1952— ），美国诗人与批评家。近年来执教于美国普林斯顿大学，教授诗歌史、美学和文学理论课程。曾多次获奖，代表作有诗集《红色漫游者》《骨灰壁龛》《黄色的星与冰》及文学批评著作《诗与感觉的命运》等。

此地"的精神囚徒困境。诚然,博物馆也是个现实的场所,是社会功能分工的一部分,但它的现实性恰恰只能靠它的非现实性来实现,让观众跟着博物叙事一起,走出现实的重力场,走到时间流之外,去获得日常生命之外的另一种体验。

所谓"此时此地的精神困境"或"时空压缩的迫害",是出于人的肉身逻辑和精神逻辑之间的一种天然矛盾。人的肉身注定会被框定在某个时间坐标和空间坐标的交叠之处,接受时空逻辑的管束,但人的精神与思想却是自由流动的,不会甘心受制于这种看不见的狱墙:在时间上,希望能够在过去与未来之间自由穿行;在空间上,希望能够走进更大的世界,到达更远的地方;在角色上,希望能够跳出被限定的那个"我"以获得更丰富的体验;在日常习惯和社会功能所规定的认知之外,也希望能生长出更感性的想象……

为了突破现实维度的限制,人们发明了各种各样的概念与方式:比如"故乡"这个概念就是从个人的角度出发而塑造出来的一个已然消逝了的、在过去的时间和空间中生成的回忆与想象,并由此引发了人们怀旧和伤感的情绪;再比如世界上的各种宗教与不同的文化区大都创造出了日常世界之外的其他世界,如前世、来世、天堂、地狱、仙界、鬼域……也包括了当今文学与电影中的科幻世界。在这些世界中,尽管依然能看到现实世界的影子,但终归还是有很大不同,比如重力不同、时间计量不同,等等。此外,人们还假定了这些世界与我们的世界之间存在着往来的方式,如修炼可以成仙、做好事可以上天堂,以及近年来各种文学和影视作品中流行的时空"穿越",等等。归结起来,人们对这些其他世界的想象都是出于同一种欲望——突破现实世界的"此时此地"的精神困境。

除了靠想象去创造其他世界之外，人们也创造了很多更简单、更现实的方式，比如狂欢节就是在日常现实世界中修改出另一套截然不同的逻辑，让人们能逃离日常的固化角色，跳出日常的节奏与规律，寻找能够破解现实的变化；诗与艺术也能帮助人们跳出精神的束缚，即便身在日常场景之中，也能看到隐藏的另一种美；文学、戏剧与影视则是把本来的现实日常转换为一种符合精神体验的形式——故事；今天的电子或网络游戏也是同样的道理，而且角色代入感更强，乃至让人的意识忽视掉自己肉身和身边物质世界的存在，完全进入一个虚拟出来的世界中去……

这样看来，人们用来"抗拒时空压缩的迫害"的叙事方式有很多，博物馆顶多只能算是其中的一种而已。只有对"抗拒"的性质和方式加以分析，我们才能找到博物馆与其他事物的不同。所谓抗拒，人们一般会有两种心态：要么积极进取，要么消极逃避。要"抗拒时空压缩的迫害"，积极进取的方式也有很多，旅游就是最常见的一种。旅游虽然不能解开时间和空间交叠的枷锁，但可以打破固化的"时间—空间"循环，全新的空间、场景与经历能给人的生命增添更丰富的体验，即便时间容器没变，但里面盛放的内容却可以不一样。进一步来看，人们需要的只是与日常形成差异化的场景，而跟地理距离没有绝对关系（尽管更远的距离往往能提供差异更大的场景），船员的生活就是个很好的例子，航海的距离对他"抗拒时空压缩的迫害"并无意义；相反，距离越远，他困在固定场景（船上）的时间就越长。宇航员的生活也是同理，而且程度更甚。切换场景往往也意味着切换角色，当人们离开日常场景，进入"异托邦"[2]场景，就从一个熟悉并且需要小心应对的日常关系中脱离出来，进入一个陌生的、放松了利害关系牵绊的观察者视角中了,以此来实现一定程度的精神解脱。反过来说,如果人的身体依然留在日常场景之中,精神是否可以跳出日常的束缚呢?这就要看人的精神拓展能力了,只有精神拓展能力强大的人才能在固定的日常场景之中延展出新的空间或发现新的层次。最常见的例子是科学家与诗人,借助知识与仪器,始终处于实验室的科学家可以进入更微观的世界,也可以到达更遥远的星际;而诗人则往往具有一种把日常场景陌生化的能力,让自己从日常关系中跳出来,以发现新的感受与认识——让自己活得像一个旅行者。

如果说采用"积极进取"的态度,通过置换新场景与新角色就可以在一定程度上跳出日常,进入一种"异托邦",那采取"消极逃避"的态度,躲进自设的"桃花源"则可以看作在营造一种更带主观意识的"异托邦"。陶渊明笔下的"桃花源"虽然并不是为了躲避"时空压缩的迫害"而创建的,而是出于真正的战乱迫害,但针对遍布战乱的日常世界而言,其所描绘的这个看似更像日常的世界又何尝不是一个理想的"异托邦"?事实上,在中国古代,有经济实力的文人都在建立自己的"桃花源",我们今天看到的大多数古代江南园林如拙政园、留园、网师园等其实都是当时做官文人的精神避难所——一个由主观意识所塑造的、浓缩了文人的自然理想的世界。对于大多数普通人来说,既没有他们的经济实力,也没有他们的自然理想,但普通人也会寻求精神世界的庇护,祠堂、教堂或寺庙就是为此而设的。不管人们在日常现实中遭受了多大的苦痛,都可以通过来到这些特殊的精神空间进一步接驳到一个更自由开阔的想象世界来进行稀释。事实上,几乎所有的宗教叙事都给人提供了一个比现实人生更自由开阔的世界,人们进入这些接驳空间的场景中就会清晰地感知到它。在这些想象世界的描述中,肉体生命虽然会停止,但精神生命不会结束,现实人生不是全部的人生,而是之前和之后的更长人生序列中的一段而已,此生受的罪在下一段人生中会得到补偿,此生犯的错也有机会在进入下一段人生之前通过赎罪或忏悔而得到弥补或原谅。这样一来,时间的维度就大大延展了。当有了"前世今生"这样的概念,就可以根据不同的时间段来延展与设定场景,空间的维度自然也就随之扩展了,更何况在前世、今生和后世的序列中,场景会改变,人自己的角色和命运也会改变,成为一种无限切换"异托邦"的旅程。当时空维度不再为有限的现实人生所拘束,人们在精神上所遭受的"时空压缩的迫害"自然就减轻了。

(二)精选现实对现实的威胁

对于"此时此地"的现实时空枷锁,叙事是有效的破解工具。叙事可以把现实与记忆及想象世界联通起来,帮助人们进入更自由、开阔的世界中去。当人在现实世界中受伤或难过时,叙事中的世界可以作为一种避难所,给人们带来心灵上的慰藉。随着社会文化的发展,人们的叙事能力也在变得越来越强大,这当然就能帮助人们更有效地破解"时空压缩的迫害"。但与此同时,叙事的强大也并非全然是好事,在一定程度上还可能演变成一种对现实的威胁。

叙事或多或少总是在模仿现实。既然是模仿,在语言尚不成熟的时候,叙事往往就不如现实本身来得生动、饱满与可信。但随着叙事语言与技术的不断完善,就逐渐能够描绘出一个跟现实非常相近的世界。何况观众(或听众与读者)的大脑会根据自己的现实经验来主动完善缺失的部分。当然,如果叙事仅仅是在模仿现实,则对人的吸引力注定是有限的。然而,模仿只是其表象,更确切地说,叙事只是通过模仿现实来吸取养分并完善其语言系统,真正所做的事是精选现实。这可以从三个方面来证实:其一,叙事往往只会在浩瀚的现实中挑选一部分来进行叙述，而其他大多数的现实是被视为不值得叙述的，这就是一个对现实进行精选的过程；其二，在对某段现实进行叙述组织的过程中，会去掉冗余而只留下精华的部分，这可以算是第二轮的精选过程；其三，叙事者往往还会进行艺术加工，目的是让叙事更具吸引力。

说到底，叙事是一种人的主观行为，对叙述对象进行选择与优化是再正常不过的事了。而且，叙事选择与优化的对象不仅仅是客观世界的存在，甚至还包括观众或听众的认识与情绪——只有这样，才能真正实现完整的对现实的精选。事实上，在叙事中往往会把现实世界中人的复杂性进行精简和美化，以符合叙事世界的需求，比如：

- 把人在现实世界中的复杂情感与反应戏剧化

由于"移情"的作用，观众或听众会被拉进叙事的情节或场景之中。为了让叙事更有吸引力，叙事者往往会把人在现实世界中复杂的情感与反应进行精简或夸张处理。这可以分成两个层面来看：一是去除那些被视为"杂质"的情绪，而只留下那些有利于营造戏剧感的、令人感到刺激的强烈的情绪，甚至通过各种修辞手法去进一步强化它，以使整个叙事中人的情绪变得简洁且充满张力；二是出于娱乐性的驱使，在很多情况下叙事者会有意识地屏蔽掉那些让人感到不悦、不耐烦的情绪，而主要提供让人感到愉悦或刺激的情绪，有的情况下痛苦的情绪是需要的（比如悲剧），但也会点到为止，让在现实中的切实痛苦转化成一种带有娱乐感的刺激。

- 简化人在现实世界中积极进取的精神和经历艰难的劳作过程

　　在现实世界中，人往往需要保持积极进取的精神和经历艰难辛苦的劳作才能获得进步与成果。而在叙事中，一般会直接忽略掉这个过程，让成果变成叙事的一种预设；就算由于叙事本身的需要而必须呈现这个过程，也不可能真正让人去完整地体会这份长时间的折磨，而是用简化的方式来让人体会或意识到它即可。

- 把人在现实世界中需要承担行为后果的责任完全删除

　　叙事世界虽然会模拟现实世界，但在现实世界中，人要为自己的一切行为承担后果，尤其是那些刺激和挑战的行为。在叙事世界中，刺激与挑战的行为出现的频率更高、程度更甚，但观众只是通过"移情"来参与其中，却不必去承担真正的后果，甚至在有些叙事中干脆把"后果"这种不招人喜欢的部分直接删除，观众只享受中间那个让人刺激的过程就好了。

- 人在叙事世界中拥有随时进入和退出的权利

　　因为叙事世界是人为了自己创造的，所以远比现实世界对人要宽容得多。现实世界就像一条一直向前的公路，人是没有退出的权利的。而在叙事世界中人却自动拥有了选择的权利，可以自行选择是否愿意进入，进入之后如果感到不满也可以随时选择退出。

　　通过这一整套的暗箱操作，即便有些叙事仍会声称其在真实地呈现现实，但在事实上已经转化成了一种适应（甚至是讨好）人主观意识的精选现实。

在今天，随着叙事世界对现实世界的精选与优化能力越来越强大，人们越来越喜欢沉浸在叙事世界之中而忽略甚至是厌恶现实世界——叙事世界的精选现实逐渐演化成了一种对现实世界的威胁。回溯当初，叙事的出现只是作为一种对现实存在的虚拟化的补充，但叙事本身也是现实的一部分，必定会占用人的时间，甚至还包括现实中的空间或其他资源，所以，叙事实质上是一种同时具备虚拟性与现实性的特殊事物，它所描述的世界是虚拟的，而它本身的存在却是现实的。随着叙事方式的不断增多，叙事手段的不断丰富与完善，叙事对人们的吸引力越来越大，在现实存在中所占的比重也就越来越大，逐渐变成了一种与日常现实并行存在的事物。

虽说是并行，但因为叙事世界往往比日常世界更具吸引力，于是人们就更愿意沉浸在叙事世界之中，反过来威胁到日常现实的存在（今天的新一代普遍愿意沉浸在网络游戏中而厌恶日常现实就是很好的例证）。当人们的欲望在叙事世界中更容易被满足时，现实世界就会逐渐被人们遗弃。对于沉迷在游戏世界中的孩子，有家长可以强行把他们从游戏世界中拉出来，回到现实之中，但如果所有人都进入了这种新的困境，又由谁来扮演那个家长呢？

（三）博物叙事——一种超现实主义的现实形式

博物馆的文化展览是叙事方式中的一种，当然也可以用来"抗拒时空压缩的迫害"，但博物馆不会像其他叙事那样从解开现实世界的时空压缩开始，最终却反过来威胁现实世界的存在。观众在博物馆中看到的，虽然不能算是客观世界的本来面目，但也不能算是纯粹叙事的主观世界，严格说来可以算是以人的主观认识来重新选择和安排的"客观世界"。它是按照人的主观认识的逻辑而建造的，但又始终不会割裂与客观世界的联系，这其中的关键就在于博物馆中特有的叙事载体——"物"。

每种叙事方式都有自己的语言和载体，但博物馆中的"物"除了是叙事的载体之外，还具备其他叙事载体都不具备的两个性质：作为现实世界的档案（针对叙事）和物质世界的一分子（针对客观存在）。正是由于具备这两个特性，才让博物馆的展览叙事与其他叙事方式从根本上区别开来。

首先，我们必须承认，叙事与事实之间永远是隔着一条鸿沟的，在现实世界中所发生的一切是无法通过任何方法被完整地复述出来的，叙事所能做的是尽量去接近那个事实。所有的叙事都是通过人的主观认识和叙事语言的组织来实现的，自然会丧失掉不少的真实性,而博物馆展览叙事的主要载体是成了档案的"物"———种亲历过事实的东西,因此也就具备了一种特别的可信度和代入感,这是其他叙事方式所不具备的。作为档案的"物"不光提供了形式、体量、色彩、材质、工艺,以及在现实中留下的一切痕迹记录让观众去感知,同时也是一种与事实相关联的"证明",与让观众切换到事实场景的"门户"。既然客观事实注定不可完全获得,那档案物就是观众所在的从此时此地与它联通的最可信的渠道,博物馆展览叙事也因此变得与客观事实相通。

其次,我们还需要承认,人对客观物质世界的认识是有限的,而客观物质世界本身却是无限的。当我们把这条准则与叙事对照起来看,就会发现其他的叙事载体如文字、图画、影像等都是人创造出来的,纯粹是为了表达人的认识而存在,因而是有限的,只有博物馆展览叙事中的物是来自客观世界,因而可以说是无限的。每个物都是一个有着无限纵深的宏大世界,我们可以不断深入地认知它,却永远不可能全部掌握它。在具体的博物馆叙事中,往往会把某个展品物置于某种情境关系之下,引导观众站在某个角度或从某个层次去观察它和理解它。但从本质上来讲,物的意义和认知依然是无限的,远远超出观众的理解范围,甚至包括研究者和叙事者也不可能完全掌握它。因此,在这个主要由物来构成的叙事中,永远存在着两面性:其中的某些层次通向人的主观认识与叙事,而另外的更多的、无限的层次却并不在叙事之中或处于未被解读的状态——物本身的无限性并不属于语言世界,而跟外面的客观世界是相一致的。

像其他的叙事方式一样,博物馆中的展览叙事也会以自己的方式描述与重组现实世界。在这样的叙事结构中,并不需要去对应现实世界的规则(尤其是时间和空间规则），它服从于特定的概念和人的认识，呈现的是人对现实世界的认知状态。从现实世界中提取出来的"物"会根据叙事的需要被重新组合与安排——来自客观世界的物质材料将按照主观世界的认识黏合成一种新的组合状态。在这个"从客观世界中拆解——在主观世界中自由重组"的过程中，现实中的"时空压缩"也就自动瓦解了：从空间上来说，当物被从现实环境中"摘录"出来时，就已经成为一个独立的物，不再受到具体现实环境的管辖，它的管辖权会移交给博物馆的叙事环境；当来自现实世界中完全不同地点的物在博物馆的同一个空间中汇集，也意味着它们已经脱离了现实世界的地理坐标的制约。从时间上来说，在现实世界中单向行进的时间流在这里被转化为两种同时存在的叙事时间结构：一是观众参观展览的时间；二是在叙事中被重新编辑过的时间结构。后者的性质与物一样，可以根据叙事需要来进行拆解和重新安置（比如在历史博物馆中就如此）。时间的顺序可以改变；时间的长度可以压缩或延展；甚至可以同时出现多条时间线；在有些特殊的情形下，时间是否是线性的也是个问题；如有必要，甚至可以完全取消时间的概念……通过对时间和空间的重新编排剪辑，博物馆中的展览叙事塑造了一个按照主观意志重新安排过的第二客观世界，时间和空间的坐标不再是由现实给定的，而成了一种可以进行自由组织的内容的一部分，"时空压缩的迫害"自然也就不存在了。

常规的博物馆展览叙事对物的"拆解—重组"一般只是停留在简单的"物理"行为上，但在今天，有些博物馆的展览叙事（尤其是当代美术馆）已经开始引入"化学"行为了。二者的区别在于："物理重组"是把物从现实场景中裁剪出来之后，完全保留或只是稍做改动，然后就直接根据展览所设定的叙事关系来做空间位置的安排；而"化学重构"行为则是对物进行拆解和重构，把原先在形态、尺度、色彩、材质等多个层面合一的物进行拆解、替换或改变……这样一来，展览叙事所做的就不仅仅是通过对现实世界秩序的重新"安排"来呈现人对现实世界的认识，而是通过进一步拆解现实世界的基本构成来探寻世界在既定现实之外的其他可能了。从某种意义上来说，常规的博物馆展览叙事不是去呈现客观现实在主观认识下的模样，就是以客观现实为基础去构建新的主观认识，而在这种"化学"式的对物的拆解与重构中，那个既定的客观现实不再代表天然正确的存在，而是成为被质疑的对象和等待被修正的原型——"上帝已死，一切将重新评价"（尼采）。当一切都可以被重新设定的时候，被解开的就不只是"时空压缩的迫害"，甚至是"既定现实的迫害"了。

除了"物"这个特殊的载体之外，博物馆的观众跟其他叙事方式的观众也有很大的差别。一般来说，在现实世界中人人都是"自己"，而当进入叙事之中，就会把精神的自己投射到叙事情境中去，甚至是附着在某个角色身上，成了"别人"，这种情形在小说、戏剧和电影中都很常见，而今天新一代沉迷的网络游戏，更是让玩家（观众）忘了现实中的自己，全情投入游戏中所设定的那个角色之中。而德国著名戏剧家贝尔托·布莱希特（Bertolt Brecht）却反对这种完全的角色上的"移情"，他认为演员在表演时不要完全沉浸在角色所设定的"别人"身份之中，而要不断在作为看戏的评论者的"自己"和作为演戏的角色的"别人"之间切换——他把这叫作"间离效果"。布莱希特对戏剧的这种完全沉浸的担心放在博物馆的展览叙事中就显得多余了，由于展览的主要叙事载体是物，叙事中所涉及的人都是靠与物的关系或情境的设定来间接映射出来的，所以观众不可能完全附着在叙事中的某个角色身上,而是必然处于某种冷静的观察与思考的状态之中。从某种意义上来说,已经实现了布莱希特所期望的那种"间离效果"。

博物馆的展览叙事世界是一个以主观认识来重新选择和安排的"客观世界",因此它也就成了一种按照超现实主义的逻辑来构建的现实形式。博物馆的展览叙事既不可能复制客观现实,也不可能是一种纯主观的叙事,它注定只能站在主观与客观世界之间。它既能讲述现实,也能呈现超越现实的其他可能。

二　从家庭博物馆到社会博物馆

今天，当我们说到博物馆，大家都知道，指的是一种专门以物的收藏、展示和叙事为主的公共文化机构。事实上，物的收藏、展示和叙事并不只出现在博物馆这样的专门机构，在人们的日常生活里，它的历史更远久，而且直到今天还在扮演着重要角色。作为一种社会生活中的自发行为，物的收藏、展示与叙事一直是人们日常生活的一部分，博物馆是在这种日常自发行为扩大化、公共化和专门化之上的产物。

（一）家庭中的博物馆

1　个人和家庭的博物收藏

在不同的时代、文化和地域环境下，个人和家庭中的收藏、展示和叙事方式都不会完全一样。一般来说，个人和家庭收藏大多出于两个目的：一是保留记忆，这其中就包含个人记忆、家庭记忆甚至是家族记忆；二是出于个人兴趣，收藏领域就非常繁杂了，完全因人而异。

通过收藏物品来保留记忆，对人来说是非常自然和普遍的行为。无论是个人、家庭这样的小单元，还是家族、部落、社会这样更大的单元，都会用收藏物品这种方式来对抗时间，找回过去。比如今天我们很多人都有保留小时候成长记忆的箱子（或抽屉等），储存着小时候的涂鸦、玩具、衣服、书等物品，虽然时光一去不复回，但我们可以凭借这些物品找回自己小时候的记忆。20世纪后半叶的中国家庭大多会有几本家庭相簿，来记录家庭成员共同生活的印迹。当家里的长辈去世之后，还会把去世长辈的照片（通常是黑白的，以配合记忆的感觉和肃穆的氛围）直接挂出来，让在这个家庭空间里生活的后辈能够持续感受长辈的存在。在传统社会中，人们更是非常重视保留家族的共同记忆，还建造了像祠堂这样的专门空间来盛放家族记忆和举办家族祭祀活动，让家族的共同记忆不断浸染到每个后辈的个人记忆之中。

个人和家庭收藏的另一种原因是兴趣。一方面，人们总是会对拥有新奇的事物感兴趣，因为新奇的事物往往关联着日常之外的另一个陌生的世界，所以也可以说，这种兴趣背后是人性对于日常的厌倦，以及不断了解新世界的一种渴望；另一方面，无论是出于天性，还是环境使然，不同的人感兴趣的事物也不见得一样，但无论收藏者对哪一类事物感兴趣，都意味着他找到了一个自己观察世界的角度，并不断从收藏品的积累中获得更大的教益。

记忆的收藏大多来自生活的积累或者家庭的传承，而源于兴趣的收藏基本上要专门从外界获取。这样，收藏的水平就跟经济能力和社会权力有很大关系。比如说集邮，之所以成为一种最普遍的个人兴趣收藏之一，就是因为邮票的资源相对充足、获取渠道方便，而且大多数人都能负担得起。与之相反，有些东西的收藏资源就相对匮乏，需要特殊的渠道或艰难的过程才能得到，往往非常昂贵，这就需要富有之家、王公贵族，甚至是居于财富和权力顶峰的皇帝才能拥有。清朝的高官和珅就喜欢收集玉如意；13世纪至17世纪意大利的美第奇家族则喜欢收藏艺术品；近代英国的罗斯柴尔德家族喜欢收藏尼德兰古卷、中古家具和陶瓷。这类稀有的收藏非常依赖个人权力与财富的支持，普通人通常是负担不起的。

有了权力与财富的支持，藏品的收集与储存能力就会变得强大起来。比如我国宋朝的宋徽宗喜欢太湖湖底的奇石，石头沉重，又在湖底，在当时想要弄上来有多不易可想而知。清朝的乾隆皇帝喜爱书法，他就有权力动用全国的资源来寻找最好的书法作品，甚至专门建立了自己的书法博物馆——三希堂，来主要储藏当时的三件稀世之作——东晋大书法家王羲之的《快雪时晴帖》、王献之的《中秋帖》和王珣的《伯远帖》——以及其他的几百件书法珍品。直到今天，在发展藏品的能力上，掌握权力和财富的人群依然有着普通人难以企及的优势。

2 个人和家庭博物收藏的储存、展示与叙事

即便对个人和家庭而言，收藏也只是第一步，接下来就要考虑如何储存藏品，怎么展示藏品，以及能用藏品做什么了——当这些环节衔接起来就可以成为一个简化版的博物馆。对于这种"家庭博物馆"而言，因为条件所限，所以在整体上遵循的基本原则往往是空间上的因地制宜和功能上的实用主义：

- 因为藏品价值不高，所以不值得做过度的保护措施。
- 因为家里空间有限，所以需要因地制宜，很多时候是把展示与储存合二为一。
- 要有效地利用藏品的审美功能，把藏品展示与家庭空间美化需求相结合。
- 把藏品的叙事跟具体的生活需要相结合。

就以上文提到过的家庭相簿为例，它体量很小，合上之后便于储存，打开之后方便展示。里面放的一般是家庭成员的相片，通常会按照时间或地点排序，从中可以呈现某个家庭成员或者整个家庭的成长过程（图 2-1）。有了家庭相簿，

图 2-1

全家人就可以一起来追忆过去的时光，凝聚家庭的亲情。跟家庭相簿类似的还有女主人的首饰盒，同样体量很小，可以放到梳妆台上。这些首饰收藏往往并不会进行集体展示，而是出现在女主人的头发、脖子、手臂或手指上面，它的展示跟女主人对自己的形象塑造完全结合在了一起。

并不是所有的家庭藏品都像相片和首饰一样袖珍，当藏品大到一定的程度，它的储藏与展示就不可能获得独立的空间了，而必须与家庭空间的美化和氛围营造结合起来。比如中国家庭中常见的多宝阁，就是一个非常实用的多功能装置：一方面，它能够同时储存与展示几乎所有中等体量的藏品，无论是瓷器、盆景、玉石、相框、纪念品都可以；另一方面，由于它的外形像一堵墙，而且带有漏窗，所以还能起到类似屏风的作用，可以用来分隔功能空间。今天的一些欧美家庭仍然喜欢收藏与展示麋鹿或其他大型动物的头角，这跟他们的捕猎传统有关。由于这些动物头角的体量很大，所以通常的做法是让头角从墙里"伸出来"，既节约了空间，同时还营造出了一种有趣的戏剧感。家庭收藏中不但有动物头角这样的标本，活体的动物或植物也很常见。比如今天很多住在城市楼房中的人会因地制宜地把自己的阳台变成一个微型"植物园"或"动物园"。植物种在阳台上是因为大多数植物需要阳光，利用阳台上的绳子可以挂鸟笼，地上可以养小鼠、乌龟、蜥蜴等，整个阳台一片鸟语花香，弥补了城市楼房无法拥有花园的缺陷。足不出户，家里也拥有了自然环境，对于身心健康非常有益。在客厅里，很多人则喜欢用玻璃鱼缸养鱼，今天城市家庭中的鱼缸比过去有了很大的改进：从陶瓷换成了玻璃，带来了更好的欣赏角度——一个完整而透明的侧面；外形大多也从圆形换成了扁方——像多宝阁一样可以担当隔墙的功能，大大节约了空间。

其实，从这些五花八门的"家庭博物馆"中，我们已经可以看到社会博物馆的一些基本样貌：

- 从目的上来讲，主要用来保留记忆或者拥有更大的世界，以"抗拒时空压缩的迫害"。
- 从结构上来讲，已经具备初步的收藏、展示和叙事功能。
- 从类别上来讲，已经体现一定的专门领域细分。
- 从技术上来讲，已经在综合运用各种展览技术和巧妙的空间处理手法。
- 从外延上来讲，已经体现对于博物叙事的用途和价值的多角度开拓。

当然，由于条件所限，普通的"家庭博物馆"只能停留在一种适应家庭具体需要的朴素状态，无论是从空间上还是功能上总是跟日常生活交织在一起，都无法获得独立发展的空间，无论是规模上还是深度上都无法与我们认识中的博物馆相提并论。但在富有的王公贵族家里，情况就完全不同了。今天我们所说的博物馆正是在王公贵族的"家庭博物馆"的基础上发展起来的，这些王公贵族的"家庭博物馆"已经初步具备了社会博物馆的一些基本条件：

- 空间上的独立

由于王公贵族家庭拥有足够的空间，就有了把博物馆独立出来的条件。16世纪的欧洲贵族就流行设置一种叫作"奇观室"（德语：Wunderkammer）[3]的空间来储存和展示他们收集的奇珍异宝,这种专门的博物空间在意大利则称为"储藏室"(gabinetto)[4]或"画廊"(galleria)[5]。而更具权势和财富的国王或皇帝就会更铺张一些,比如上文提到过的清朝乾隆皇帝就建立了自己的书法博物馆——三希堂;而今天英国伦敦著名的植物园邱园原本也是英皇乔治三世的皇太后奥格斯汀公主所建的一所私人植物园;人们经常谈到的西方博物馆的始祖——公元前3世纪建立的亚历山大博物馆也是由一位国王建立的,由于亚历山大博物馆的空间够大,除了博物收藏与展示之外,还专门设立了相关的图书馆、植物园和研究院。

空间上的独立为博物馆带来了全方位发展的可能,一切都可以专门围绕着藏品展开,而不必兼顾其他的生活需求。比如藏品不会跟日常用品夹杂在一起,藏品与藏品之间的关系也变得更加纯粹,为更细致的分类和研究提供了条件。更重要的是,只有空间独立,才能让家庭成员之外的专门研究人员入驻,进行博物学、储藏与展览等相关的研究才成为可能。

- 一定范围内的公共性

其实也不能完全说普通的"家庭博物馆"就完全没有公共性,只是由于普通家庭的藏品往往比较私密,空间有限,社会交往的范围也比较小,所以很难达到谈论公共性的程度。而王公贵族的藏品来源就有很大的开放性,家里的空间够大,还经常举办各种社交活动,所以就可能让更多人来欣赏藏品。

具体来说,除了家人之外,王公贵族的"家庭博物馆"主要对两种人开放:一是上流社会的朋友圈,二是博物学者与研究人员。王公贵族们之所以斥巨资建立

"奇观室"和"博物馆",其重要目的之一就是彰显自己的品味、财富和社会地位。而对于珍贵的藏品来说,收集、保护、研究与展示都是很专业的事,需要非常专业的知识才能有效运行,所以这些"博物馆"也必须允许专业人员进驻才行。

当然,王公贵族的"家庭博物馆"中的公共性还很初级,远不能跟社会博物馆中的公共性相提并论,但它确实在一定意义上已经脱离了"家庭"的范畴,具备了在更大范围内"共享"和"公共"的性质,这也为后来公共博物馆的成立奠定了基础。

- 开展博物研究的能力

王公贵族们拥有强大的经济实力,可以把博物馆的每项需求都专门化,找专业人士来负责与提升。比如有人专门负责搜寻藏品,这就会逐步提升藏品搜集、保护、运输等环节的技术能力;有人负责在藏品的基础上发掘新的知识和理解,就能开始搭建相应的博物学研究体系;有人负责藏品的展示和叙事组织,就开启了博物馆展览叙事的探索之路。

今天的很多博物馆研究著作都认定,后来的社会博物馆主要是在早年王公贵族的"家庭博物馆"所提供的基础上发展起来的。当然,如果回到"博物叙事"本身,则有着更加广泛的社会基础,并不局限于博物馆这个概念,除了家庭与社会的博物馆之外,像祠堂、寺庙、教堂和墓地等精神性社会空间中都能看到博物叙事的影子,它们的一些做法也被博物馆借鉴与使用。

（二）博物馆的社会化

博物馆真正步入公众生活是始于17世纪末的欧洲。虽然在此之前，贵族和宫廷的私人博物馆、大学和博物学者们的研究，甚至包括教堂和修道院的收藏已经为博物馆的社会化与公共化做了必要的基础积累，但博物馆社会化的关键却不是来自这些积累，而是更加宏大的社会条件的成熟。正如J. 莫当特·克鲁克（Joseph Mordaunt Crook）[1]在其有关大英博物馆的建筑研究中指出的："现代博物馆，是文艺复兴时期人文主义、18世纪启蒙运动和19世纪民主制度的产物。"[6] 如果说到现代博物馆在全世界的滥觞，还不应忽视工业革命、城市化浪潮和后来的全球化所起的推动作用。归结起来就是：现代博物馆是随着现代社会的产生而出现的，也是随着现代社会的发展而逐步完善的。

进入现代社会之后，博物馆成为一个兼具博物学术研究和公共文化服务两个不同层面的综合文化机构。不同的博物馆会在两者之间有所偏重。偏重前者的往往是围绕着博物学与自然科学等跟实物研究相关的学科来展开，博物馆为专业研究人员提供

---

1 J. 莫当特·克鲁克（1937— ），英国建筑史学家。

研究所需要的实物样本和其他条件，本质上更接近于研究院。这最早可以追溯到古希腊时期的亚历山大博物馆，而回到近代则可从14世纪就开始萌芽并在17世纪末开始正式出现的大学博物馆说起。今天全世界有很多为各种学术研究提供支持的博物馆，有些附属于大学或科研机构，其中部分也对公众开放（如北京的中科院植物园和北京大学赛克勒考古与艺术博物馆等）。偏重后者的博物馆是本书着重关注的，这也是当今社会公共文化发展的一个重要领域。这里需要说明的是，在博物馆的定位与发展中，在学术研究和公共服务之间有所偏重是正常的，但绝不意味着相互之间泾渭分明，大多数现代博物馆都会兼顾学术研究与公共文化服务，而且博物馆的公共文化服务也离不开学术研究背后的支持。

博物馆进入公众生活不仅仅意味着博物馆所有权从私人向公共机构转移、博物馆在数量和体量上扩张及公众获得了平等参观的权利，同时也意味着博物馆的展览业开始真正进入了发展期。

1　博物馆情感从个人、家庭向公共社会转移

"博物馆情感"[7]这个词出自美国哥伦比亚大学教授安德里亚斯·胡森（Andreas Huyssen）笔下，在他看来，"博物馆情感"遍及各处，并不止于博物馆，小到个人，大到各种机构（包括商业机构），甚至城市、国家层面上都有那种类似博物馆化的情感（甚至行为）。当然，"博物馆情感"在现实中总是与具体的精神诉求联系在一起，比如前文提到的"家庭博物馆"中，家庭相簿是为了保留家庭成员的共同记忆、阳台植物园是为了在家里拥有自然，兴趣收藏是为了获

得一个看世界的独特视角。"博物馆情感"虽然看不见摸不着，但却是博物馆中最内在的那个东西，我们在博物馆展览中看到的一切有形有意的东西都围绕着它来展开。只有了解了展览里面暗藏的"博物馆情感"，才算真正理解了展览；只有了解了社会"博物馆情感"的构成，才能算是理解了博物馆这个事物。

博物馆的社会化首先就意味着它不是对个人的情感负责，而是对社会的公共情感负责。那么什么才算得上是社会的公共情感呢？综观世界上各种各样的博物馆，就会发现博物馆的社会公共情感并不是指全社会所有人共有的情感，而是那个"社会"或"公共"认为重要的、值得珍视的情感。这里面有两层意思需要仔细品味：一是什么是"公共"，二是什么是"公共"认为重要的。其实笼统的"公共"概念是很模糊的，所有的"公共"概念总会有个大致范围。比如现代博物馆诞生之初主要是为新兴的资产阶级服务的，并不是为了"全体社会"；而像巴黎卢浮宫博物馆、纽约大都会博物馆与伦敦大英博物馆这样的所谓全人类的文化宝库也会遭到一些批评，被认为带有明显的西方中心主义和殖民主义色彩；更加极端的例子是日本的靖国神社，对于日本的一些群体来说就是"公共"的，但却会受到中、韩等在第二次世界大战中受过日本蹂躏的国家民众的抵制；而相反，中国的南京大屠杀纪念馆又会受到有些日本右翼团体的非议……对此，美国艺术史学家大卫·卡里尔（David Carrier）的说法一针见血，博物馆"是一种非常鲜明的政治和社会史的产物"[8]。而"公共认为重要的"恰恰意味着"个人"并不见得是与"公共"相对立的概念。属于"个人"的情感，只要被"公共"认为是重要的，就可以被认定为公共的"博物馆情感"。比如位于荷兰阿姆斯特丹的安妮博物馆（Anne Frank Museum Amsterdam，图2-2），整个博物馆的展览叙

图2-2 安妮博物馆入口

事都围绕着一个被德国纳粹迫害过的一个叫安妮·弗兰克的犹太小女孩展开，她的个人历史也被博物馆转化成为社会公共情感的一部分。

如果我们稍加梳理，就会发现社会化的"博物馆情感"无论有多么繁杂，归结起来都是发生在这四个概念所构成的维度之内：空间、时间（记忆）、知识与幻想。（图2-3）

（1）主要发生在空间维度上的"博物馆情感"

前文在谈"家庭博物馆"时提到的奇物收藏、阳台上的植物园，以及客厅里的鱼缸都可以归类为与空间维度上发生的"博物馆情感"有关——通过收藏与展示，打破生活空间的逻辑限制，拥有更大空间范围内的事物。如果把上述的现象从家庭范围扩展到城市，我们就可以看到博物馆（城市空间有限，无法拥有更大的世界）、植物园（城市中缺乏自然，尤其是植物品种范围更广的自然）与动物园（城市中缺失了动物，尤其是更远地理距离才有的动物）。

现代交通、通信和媒介技术的飞速发展帮助人们大大地突破了空间距离的限制，照理说人们在空间维度上产生的"博物馆情感"应该在持续减弱才对，但我们并未看到人们对博物馆、植物园和动物园的热情消退。究其原因，第一应该是时间成本问题，快速并不见得是没有时间成本；第二应该是物的本真问题，尽管高科技已经可以虚拟出各种物和场景，但它虚拟的只是人的感觉，而不是物本身，表象的真实与现实的真实永远不会完全是一回事；第三指向的是"博物"的意义，要知道，能跨越空间距离看到某一事物是一回事，同时把不同事物集中在一起来看的意义却是完全不同的，博物学的价值不就是产生在物的集

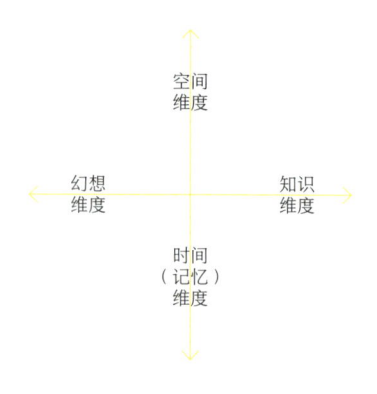

图 2-3 公共博物馆的情感维度范围

中、分类与比对的基础之上的吗？

（2）主要发生在时间维度上的"博物馆情感"

所谓时间维度，就我们的一般认知而言，指的是过去与未来。很多博物馆的收藏与展览都是与这个维度上的情感相关的。比如纽约大都会博物馆、巴黎卢浮宫博物馆与伦敦大英博物馆中的藏品虽然地理空间范围极广，但从本质上来讲更是与时间维度上的情感有关——其中的很多藏品都历经数千年，凝结着人类共同的文化记忆。

从工业革命开始，人类的生活环境开始快速改变和更迭，由此引发物质文化遗产数量的迅速上升，社会共同文化记忆的范围也越来越大，如城市记忆、事件记忆、名人记忆，等等，不一而足。就像赫尔曼·吕伯（Hermann Lübbe）[2]指出的："因为20世纪工业文明的社会和文化的快速转变，以及社会发展越来越多地依赖于科技，人们正在经历着因熟悉的事物的流逝而带来的缺憾感，而展馆恰恰能弥补这一缺憾。"[9]

发生在所谓未来维度上的"博物馆情感"指的更多是站在今天对未来所做出的预测与期盼，这其中最典型的例子要算是中国当前各个城市都有或正在兴建的城市规划馆，除了回顾城市的历史之外，展览主要尝试呈现的都是在未来若干年里城市可能发生的变化。

---

2 赫尔曼·吕伯（1926— ），德国哲学家，里特尔学派（Ritter-School）成员之一，曾任苏黎世大学哲学与政治理论教授。主要研究领域为现代文明理论和自由民主理论。

（3）主要发生在知识维度上的"博物馆情感"

现代博物馆的滥觞的最大推动力就是来自知识维度上的"博物馆情感"。文艺复兴、启蒙运动、工业革命等一系列从古代社会迈入现代社会的社会变革，带来了新的现代文明，也带来了现代知识的大爆炸。与此同时，社会民主革命则推动了这些新知识进行普及的诉求。博物馆也就此担负起公众启蒙和"推动知识的增长与传播"[10]的责任。大量的现代科学知识的成果都需要借助博物馆这个平台来向公众展示和讲述，比如今天很多城市都有的自然科学博物馆就是这种知识维度上的"博物馆情感"需求下的产物。

传播与普及知识的需求也给博物馆带来了一些新的变化：首先是博物馆的学科性进一步增强，甚至开始直接跟现代学科分类对应了起来，比如出现了自然科学博物馆、历史博物馆、海洋博物馆、航天博物馆、考古博物馆等；其次是博物馆展览的核心目标变成了呈现知识体系，这样一来，宝物就不再是绝对的主角，像模型、图像、文本等多种媒介手法都被大规模地引进到博物馆的展览之中；最后是阐释开始变得非常重要，观众的参观不再基于观众与展品的关系，而是基于与叙述系统的关系，解说、注释及体验都成了展览中极其重要的部分。

（4）主要发生在幻想维度上的"博物馆情感"

对于发生在幻想维度上的"博物馆情感"来说，最佳代表非艺术博物馆（或美术馆）莫属。艺术博物馆收藏与展示的都是艺术作品，而艺术作品的本质就是体现人类的幻想。在正式的艺术博物馆出现之前，对艺术作品的收藏与展示在"家庭博物馆"中已经有很久的历史了，比如文艺复兴时期意大利佛罗伦萨的美第奇家族就是著名的艺术收藏家族，像马萨乔、波提切利、达·芬奇、拉菲尔、米开朗琪罗、提香等著名艺术家的精彩幻想都受到过美第奇家族的资助或被他们收藏。而社会化的艺术博物馆的出现，意味着全社会最优秀的幻想可以被集中保存起来，也可供所有人共享。

如果我们把上述四个维度搭建在一起，就会发现构成了一种现代人所需要的精神上的自我与现实世界之间的完整关系：时间维度和空间维度的自由可以帮助人们打破现实时空结构的限制；知识维度可以帮助人们走进现实世界的表象之下；而幻想维度则可以帮助人们跳出现实的既定格局，从一个当然的世界走进一个或然的世界。

2　博物馆文化权力的建立

肯尼斯·伯克（Kenneth Burke）[3] 说："故事是人生必需的设备。"[11]

罗伯特·麦基（Robert McKee）[4] 说："故事艺术是世界上主导的文化力量。"[12]

正是因为故事如此强大，也如此重要，所以，从古至今讲故事都是一种权力。在远古的部落，最重要的故事都是由巫师或长老来讲的；在古代的家族中，最重

---

[3] 肯尼斯·伯克（1897—1993），美国文学理论家、诗人、散文家和小说家，20世纪重要的修辞学家，"新修辞学"的开创者与奠基人。
[4] 罗伯特·麦基（1941—　），美国作家、演说家、"创意写作"指导者，以其在南加州大学开设的"故事研讨会"（Story Seminar）而著名。

要的家族故事是由长辈来讲,并一代一代传承下来的;政治权力也非常重视故事的讲法,每一个新的王朝总是会通过故事来丑化前一个王朝来让自己获得更多的拥护;每一个国家在所讲的故事中也都把自己摆在了公理与正义的一方,把与自己有冲突的国家描述成一个很负面的形象……博物馆也在给公众讲故事,当博物馆被视为一种社会公共文化机构的时候,它所讲的故事就更具有了一种"公共故事"的性质,何况博物馆讲故事的方式往往是通过大量的实体物证来展开的,自然也就比其他的故事形式多了几分公信力。

既然在博物馆中所讲的故事拥有如此强大的力量,那它应该由谁来讲呢?照理来说,既然是"公共故事",当然应该由"公共"来讲。但正如我在前文中提到的,"公共"只是一个概念,总会落实在一个具体的范围上,而像讲故事这么具体的事情,也必然会落实在某个具体的人或某个群体上。但若要真正把故事由谁来讲这个问题说清楚,却又不是靠找到某个人或某个群体就能够解决。如果要把这个问题弄得清楚一些,至少要先回答下面三个问题:

具体讲故事的那个人或那群人是谁?

这个人或这群人得到的讲故事的授权来自哪里?他们代表"公共"的公信力从何而来?

站在故事背后的真正的力量是什么?

就第一个问题来说,通过两三百年的发展,现代博物馆已经建立了相对完善的制度来选择讲故事的人,也基本解决了在讲故事的过程中如何进行具体分工协作的问题。比如在那种以展示文物或珍宝为主的展览中,是从文物专家、鉴定专家、考古学家或历史学家的研究工作开始的,要靠他们的专业权威来把最重要的知识发掘并整理出来，这是整个故事最重要的部分，接下来展览设计的主要任务是把这些内容呈现得更好而已。而像那种以知识科普为主的展览，真正讲故事的人是那个知识体系的缔造者，以及这个知识体系的代言人（往往是这个领域的专家），具体的策展与设计工作虽然也会对故事产生一定的影响，但从根本上来说，还是科学家在讲故事。稍微有些特色的是美术馆类的展览，它通常采用的是一种策展人与艺术家合作讲故事的机制，艺术家各自提供一个小单元的内容，策展人负责把这些小单元的内容串联成一个大的故事。除了常规的博物馆之外，还有其他的一些像双年展与世博会也是通过展览来讲故事，尽管选择讲故事的人的方式与具体的协作方式各有不同，但总体而言，都是通过一种专业选拔的方式与多方协作的模式来开展工作的。

接下来的问题是他们讲故事的授权来哪里？由他们来代表"公共价值"的公信力从何而来？如果就具体情况来分析，答案各有不同；但如果就整体而言，其答案又是同一个。先从具体情况来看，当主要讲故事的人是某个领域的专家学者的时候，这时的授权相当于来自该领域的学术共同体，其公共价值与学术价值来自他们在学术界的地位；有时候也会出现讲故事的人看上去并不具备足够学术资格的情况，那通常这个权力是通过评奖之类的公开选拔机制来获得，等于是那个选拔机制或一个有公信力的评审团在为此负责。当然，在更多的情况下，讲故事的授权是通过学术共同体的背书与一个公开的选拔机制来共同完成——很显然，这种双保险的做法是更有公信力的做法。其实，在博物馆讲故事，不管具体的授权方来自哪里，总体来说，还是有一个抽象的授权方，这就是社会文化共同体，或者说是博物馆文化共同体。这个文化共同体既是由很多个具体的机构或具体的人群构成，更是出自学术界对于向公众讲述高质量学术水准并能反映出社会公共价值的文化叙事的愿望，以及长期以来博物馆在公众心中积累形成的那种让人景仰的文化圣殿的统一形象。

更深层次的问题是：站在博物馆展览故事背后的真正的力量是什么？这很难有一个清晰的答案，甚至最后会走向阴谋论。可以明确的是：当博物馆在以一种带有公信力的文化姿态来讲故事的时候，它的这种讲故事的能力及故事的公信力就会成为各种社会利益集团想要利用的工具，最常见的就是博物馆公共文化权力与政治利益或商业利益的博弈。博物馆想避免商业利益的侵袭，但又不能失去商业力量的支持，为了解决这个矛盾，很多国家都采用了文化基金会制度，既欢迎商业力量的介入，又通过基金会这道防火墙隔离了过于具体的商业诉求。博物馆如果想要避免政治力量的左右则更为艰难，因为政治往往拥有更强大的力量，甚至可以刻意混淆政治范畴与公共价值的界限。因此，拥有讲公共故事权力的博物馆始终处于如何维护公共文化价值的危机之中，如果有一天博物馆失去了文化上的公信力，博物馆的故事也就随之丧失了魅力。

3 博物馆展览资源社会系统的建立

在现代社会中，有着数量庞大的博物馆。每座博物馆都需要大量的资源，才能做出一个有吸引力的展览。像过去的皇帝和贵族那样靠个体的权力和财富来

图 2-4 大英博物馆

解决问题肯定是行不通的，博物馆需要建立起一个有效的资源社会化生产系统，才能够应对这样的局面。

（1）展品的社会化生产

从展品的角度来看，现代博物馆展品生产的途径基本上可以分为三种：收集、演绎与创作。

收集是一种历史最久的展品生产方式。前文谈到的"家庭博物馆"的展品基本上都是在生活中收集得来的。早期的现代公共博物馆刚成立时，主要利用的是社会上已有的藏品存量——购买、捐赠或者没收王公贵族的收藏，甚至连当时很多博物馆的建筑原本也是王公贵族的资产，比如伦敦大英博物馆（图2-4、图2-5），其成立的基础是汉斯·斯隆爵士[5]的巨大收藏，馆体建筑则是征用了现成的蒙塔

---

5 汉斯·斯隆爵士（Sir Hans Sloane,1660—1753），英国博物学家、收藏家、内科医生。去世之后，他的71000多件藏品根据遗嘱捐赠给国家，这也成了大英博物馆的发端。

图2-5 大英博物馆内

古府邸；巴黎卢浮宫博物馆是建立在拿破仑多年对外战争得来的巨大战利品收藏之上，博物馆的建筑馆体甚至直接征用了过去的法国王宫（图2-6、图2-7）。后来，现代公共博物馆体系从欧洲传到其他大陆，在最初的一段时间，也主要是借着近现代社会革命的东风来迅速建立藏品资源和馆体建筑，比如北京的故宫博物院的建筑就是明清两代的皇宫，主要藏品则来自民间捐赠及宫廷遗物。

即便在当时是直接利用了社会上现有的藏品存量，事实上也可以理解为是一种间接的收集行为——是由原先的收藏者完成的。那些富有的收藏者都是充分利用了当时所能拥有的各种知识、条件及特别的时代机会来实现自己的目标，比如西方现代博物馆中来自王公贵族的那部分收藏里，有很多是来自大航海时代的探险、贸易和战利品，甚至还能看到早年十字军东征的斩获。在西方的公共博物馆出现之后的18世纪、19世纪，欧洲在全球的殖民扩张运动中也有大量的博物学家、历史学家和收藏家参与其中，一举网罗了全世界的文化精粹，后来其中的很大一部分都通过各种途径被收录进各个西方博物馆之中。从某种意义上来说，今天全球博物馆的藏品资源布局状况中能读出当今全球各地的发展不平衡，以及另一部不同的世界发展史。

图2-6 巴黎卢浮宫博物馆

仅仅靠藏品的存量与历史遗留的文物根本无法满足全世界日益增多的博物馆的需要，拓展藏品的范围就成为博物馆发展中最重要的命题。在工业革命之后，社会物质构成的更替速度大大加快，越来越多的东西从日常生活中退出，进入博物馆的藏品库。一些大型工业建筑在失去了原有的功能之后也被转变为博物馆建筑，德国埃森的鲁尔博物馆（Ruhr Museum）（图2-8）、英国伦敦的泰特现代美术馆（Tate Modern）（图2-9）都是如此。在美国，参加过第二次世界大战的航空母舰"无畏号"退役之后被改建成了海空博物馆。直到今天，物件与建筑空间从日常功能中退出来再加入博物馆资源中去的进程仍然在持续。在进入互联网时代之后，博物馆展览资源的概念和范围也在继续发生变化。比如虚拟技术的发展对实体物品就形成了一定冲击，那么在网络世界中出现的事物是否也应该被博物馆收藏呢？如果是的话，其方式该是怎样的呢？

　　演绎，指的是把非实体的知识与概念转换成实体的展品。这种展品生产方式基本上可以用现代社会早期的科学知识大爆炸来分界：之前这种方式基本上不存在，而之后却成为博物馆展品最主要的来源方式之一。这固然与之后的各种技术进步有关，使得展品演绎的方式越来越多，也越来越成熟，但更重要的

图 2-7 巴黎卢浮宫博物馆内

图 2-8 德国埃森的鲁尔博物馆

图 2-9 英国伦敦的泰特现代美术馆

还是来自当时博物馆在性质上的一个大转变——开始担负起公众启蒙和"推动知识的增长与传播"[13]的责任。

因为展品演绎所针对的目标是相对抽象的知识与概念,所以其本身是什么媒介、什么形态倒不是最重要的——只要能很好地表达它所针对的知识与概念就好。这就跟藏品收集有了根本的区别:藏品都是针对具体的物展开的,而且对于物的珍稀程度与物本身的意义有着极高的要求(这是它能入选博物馆藏品库的标准);而演绎是针对知识与概念展开的,所谓的实体物只是一种中介物而已。如此一来,展品的范围就极大地扩展了,博物馆中开始大量出现各种仿制物(如标本、模型、蜡像、VR场景,等等)与多样化的媒介(如图片、影像、录音、文本,等等)。归纳起来,演绎所构建的是一个可以在博物馆空间中能明确感知到的语言系统,而且这个语言系统是完全开放的,只要能更好地表达知识与概念,就会很快被这个系统接纳。所以,展品的演绎必定是个随着社会发展而不断提高与扩张的进程。

创作,也是一种专门制作展品的方式,但与专门针对知识和概念的展品转换有很大不同。尽管创作也与知识和观念有关,但它更重视知识与观念的生产(而演绎主要是表达已有的知识与观念);此外,它的知识与观念的生产与展品的创作并不是内容和载体的关系,而是不可分割的。这种模式最早见于美术馆,绘画和雕塑在很大程度上就是一种知识与观念的生产。在今天的美术馆,艺术品的媒介与样式更加丰富,而且当艺术家们大量采用今天日常生活中的现成物品与材料来进行创作时,就同时意味着一种基于生活现实之上的知识与观念的再生产。在有些情况下,艺术家是直接在美术馆里生产展品的,甚至这个生产周期会持续到展览关闭才会结束。

如果我们不把美术馆看作博物馆中的一个固定门类,而是把美术馆中的展品生产看作一种新的生产方式,就会发现它打开的是一扇新的大门:博物馆不仅仅是呈现展品的地方,还可以成为生产展品的地方。博物馆也不仅仅是传播知识的地方,还可以成为新知识与新观念的生产车间。事实上,后来的很多其他类型的博物馆在生产流程甚至包括展览形态上也在向美术馆学习,这已经是一个很重要的新趋势了。

(2)展览技术的社会化

在进入了现代公共博物馆阶段之后,展览技术的现代学科体系和公共发展平台也随之发展起来,这就给博物馆的展览叙事发展提供了极大的支持。

首先是与博物馆展览相关的各种技术学科的建立。比如在大学学科系统里,除了把博物学继续细分深化之外,也有了专门对博物馆的学科研究——博物馆学。而在一些设计学院里,专门针对博物馆展览的学科与研究也逐步建立了起来。总体来说,既有基础研究,也有应用研究;既有技术研究,也有美学研究,博物馆展览技术的发展逐渐走上了专业化、系统性和持续性的道路。其次是开始集中发展为展览和公众参观服务的技术,并把最先进的时代技术与展览技术对接起来。从某种程度上来说,博物馆的展览就是一种技术集成的社会产品。如果粗略地做个分类,大致可以分为展品技术、现场安全技术与叙事技术。

与展品相关的技术非常繁杂,展品的采集、鉴定、运输、修复、制作、复制……都与技术的发展密切相关。就以展品采集技术为例,牵涉的相关技术几乎没有边界，人类科学探索的所有技术都会影响到展品所能触及的范围。比如原来远距离植物收集一直是个难题，在19世纪早期沃德箱[6]发明之后，植物才有了长途旅行的可能；有了防腐处理和标本制作技术上的突破，才有了我们今天能看到的自然科学博物馆(最早的彼得大帝基京府邸自然科学博物馆的成立就是与解剖学家弗雷德里克·路易斯的防腐处理和标本制作技术的支持分不开的)；甚至有些看似与展览无关的技术最终也会给展品带来新的可能，比如有了登月技术，就能采集月球上的物质、拍摄月球表面的照片在天文博物馆中进行展示。

展览是一个展品与观众共存的场所，既要保障展品的安全，也要防止观众被展品伤害，同时还要尽量优化观众的参观体验。所以，现场的安全技术对于展览来说也是至关重要的。这就要牵涉恒温恒湿技术、防盗技术，等等。就以展览中最常用的一种材料——玻璃为例，玻璃对于展览来说是一项重要的发明，既能把展品与观众隔离开来，同时又能保证观众的参观不受影响。而玻璃对于展览的价值也会随着玻璃技术的发展继续提升：从安全性来讲，要防撞甚至是防弹；从参观的角度来看，透明度要不断提升，反光度要不断降低，还要尽量压缩厚度……关于玻璃技术的每一个进步都会给展览的水平带来提升。

由于展览叙事的快速发展，今天，当我们谈论叙事技术时就会宽泛到无从下笔。但在博物馆进入现代社会的早期，还是能划定一个大致的范围：主要指的是与展览表现相关的技术与向观众阐释的技术。以向观众阐释的技术为例：在

---

[6] 英国医生沃德在1830年发明的装置，为密闭玻璃容器，植物可在其中长时间存活。

展览中,展品的阐释往往是一个相对独立而且统一的系统,它一方面负责向观众解释展品的意义与内涵,同时又需要采取相对隐蔽或低调的姿态,以免对观众欣赏展品形成不必要的干扰。因此,最早的阐释主要就是放在展品边上的很小的文字注释;后来有了语音技术,大型的博物馆还能提供不同语种的解说;在今天,通过网络和虚拟现实技术,就可以尝试把现场的实物展品与虚拟空间联结起来,可以在网络世界中对展品进行内容的引申,也可以直接在现场对景象进行补充,展品阐释可发挥的空间就更大了。

从某种意义上来说,只要科学继续发展,社会继续进步,就会给展览技术的发展带来新的可能。

4 博物馆展览叙事的社会分工

任何一个现代社会的事物都是社会分工体系中的一分子。每个事物都需要在社会功能的分工体系中找到一个属于自己的独特的位置——这是它能够存续下去的基础;同时,如果由它发起的任务也能够进行更细的工作拆分,就有可能形成大规模协作,从而融进社会大生产体系之中。从社会整体的功能分工来看,博物馆的展览叙事处在两套社会分工体系的交错点上:一方面,它是社会展览体系的一个分支,只是在分工中承担的是文化方面的任务;另一方面,它又是社会叙事体系的一部分,跟小说、电影、戏剧等叙事形式并列,在具体功能上又有所区别。

如果把博物馆展览当作一个整体任务来看待,我们就能继续从分工的角度来分析它。当然,分工也有很多种分法,就像前文提到的重视学术研究还是重视公共服务就是一种分法。但对博物馆展览的类别来说,最重要的分工方式是学科分工和话题分工。因为从这两种分工方式中,我们能够看到博物馆最重要的一面——人们是如何通过它来重新看待这个大千世界的:学科分工对应的是我们理解世界的知识体系,相对要严谨一些;而话题分工则比较灵活,对应的是人们在生活中感兴趣的东西或有价值的视角。

现代社会的知识主要是按照现代学科来分类的。我们在博物馆中也能找到非常相近的分类法:从大类来讲有科学类博物馆、艺术类博物馆、文史类博物馆,等等;大的类别还可以进一步细分,比如科学类博物馆可以再细分为地质博物馆、海洋博物馆、天文博物馆、植物园、动物园,等等。上述这些分类对应的就是人类进入现代世界以来形成的学科知识体系。除此之外,人们还会根据具体的一些特定的需要或兴趣来设置博物馆,比如很多城市会设置城市博物馆,以帮助人们了解该城市;有些行业会设置行业博物馆,来记录行业历史,引导人们了解行业。当然,人们猎奇的心态和一些特殊的兴趣也会体现在博物馆分类之中,比如失恋博物馆(克罗地亚,图 2-10)、犯罪博物馆(苏格兰,图 2-11)、方便面博物馆(日本大阪)等,可以说,人类有多少种稀奇古怪的兴趣与癖好,就可能会有多少种稀奇古怪的博物馆。人类历史上的一些重要事件也会成为博物馆(有时会叫

图 2-11 犯罪博物馆

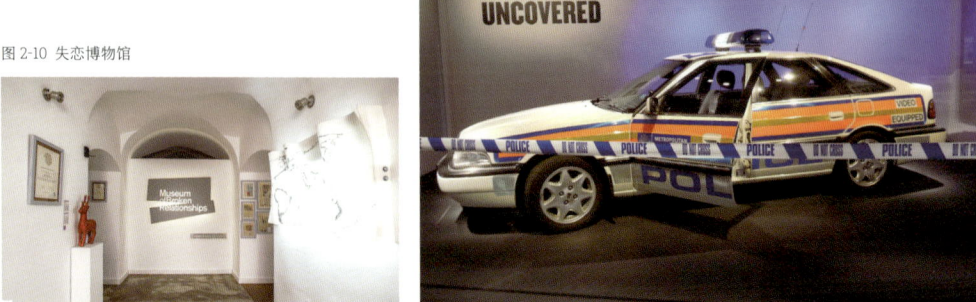

图 2-10 失恋博物馆

作纪念馆）的主题，比如侵华日军南京大屠杀遇难同胞纪念馆（图2-12）、柏林大屠杀纪念馆与纽约"9·11"事件纪念博物馆，等等。像双年展与世博会这些类型的展览尽管并不一定在博物馆中举办，但也应该归属于博物馆展览序列的一部分，它们需要为更具体的社会目标服务——给当下或未来带来有价值的视角或有益的启示。

作为一种现代事物，博物馆展览的操作也是需要进行社会分工的。大致总结一下可以分成两种：第一种是内容生产与形式生产的分工，这大多出现在以内容为主体的博物馆里；第二种是策展与作品之间的分工，在美术馆和双年展中更常见。

第一种分工如果单从逻辑上来讲，并不见得完全合理，因为展览本身就是内容与形式的统一体，过分明确的分工会让流程变得僵化。而且无论以哪一方为主导，都容易弱化由另一方负责的层面上该有的力量。但如果从实际情况来看，这却是最符合工业社会大分工的做法。以那些根据学科分类的博物馆为例，其展览背后往往是一个繁杂而严谨的知识系统，如果不是该学科极其专业的人士是无法胜任的。然而，展览的形式生产同样也是一个繁杂而专业的系统，也是一个小范围内的跨学科工作，比如空间设计、平面设计、媒体影像设计、灯光设计……要对应着内容的情况把这些更细的分工整合在一起也并不容易。内容

图2-12 侵华日军南京大屠杀遇难同胞纪念馆

生产与形式生产之间是完全不同的领域，也是完全不同的话语系统，所以往往协作起来会有很多困难。严格来说，这种工业社会带来的流水线式的分工并不适合博物馆展览的创作，想做好一个博物馆的展览，需要更加聪明的分工协作方式才行。

策展与作品的分工更多是一种创作层面或组织形式上的分工。无论是策展方还是作品方其实都会对内容与形式负责，只是负责的范围不同：作品方的权限是在作品之内，他对自己作品范围内的形式与内容拥有几乎绝对的创作权，而对除了自己作品之外的事项却几乎没有任何权限；而策展方需要尊重作品方在自己作品范畴内全部话语权的同时，要对由多个作品构成的整体展览完全负责。这种分工也可以算是既适应文化创作规律又适应社会化生产的一种做法，就像当代德国媒介学与艺术史学者鲍里斯·格洛伊斯（Boris Groys）所总结的："艺术家和策展人以非常显著的方式使两种不同的自由具体化：自主的、无条件的、无须对公众负责的艺术创作自由；制度上的、有条件的、对公众负责的策展身份（curatorship）的自由。"[14] 艺术家和策展人之间其实是一种个体创作（作品）与整体创作（展览）之间的协作关系，如果策展方是更强势的一方，那作品方的工作就更像在提供基础的创作材料；而如果作品方是更强势的一方，那策展方所扮演的就更像中介的角色。这种策展与作品的分工起初只是在美术馆系统中出现，是以艺术家的个人创作为基础发展出来的，后来被慢慢地推演到了更大的范围，比如我们看到的大多数双年展采取的也是这种模式。

当然，上述的这两种分工也不是绝对的，只是两种最基本的模式而已，在实际情形中会出现更多的丰富变化，甚至会把两种模式结合在一起使用，比如世博会采用的就是这两种分工模式的混合模式：从大的方面来看是策展方与作品方的分工，由主办国担任策展方，而其他参展国是作品方——以国家馆的形式；而在国家馆内部，情况就会多元一些，有些会偏重于形式生产与内容生产的分工，而有些会偏重于策展与作品的分工，或者干脆把国家馆直接作品化等。在今天，随着展览越来越被视为一种整体性的文化艺术创作，作品与策展之间的分工也发生了新的变化，很多时候两种角色是被同一方代理了，再去进行更详细的分工，用鲍里斯·格洛伊斯的话说："当代艺术可以首先被理解为是一种展览实践。这意味着，当代艺术中的两种主要角色正在变得越来越难以区分：艺术家与策展人。"[15] 而且，这并不是在艺术展览中独有的现象，相同的情况在其他类型的展览中也已经出现。更何况，随着社会的发展，按照目前的趋势来看，连艺术展与"其他展览"的分野也变得越来越模糊了。

（三）流动的博物馆

现代博物馆的基本模式在现代社会的初始阶段就形成了，从 16 世纪文艺复兴的人文主义算起，包括启蒙运动、工业革命及 19 世纪的社会民主革命都曾对博物馆模式的形成产生过重要影响。这个基本模式在问世之后，也在随着社会的发展继续完善。直到两次世界大战之前，基本框架并没有大的改变，因为整个西方社会对之前已经建立并验证过的现代主义系统的正确性都笃信不疑。但在经历了毁灭性的两次世界大战之后，整个西方社会乃至全世界对现代主义的信仰开始动摇，从 20 世纪 60 年代后现代主义思潮盛行开始，对现代博物馆模式的质疑之声开始出现，之后每一次的重大社会变化都会引起人们对博物馆理论的重新探讨，或者在现有的博物馆模式之上进行新的尝试。越来越多的人意识到，现有的博物馆模式并不是博物馆唯一和终极的模式，就像美国学者艾琳·胡珀·格林希尔（Eilean Hooper-Greenhill）所言："只有承认博物馆历史是一系列断裂的组合而非永恒的连贯体，我们才能想象博物馆在当今世界有真正的变革。"[16] 而在《博物馆的未来》（*Museum of the Future*）一书的序言中，两位作者克里斯蒂娜·贝克特勒

（Cristina Bechtler）与朵拉·伊门霍夫（Dora Imhof）更是指出了博物馆这个概念与时代发展之间存在着根本的冲突："怎么才能把当下这个时代的'流动性'与博物馆本身的固化性结合在一起呢？"在20世纪初，美国作家盖楚德·斯坦因（Gertrude Stein）也曾指出："你可以是博物馆，你也可以是现代的，但你不可能同时拥有两者。"[17]

如果我们把战后至今这一段时间博物馆发展的历史做一下梳理，就会发现它不是一个像现代社会初期的基于贵族私人博物馆的"整理—转型"过程，也不是一个第二次世界大战之前的"继续优化"的过程，而更像一个把现代博物馆当作现成品进行"质疑—解构"并尝试用各种方式进行重组的过程。在这个过程中，对博物馆模式影响最大的就是从20世纪60年代起的文化上的后现代主义思潮和从20世纪90年代起的互联网对整个社会的立体重塑。当然，博物馆虽然被归入文化范畴，但它更是整个社会系统的一部分，因此也不能忽视"消费社会"[18]的到来和商业全球化所带来的影响。综合来看，这半个多世纪以来的社会变化已经在从根本上重新拷问博物馆这个现代社会初期的发明，并尝试把它推向一种新的、适合新时代需要的形态。在对这场演变的讨论中，最频繁被提及并不断被引用的一个概念就是美国学者艾琳·胡珀·格林希尔提出来的"后博物馆"[19]。

基于对现代博物馆的自以为掌握真理的宏大叙事形态的批评，"后博物馆"主张以更谦逊与现实的姿态来面对公众——尊重差异，兼容冲突，提出有思考的视角与价值观，但并不强迫别人接受，并且期望在与公众的讨论中一步一步逼近一种新的真相。同时，"后博物馆"也可以理解为一种生态式的博物馆，它不会绝然地跳出现实世界的时间流之外,甚至是主动地融入周边的现实世界,以一种思考者与实验者的姿态来关照身边的现实。从这个意义上来说,它已经变得流动了起来——也变得真正"现代"了起来。

1　重新理解公共性

　　现代博物馆是围绕着一个乌托邦式的社会公共文化理想建造起来的。最初的一批欧洲现代博物馆的形成是一个从"个人"走向"公共"的过程(在王公贵族的私人收藏及私人府邸的基础上建立)。而现代社会的博物馆展览叙事的公共性则是由围绕着公共文化理想的一整套操作体系来实现:展览要对所有公众平等开放;展览要体现社会共同的文化价值观;为了从根本上保障这种公共性,政府需要提供专门的博物馆财政支出或者设立一种能够保障博物馆公共性的基金会制度……

　　这一整套操作体系是建立在"预设的公共性"之上的。"预设的公共性"一定需要一个能够保障公共性的文化权力来行使它,但是在现实中并不存在这样一个抽象的文化权力,于是所谓的公共文化权力就会由一个具体的机构(通常是政府部门)或者一群具体的人(如作为文化精英的博物馆专家)来行使。事实上就必然会出现这样的结果:博物馆的叙事文化权力被一部分人垄断或者被背后的社会权力控制。最终,"公共性"就沦为了一个幌子,其实只是"有限的公共性"甚至有可能沦为"虚假的公共性"。

　　"有限的公共性"最典型的表现莫过于博物馆展览在地域上的文化等级制

度——地域上的自我中心主义，就像珍妮特·马斯汀（Janet Marstine）[1]在《新博物馆理论与实践导论》中所指出的，西方博物馆"在展览来自非西方文化的展品时，博物馆展示更多的是宗主国的价值体系而非殖民地的价值观"[20]。而艺术史学家卡洛·邓肯（Carol Duncan）和阿兰·沃拉其（Allan Wallach）说得更加直白："当一等陈列室用来宣扬欧美艺术，而通过把大洋洲、美国土著、非洲、亚洲和拉丁美洲的艺术作品陈列在二等陈列室将它们边缘化了……一等和二等陈列室的空间关系暗示了一种隐含在欧美建筑结构精髓之中的文化等级制度。"[21]事实上这么做的也不只是西方人，同样的自我中心主义现象在全球其他地方的博物馆展览中也能看到。这也很好理解，既然博物馆是一种社会历史的产物，当整个世界是被种族、国家、文化等划定格局的时候，博物馆又怎能独立于这个体系之外呢？

比"有限的公共性"更糟糕的是"虚假的公共性"。如果博物馆的文化权力被某种政治或商业利益所控制，或被偷梁换柱，那博物馆的展览就必然会失去它的公共性（盗窃者通常会继续穿上博物馆的公共性外衣），成为服务于某种明确目的的宣传工具。

现代博物馆展览的公共性问题的根源就在于这种公共性是预设的，而不是自然形成的。随着人们意识到问题的存在，就开始推动博物馆的公共性从乌托邦理想式的"预设的公共性"向尊重现实的"结果的公共性"转变。他们不在一开始就预设公共性与非公共性之分，而是允许所有的资源进入一个公共性平台

---

1 珍妮特·马斯汀，英国学者，从事博物馆理论研究，现供职于英国莱彻斯特大学。

上来。无论是个人的资源,还是代表某个社群的资源,甚至是跟商业或政治利益挂钩的资源,只要它体现一定的公共性,都可以被这个"公共性文化平台"接纳,比如在公立博物馆里可以设立以藏品捐赠人命名的展厅;企业和个人可以设立自己的博物馆;社群和社区也可以设立主要为自身服务的博物馆……排他性和高门槛的公共专制被瓦解,一个充满活力的、自由开放的博物馆社会化体系开始出现。原先专门行使公共文化权力的权威机构虽然仍在运行,但其权力已经被这种多元化状态稀释了。在相对自由开放的环境下,各种观点可以自由表达(当然在一定范围之内),也要接受像市场一样的优胜劣汰机制。这样一来,博物馆的公共性就悄然实现了转换:从由权力保证转变为由自由机制来生成,从"预设的公共性"转变为"结果的公共性"。而结果的公共性也并不是绝对的,它由无数个自然的"有限的公共性"来共同构成"无限的公共性"——就像互联网上的公共性一样。在这样的状态下,再也没有什么专属的文化权力值得窃取,博物馆展览叙事的公共性反而进入了一种更加真实的状态。从某种意义上来说,博物馆的展览叙事也就此进入了一种更加生机勃勃与自由开放的状态。

2 从知识传播到文化生产

博物馆始终是一种与当下的知识与文化体系密切相关的事物。在很大程度上,它的性质和应该担负的社会功能是由所在时代的知识状态与文化状态决定的。现代博物馆诞生于一个知识大爆炸和知识民主化的时代,文艺复兴、启蒙主义、工业革命与社会民主革命接踵而来,一方面是伴随着现代科学而突然暴增的社会知识总量，另一方面是被民主社会解放了的急需知识哺育的公众。因此，当时博物馆的展览在社会知识与文化体系之中注定要扮演类似于媒介的角色，来转化、呈现和阐释新生的现代知识。于是，博物馆就成为普及教育和公众启蒙的重要平台。

在现代社会诞生之后的很长一段时间，社会普遍形成了对现代知识的信仰。这虽是现代博物馆的社会基础，但也出现了一个普遍的、在今天看来并不完全成立的状况——把已有的现代知识绝对真理化。这种对于知识的真理化认识在具体的操作层面的表现就是标准化，直接塑造了当时的博物馆展览的典型范式：所有的知识都被强行地整合在理性主义、绝对逻辑和严谨结构阐释组成的框架之下，比如自然科学博物馆中可以清晰地看到达尔文的进化论（以线性逻辑展开）和林奈分类法[2]（以等级制度展开）。如果站在历史的角度，现代社会的早期甚至到20世纪上半叶，博物馆展览的这种做法都是一种行之有效的知识普及手段，虽不能说完全没有弊端，但整体而言还是对社会发展起到了很大的推进作用。

但随着工业社会向后工业社会的转变，以及人们对现代主义局限性认识的加深，尤其是20世纪后半叶互联网社会的来临，人们对知识系统的认识产生了翻天覆地的改变。在1994年，美国管理学家彼得·F.德鲁克（Peter F.

---

[2] 林奈分类法，又称科学分类法，由18世纪瑞典生物学家卡尔·冯·林奈（Carl von Linné，1707—1778）提出，至今仍被沿用。此种分类法将自然界分为三界（矿物、植物和动物）四类（纲、目、属和种），并以此为规则对物种进行命名。

Drucker)在《后资本主义社会》一书中提出人类已进入"知识社会"[22]这一论断。在这本书中,德鲁克阐明了在接下来的社会发展中关于知识的几个要义:一是知识与创新是社会发展的主要动力,二是知识始终处于一种活跃的、不确定的及一直在持续更新的状态,三是个人(尤其指非知识精英)的参与是构建社会整个知识系统中非常重要的部分。德鲁克关于知识社会的这个论断在之后的二十多年社会发展中得到了证实,其理论也得到了更多学者的认同与补充,在今天逐渐成为一种广泛的共识。

由于社会的知识系统发生了如此巨大的变化,之前一直被视为行之有效的现代博物馆展览范式就会受到质疑。人们必须重新思考博物馆的社会意义,以及如何在当下社会知识系统中重建博物馆的发展路径。这其中最根本的改变就是从呈现已知到探索未知,从必须提供标准答案到开展多元思考。如同德国哲学家彼得·史路特戴(Peter Sloterdijk)所描述的,博物馆具有"说服一个痴缠于身份鉴别的社会,去用睿智的目光,突破那些未知的障碍"[23]的任务。当博物馆的重心已经偏移,其展览范式也必然会发生新的变化。

(1)博物馆对知识的认知:从信仰绝对的真理到尊重其活跃的状态

由于知识更新的速度加快,所以真理只能是相对的而非绝对的。对于快速更新的知识来说,人们会把它看作一种认识当下世界的有效工具,而不会过分地要求它是否一定能放之四海而皆准,更不会要求它能被证明是恒久的正确。也就是说,知识本身已经是非标准化的了,对事物的认知既要探索其逻辑的、清晰的与确定性的一面,同时也要意识到其矛盾性、多义性、相对性及不确定性的一面。对于博物馆的展览来说，过分的理性、绝对的逻辑和严谨的阐释不再是"正确"的了，还容易显得片面与偏激。而且，当知识的绝对标准化和博物馆的绝对阐释权力结合在一起，就会塑造出一种"全世界各种各样的科学、艺术、历史和文化的唯一权威解说"的结果。通过博物馆展览来推动知识增长和传播的本意就有可能被扭曲，甚至还会造成固化社会知识体系的风险。

为了避免绝对真理式的叙述造成的片面与偏激，以及过分统一的逻辑所造成的固化知识的风险，就必须打破这种过度理性和权威所编织的桎梏。而要破解过度的理性，最简单易行的做法就是引入它的对立面——某种意义上的荒诞，因为"荒诞，就是与理性不一致的事物"[24]——而过去在以呈现真理知识自居的博物馆里面，荒诞会被视为异端邪说，不可能有任何立锥之地。当然，这也与人们对真理的认识的进步有关。从根本上来说，人们不再完全相信真理就蕴藏在绝对的理性之中，而通过所谓荒诞，就可以呈现理性之外的其他思考，对理性进行补充，或者说通过荒诞来"假设一种暗示的比较。通过引申，它包含着一种差距，一种移位，甚至是与既定秩序的断裂"[25]。如果我们把理性与常识看作社会知识体系中已有的一面，在引入"暗示的比较"之后，就能得到一个对我们生存的世界更加全面的认识。

要打破过去博物馆的知识垄断与权威体系，就必须重视个体视角与个性陈述所带来的价值。要知道，在过去以绝对真理为中心的博物馆展览叙事体系中，个体视角与个性陈述一向被视为偏见，是不允许登上博物馆这样的大雅之堂的。当人们逐渐认识到理性也有它的缺陷，绝对的真理并不存在，即便看似是真理的东西从本质上来讲都是有偏颇的时候，与其把并不完善的知识伪装成真理，把一定程度上的博学者伪装成无所不知的全知者，还不如直接承认叙事者所提供的只是一种观察角度，甚至是一种带有个性的陈述，并不强求观众的绝对认同，只要给人们带来有益的启示或产生连锁的反思就好。不同的叙事者所提供的视角与陈述必然是有区别的，当多个"偏见"交叠在一起，反而会形成一个偏差更小的整体，会更贴近于事物的真实状况。博物馆可以在一个展览中提供不同的、有差异甚至是相互矛盾的叙述，或者鼓励人们在形形色色的展览中发现更多的差异化叙述，如胡珀·格林希尔在《博物馆与视觉文化的诠释》中所言："全世界各种文化的共同空间，它们在参观者的注视和记忆中相互抵触，同时展现它们的异质性，甚至是不协调性，像网络一样联系，相互交杂和共同存活。"[26] 在一个文化多样性的世界中，人们早已学会在不同的偏见之中穿梭，最终形成的理解不会来自任何一个权威叙述，而是一个对多种个性叙述进行综合之后的整体结果。

（2）知识的民主化发展到了新阶段，在博物馆里，公众不仅被允许共享知识，而且还会同步参与到知识的创造中来

直到目前，大多数博物馆中的展览叙事都是由上层社会与文化精英一手包办的。一般来说，这含有两层意思：一是在展览的创作过程中完全杜绝了公众的参与；二是展览的开放之日就是展览创作的截止之日。等展览的知识体系搭建完成了，才轮到公众来参观——以兑现所谓的知识共享。在这整个过程中，公众虽然也算是社会知识民主化的一分子，但这仅限于在知识分享权这个范围，而在知识的建设上几乎没有任何参与的权利。随着"知识社会"的来临（尤

其是在互联网普及之后），出现了两个重要的变化：一是人们获取知识的渠道大大增多了，能力也大大增强了，速度也更加迅捷了，这时，博物馆所提供的知识虽然不能被完全替代，但其意义已经明显削弱了；二是公众的整体知识水平获得了很大的提升，虽然不一定能跟文化精英的知识水平相提并论，但已经可以与文化精英形成某种意义上的对话，也拥有了参与到博物馆知识体系建设中去的愿望与能力。

今天的博物馆必须对这种知识民主化的新需求做出回应，根据具体的现实情况，去逐步打开展览的知识系统。不能把观众视为简单的受众，而应视为某种程度上的参与者；也不能把展览的叙事视为一种由文化精英先预设好之后再向公众推出的事物，而应该是一个可以由文化精英来预设基础但必须邀请公众来共同发展与建设的过程。对于策展方来说，他们的工作中就隐含了一个新任务：如何更好地借助观众的参与来达到传统展览模式无法企及的目标。对于观众来说，展览也在某种意义上成了与自己相关的事情：一方面，他们自己就是展览叙事的参与者或建设者；另一方面，不同的观众从展览中得到的东西也会有所不同。

（3）博物馆中的知识与文化生产成为促进社会发展的最重要的动力

知识与文化都具有双重性：既是受动的——知识与文化现象都是在社会现实的基础上创造出来的，又是能动的——知识与文化的实践可以改变社会现实。通过主动的文化创造与实践，可以有效地推动社会朝着更好的方向去改变。在经典的博物馆中，我们更多感受到的是知识受动的一面——展览的内容基本上都来自某个稳定的知识系统，而知识能动的一面是靠其所承担的知识普及与传播的功能来体现的——以一种并不直接的方式。在进入"知识社会"之后，有太多的渠道来普及与传播知识，何况知识又始终处于一种快速更新的状态之中，博物馆的知识与文化受动的一面正在退化，而知识与文化能动的一面则开始变得重要。也就是说，博物馆作为已有知识的传送者与解释者的角色在弱化，而作为新知识与新观念的生产者与创造者的角色在增强。博物馆将会以这样的积极姿态在"知识社会"中发挥自己的作用。

为了更好地发挥新知识与新观念作为促进社会发展的动力，博物馆也需要在一定程度上瓦解其厚厚的高墙（无论是实体意义上的高墙，还是精神意义上的高墙）——而在过去，这是保证博物馆展览叙事的文化独立性的重要手段。博物馆需要在话题选择、空间场所或者叙事发展进程上建立起与社会现实更加直接有效的联系，以巩固自己在社会发展中的新定位。

把文化权力从"文化的掌管者"（the curators of culture）移交给"文化的创造者"（the creators of culture）[27]；瓦解统一而稳定的叙事，鼓励个性及多元视角的叙述；打开由精英把持的叙事过程，允许更多人参与叙事的建设；打开博物馆的"围墙"，充分发挥知识与文化促进社会发展的能动性……通过这一系列主动适应知识社会的改变，与之前的博物馆相比，之后的博物馆将会是截然不同的新事物。

（四）博物馆展览叙事的基本结构

人类似乎一直生活在两种截然矛盾的观点之间，一种是进化论式的：社会总是在不断变化与进步，今天跟过去不一样，明天又将会跟今天不一样；而另一种则如《圣经》上说的，"太阳底下没有新鲜事"，随时间变化的只是表象，而本质的东西一直都不会变。这两种观点之所以会长期共存，也许是源于我们人类自身思维能力上的限制。我们无法组织一套更简单、更全面而准确的逻辑来认知世界，因而在看似相互矛盾但也相辅相成的两种观点之间估计出一个模糊的"真相"也许是最佳的做法——即便不确定，但至少不会有明显的偏颇。如果我们要把博物馆展览的问题讨论清楚，恐怕也同样跳不出这个基本逻辑框架。

1　展览的四样要素

无论是博物馆里的专业展览，还是生活中的业余展览（各种叙事空间），无论是几百年前的贵族家庭中的小奇观室，还是我们这个时代的宏大的世博会和双年展，我们见过的展览，从基本要素上来说只有四样，分别是展品、展厅、观众与叙事。所不同的，是如何去具体定义这些要素，以及如何根据具体情况去演绎它们相互之间的关系。

（1）展品——客体

顾名思义，既然叫作博物馆，"物"自然就是博物馆中的第一要素。在展览中，"物"一般指的就是展品。随着博物馆及社会的发展，博物馆中展品的范围、定义与状态也在不断变化。但展品也有其不变的一面——当它出现在展览语境之下，就意味着是会被观众重新审视的客体。大多数博物馆中的展品曾经是现实生活的物品，还残存着一些与现实世界的联系。当进入博物馆之后，就会在叙事的安排下去承担新的角色，在新的语境中被观众重新感知与重新认识。

（2）展厅——场

展厅是展品的容器，观众进来时也成了观众的容器。在展览的语境之下，展厅就是一切发生的"场"。展览中的一切，无论是有形的还是无形的，是物理的还是虚拟的，都将在这个"场"中发生。随着社会的发展，博物馆展厅的范围与概念也在不断演变，从早年留下来的宫殿到后来退役了的工业厂房、从专门建设的文化场所到自由开放的社会空间、从实体的空间到虚拟的空间、从展示的场所到叙事的空间、从文化的保护区到社会的实验室……

（3）观众——主体

进入博物馆，人就卸下了复杂的现实身份，变成了观众。博物馆中的观众会收起在日常世界中的利害判断和防范之心，充分释放自己的感官和认识，以期更好地去体验一场与知识、思想的美感盛宴或奇幻之旅。在传统的博物馆中，"观"就是用眼睛看，"众"就是展览内容的受众。随着时代的进步，传统的观众概念逐渐被瓦解，新的观众概念在逐渐形成："观"指的是用各种不同感官去感受，"众"也不再是个统一而被动的概念，而在不断强化其主体的一面——积极性、参与性、个性化，观众将以不同的角色与方式参与到现场的叙事进程之中。

（4）叙事——重建关系

生活会制造故事，博物馆也会。生活中的故事大多是自然生成的，而博物馆中的故事是刻意安排出来的；生活中的故事更像一种客观的存在，而博物馆中的故事则是从文化的视角出发对客观存在进行感悟之后的再创作。在展览的四样要素中，展品、展厅与观众都是直观的，唯独叙事是不直观的，它就建立在前三者的关系之中。博物馆的文化叙事与生活叙事所用到的材料大致相同，展品大多曾经是生活中的物品，展厅大多曾经是生活中的空间，观众原本就是生活中的人。严格意义上来讲，展览之所以能成为一种文化产品，就是因为它是依据文化判断来选择并通过文化视角组织出来的。随着社会的发展，展览的叙事也在变化：最初只是展示物品，后来逐渐转向了解释知识、表达想象、呈现新视角与新看法；最开始讲故事的权利只属于专门的博学家，后来更多的人都有机会参与到故事发展的进程之中，故事的构成与样式也就更加多变了。

2 展览叙事的结构

有了展品、展厅、观众，并且能以此为基础建立起叙事，也就具备了实现一个展览的基本条件。所以如果仅仅从表面上来看，展览的基本结构很简单，但如果我们想理解展览真正的结构，就必须从表象的窠臼跳出来，甚至也不能为展览自身的框架所局限，而是要将展览放到与社会的关系中去观察，才能找到理解它的恰当方式。

展览虽然有物质形态，但它的价值却要靠其精神的一面来体现——从本质上来讲就是一种文化性和精神性的产品。展览虽然看上去很有现实感，但其实与现实世界之间是一种若即若离的关系，展览与现实世界之间的距离关系很灵活，有时会贴得很近，有时会离得很远，一切要视具体的社会需求而定。换句话说，展览距离现实都是既远且近的，只是体现的角度有所不同。相对而言，在过去，展览本身离当下的现实较远（内容是关于过往的事情，博物馆展厅与现实世界也是隔离的），而展览叙事与其叙述对象却很近（展览叙事很重视对事件或客观存在的忠实还原）；而在今天，情况却几乎截然相反，展览本身离当下的现实世界很近（话题与当下的现实直接相关，展览空间也越来越与社会空间融合在一起），而展览叙事与其所针对的对象却越来越远（希望提出迥异于常规的看法与思考）。

由此看来，展览注定是一种游弋在现实与想象之间的事物，也正因为如此，当我们再次审视展览的基本要素与基本构成的时候，就会发现它们并不像我们最初以为的那么简单，在看似简单的结构背后，隐藏着的是与现实和想象之间的联系。在展览的四样基本要素上，都包含着三重属性，除了展览的属性之外，还有现实的属性与想象的属性。通过展览基本要素的三重属性，展览就能够建立起一种联通现实与想象的三重结构（图2-13）：这个结构的中间部分是展览自身的结构，也就是展品、展厅、观众与文化叙事；与现实联通的是它"曾经"的一面，也就是生活物品、社会空间、不同身份的人及它们在现实中的意义；与想象世界联通的是它将被重新认识的一面，在这里，展品成为一种新的客体，展厅成为新的场，观众成为一种新的主体，一切新意义也将被重新塑造。

时代不同，社会语境不同，展览的四样要素呈现的样貌差异也很大。在不同的展览中，哪种要素为主，哪种要素为次？离现实近一些，还是离想象近一些？都可以灵活进行选择与运用，也许，只有如此，才能更好地发挥出展览的价值来。

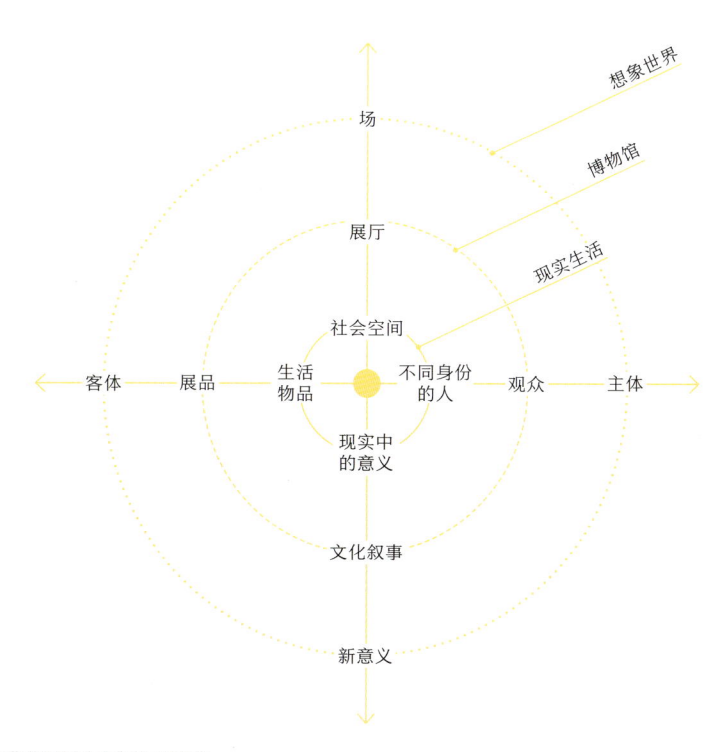

图 2-13 展览联通现实与想象的三重结构

三　走向成熟的博物叙事语言

（一）物的解放与进化

1　日常生活中的物的进化

我们常常会感叹这个世界变化太快，其中很重要的一个原因就是生活环境更新非常迅速。而在古代，人们生活中出现的物件种类较少，更新的速度也慢，很多物件都是家传了多少代还一直在用。有些人只见过就近有的物件，在一定距离之外的其他物件并没有机会见到。当然，人们有时也会通过从远方来的商人接触到一些新奇的物件，无意中扩展了生活中有的物件的种类。工业革命之后，技术飞速发展，人类制造与获取新物件的能力不知扩展了多少倍。与此同时，物件的更新速度也在不断加快。当物件的更新速度远远超过物件的损耗速度的时候，人们把这种非必要的替换称作物件的"迭代"。除了获取物件的能力之外，人们接触到新物件的能力更是不知扩展了多少倍。地理距离已经不能限制人们的欲望了，便捷的交通、远距离通信与互联网让我们能够触及地球上的任何一个角落；宇宙飞行器和天文望远镜甚至可以把地球之外的物件或图景带回给我们；而显微镜和各种内镜技术可以让我们进入越来越微观的世界……总之，我们已经从一个物的贫乏世界进化到了一个物的丰饶世界,也从一个物的稳定世界进化到了一个物的快速变化世界。

不知不觉中,我们看待物件的方式,以及与物件之间的关系也发生了变化。在那个物件还能传家的时候,物件都是手工做出来的。手工制作的过程也是匠人的精神参与塑造的过程,虽说物件没有生命,但也因此凝结了几分人的精神生命在内。这还只是就日用物件而言,在那种专门为宗教或艺术制作的物件,人的精神生命的含量就更高了。当物件制作出来后,就会加入现实生活中,不断地积累生活的痕迹。在这个过程中,物件与人的关系还在不断加深。随着物件在一辈又一辈手中传家,一些物件已经被视为融入了宗族血脉的精神,这时的物件已经不再是适用于某种功能的用具,而是成为具有精神性或文化性的物质载体。

工业化的到来给物件与人的关系带来了颠覆性的改变。首先,在制造过程中,人与物件之间的联系被切断了,物件就成了产品;其次,在商品经济的体系中,产品又变成了商品,物件被不同的欲望与想象联系在了一起;再次,时尚概念的深入更是让物件没被充分使用就面临被淘汰,物件与人的使用接触时间也被大大地缩短了。我们可以看到,在这场改变中,物件更多是被不断制造出来的、虚幻多变的欲望与想象标签化了,与真实生活需求之间的关系却变得疏离了。今天,生活中的大多数物件已经不可能与人长期相处,甚至已经不完全属于真实的生活,而更像由一个巨大的欲望制造机分发出来的幻觉泡泡而已——迅速出现,再迅速消失。

我们回顾一下迄今为止的物件进化过程就会发现,在这个所谓的物件生产现代化过程中，虽然帮助我们摆脱了物件的贫乏进入物件的丰饶时代，但物件与人的真实关系也逐渐断开了，形成了一种在即时的功能、欲望与幻觉驱使下的"即时组合"关系。

2　博物馆中的物的范围的扩展

我们通常会把博物馆看作一个日常现实之外的世界，但它同时也是一个物件的世界。博物馆一直在通过对物件的收录与重新呈现来回应日常现实世界的改变。

按照社会与博物馆的发展历史来看，我们可以把迄今为止博物馆中物件的进化分成以下四个阶段。

第一个阶段就是在物的贫乏时代。当时的人们缺乏走出自己日常生活范围的能力，眼界较窄，博物馆的主要价值就是呈现日常生活范围之外的新奇事物，帮助人们拓宽对世界的观察和认知范围。

第二个阶段指的是在工业革命之后，社会逐渐进入了物的丰饶时代。人们也因生活环境改变太快而产生了普遍的怀旧忧伤感，以及靠既有知识无法认知当下世界的彷徨。而且当物质生活环境完全改变的时候，也意味着过去延续了几千年的社会文化、制度与伦理等会随之改变。然而，人们的精神却无法一下子适应这种环境变化的速度。面对社会记忆的迅速消逝，博物馆仿佛就成了诺亚方舟，担负起重建过去与保护记忆的重任。这时博物馆收藏的就是过去的时光，与外面快速改变的现实世界形成了对比。此外，由于整个世界都在改变，所以人们无法再用过去的知识来解释当下的现实世界,有些博物馆就开始承担传播新知识的使命。有了新使命就提出了新要求,为了满足解释新知识的需要,一些原本不属于博物馆藏品范围的"媒介物"也进入了博物馆。新加入的"媒介物"基本上是由两种类型的东西构成的:第一类是原物的复制品,如标本、模型、蜡像及模拟的场景等;第二类是为了配合讲述新知识而必备的信息媒介,如文字、图片与视频等。不知不觉中,博物馆中的物件种类就逐渐丰富了起来。

　　第三个阶段与第二个阶段并不完全是时间上的先后承继关系。一方面,受当代文化观念的影响,博物馆(尤其是艺术博物馆)中的物件选择范围进一步拓宽了;另一方面,随着博物馆展览方式的继续发展,一些新的"非物之物"也被增补进了博物馆的物件清单之中。受社会思想发展"当代性"思潮的影响,以及艺术领域中"现成品"观念的出现,当下日常生活的普通物品也开始进入博物馆之中。此外,随着展览叙事逐渐向"以人为中心"转变,观众的体验越来越受到重视,连"参观"的概念也大大拓展了——不仅仅是视觉,人的其他感知方式如听觉、触觉、嗅觉等也被纳入了"参观"的概念之中,于是,原本不属于博物馆展品范畴的一些"非物之物"也开始出现在展览之中。博物馆中物件的范畴与概念又被大大扩展了。

　　跟上一个阶段一样,第四个阶段也包括了两个部分:一是指受近些年来的"生态式博物馆"[1]与"后博物馆"概念的影响,展览的范围与状态又发生了变化,

---

1 生态博物馆(Ecomuseum),又称环境博物馆,最早由法国博物馆学者乌格斯·德·瓦寅(Hugues de Varine, 1935—)和乔治·亨利·里维埃(Georges Henri Rivière, 1897—1985)于1971年提出,是在原有的地理、社会和文化条件中以动态的方式保存和介绍人类群体生存状态的博物馆,其概念包括"人""居所""环境""地域"等,配合居民的参与,用以传达自然环境与人类群体之间共识性的复杂关系。

所以博物馆中的"物"的概念与范围也继续扩展了；二是指互联网出现之后，在网络世界上出现的虚拟事物也开始被博物馆关注。相对于所谓的现代博物馆，"生态式博物馆"与"后博物馆"更加开放，更加重视与现实社会之间的联系。于是，现实社会中的很多原本不属于物的范畴的事物也被划进了博物馆展品的范围（比如美国马萨诸塞州立博物馆把镇上的手工艺匠人的日常工作行为与场景都当作了博物馆的展品）。互联网的出现则是在物质的现实世界之外又制造出了一个网络的现实世界，因为网络上出现的一切同样属于我们所生活的现实，所以博物馆也需要思考如何去面对它。

从博物馆诞生之日起到今天，展览中出现的物的范畴一直在变化，在各个不同时期出现的物的范围与重点都有所不同。需要说明的是，这里总结的这四个阶段只是为了更加方便读者去认知，并不是按照治史的严谨时间顺序来排列的，而且每个新阶段的出现也并不意味着旧阶段的结束，而更多是意味着展览叙事重心的转移，以及展品的选择有了更大的自由。

3　超物之物

我们通常所说的"物"其实指的是在一个尺度范围之内的实体物件。如果尺度太大或太小，在我们的心理判断中就都不能算作"物"的范畴。比如一袋大米在我们看来肯定是"物"，但一粒大米就好像有些不那么符合我们对物的定义，而比一粒大米更小的沙子或尘埃就更不必说了。尺度太大的东西跟我们心中的"物"也是靠不上的。比如说房子，虽然我们把它叫作"建筑物"，但在我们的心理上还是把它跟我们通常所说的"物"之间划上了一道界限。比房子尺度更大的"物"在我们的城市日常生活中几乎不太出现,所以就离我们所指的"物"的概念更远了。我们对"物"的这种尺度判断纯粹是一种源自生活经验的主观判断,而与客观事实并无关系。甚至正是由于这个判断与具体的生活经验有关,所以在草原、沙漠和冰原上生活的人在对"物"的尺度判断上跟我们在城市里生活的人也一定会有区别。其实,我们对"物"的概念判断与我们的认知能力也相关,关键之处在于它能不能在我们的眼中构成一个有形状、有意义的实体图景。物的尺度太小或太大都会让我们失去这种图景,失去掌握它、理解它的能力,在我们的心理上也就脱离了"物"的范畴(比如巨大的天体之所以会给我们有"物"的感觉,是因为它们总是出现在宇宙的图景中)。

由于空间尺度与我们认知能力的关系,通常在博物馆展览中,我们不太可能看到这种"超物之物",但如果我们抛开以往的限制,跳出习惯认知,大胆地从展览叙事的角度重新来看这些"超物之物",就会发现,正是因为其超越了常规的尺度与认知,才拥有了超越寻常的价值与意义。

(1)强大的微粒

微粒缺乏直接的形象特征,很难调动人十分具体的认知能力。从展览叙事上来说,这原本是个致命的问题。但也正是因为它微小,所以无论是从构建形体的角度还是存在状态的角度,微粒都比常规的物拥有更大的自由度与更多的优点:

第一,通过群组的方式,微粒可以构成任意的形象。

第二，微粒群组的尺度可以自由发挥。

第三，在微粒个体不变的前提下，群组的物理状态是可变的（固态、液态与气态）。

第四，微粒群组的密度是可以灵活变化的。

第五，在微粒个体不变的前提下，群组可以产生动态。

通过群组，微粒就可以获得常规之物无法拥有的"超能力"。当微粒的这种"超能力"被运用到展览叙事中的时候，就让展览的表现力得到了很大的提升。

- <u>微粒可以改变物体的界面</u>

微粒可以附着在任何物体的表皮之上，在原物体的表皮之外添加出一个层次，形成一种与原物体的特殊关系。这既不会改变原物体的基本结构，同时又营造出一个新的界面，在原先的基本结构和新的界面的交叉关系中建立出新内容与新意义。

中国艺术家徐冰为了纪念美国"9·11"恐怖袭击事件而创作的艺术作品《何处惹尘埃》（图3-1）利用的就是这个原理：他从"9·11"事件后纽约世贸中心的废墟中收集了一整袋尘埃，把它们喷撒在艺术博物馆的展厅中，直至所有尘埃缓慢地沉降在地板上。而在地板上事先铺设的一行字被拿掉之后，在满铺尘埃的地板上就清晰地呈现了这行字"As there is nothing from the first, where does the dust itself collect？"（禅宗六祖慧能著名偈语"本来无一物，何处惹尘埃？"）。

图 3-1 徐冰 《何处惹尘埃》

70

尘埃的出现并没有改变原先展厅的空间结构，事实上这个"空"的结构正是这个作品的核心所在，"空"的结构既贯穿了展厅的物理空间，也暗合了艺术家对"9·11"事件的追思，以及慧能法师偈语中的内涵。尘埃除了本身就是灾难现场的"遗物"展示之外，其飘浮空中的过程与沉降的结果也像灾难现场的某种"重现"。而且，尘埃的微小在这个特殊的叙事语境中也不仅仅是一种物理状态，更体现了一种对生命无常的静默与悲怆的情思。

- 微粒可以改变展览空间中的虚实关系

　　一般来说，博物馆展厅中的空间会被明确地用实体与虚空进行区分：实体是展品与观众，而其他的部分都应该是虚空间。在展览中留出大量的虚空间很有必要：首先是为展品营造不受其他杂物干扰的单纯背景，其次是为观众的观看提供足够的距离，最后是塑造观众的行进流线。

　　当然，在展厅中通过光线的设置与材料的应用也可以像江南园林那样营造出半虚半实的空间视觉效果。但这种半虚半实只是一种视觉上的存在，从物理结构上看，虚依然是虚，实依然是实。通过微粒的群组却可以营造出真正的"半虚半实"空间。

　　微粒可以弥漫在空间中，自成一体，或与实体相交融，制造出通常展览无法呈现的视觉效果。比如中国的黄山之所以会呈现仙境般的景观，在很大程度上就是因为终日有云雾在山间缭绕，营造出一种"半虚半实"的视觉效果。如果说黄山的例子是大自然的无心之作，那寺庙中大佛前的烟雾缭绕就是人的主观创造了，这种创造使大佛有了半人半神的视觉效果。今天，技术的进步使微粒也可以进入博物馆的展厅之中，比如荷兰艺术家伯瑙·施密德（Berndnaut Smilde）就通过对湿度、温度的精确调节，聚集水汽，在一个室内的大厅中营造出了超现实的景观———一朵真实的"室内云"（图3-2）。

此外，微粒所营造的"半虚半实"的空间其实是一种"浸入式"空间。"半虚半实"的状态能阻隔观众的一部分视线，但不会完全失去对形体的辨认，更不会影响到观众进入其中自由活动，这就改变了传统展览中那种人与物之间的远距离凝视关系，而变成了人在物中的状态。而且，视线的变化会引发观众的心理变化，并进一步引起观众行为的变化。比如当观众的视线受到限制甚至被完全剥夺的时候，就会失去对空间界限的判断，不得不去用手或脚去"探索"周边的环境。这样一来，展览叙事的营造就从以往的客体环境延展到观众的内心和行为上来。比如丹麦艺术家奥拉弗·埃利亚松（Olafur Eliasson）与中国建筑师马岩松在北京尤伦斯艺术中心合作的展览"感觉即真实"（图3-3）就曾利用烟雾和色彩斑斓的光营造出一个变化丰富的"半虚半实"空间，当观众进入之后就被

图 3-2 伯瑙·施密德 《室内云》

72

笼罩在一片彩色烟雾之中，只能够模模糊糊看到一定的距离，当一堵墙或其他观众突然破雾出现在面前时，观众就被逼着仓促地做出不同的反应。展厅的地面也被改建成一个缓缓的斜坡，虽然不会让人绊倒，脚底却会感觉到微妙的不寻常，这也进一步加剧了观众心理上的不确定感，不得不在忐忑中充分调度自己的感觉，并把一切判断交给自己的感觉，正如同展览标题所宣称的"Feelings are facts"（感觉即真实）。

- <u>微粒的流动可以使观众与展品之间的关系活起来</u>

如果一个微粒群组的内部组织关系不是固定的，该群组的结构整体就会产生动态变化。大自然中的云雾、黄沙、风雪已经给我们演示了这个原理，城市里的喷泉、孩子吹的肥皂泡泡也是一样。在博物馆的展厅中，观众是流动的，但展品往往都是静止的，所谓的参观，指的就是流动的观众沿着静止的展品观看的过程。如果能够运用微粒群组的流动原理来创作展品，那展品与观众就都成流动的了，两者之间的关系就会活起来，从而给参观的方式与过程带来新的改变。

图 3-3 埃利亚松、马岩松 "感觉即真实"展览现场

如果要充分体现展品流动的价值，并充分提升观众的体验，就需要避免对流动展品与观众之间进行隔离，反而应尽力促成两者的亲密接触。但如果这样，就对观众的安全性构成了挑战，对人体健康有害的微粒是不能以这种方式进入展厅空间中来的，比如上文提到的中国艺术家徐冰的作品《何处惹尘埃》中的尘埃就是不健康的，所以观众只能等所有尘埃完全落定后才能进入展厅，而且也必须与展品隔离才行。在今天的技术条件下，制作符合安全标准的流动展品并不困难。在前文提到的案例中，"室内云"与"感觉即真实"中用的就是安全的水汽与烟雾，不会对人体造成任何伤害。

　　如果把展品的流动与观众的行为结合起来，就能塑造出个性化的参观方式。比如伦敦艺术组合 Studio Swine 为瑞典时装品牌 COS 所创作的作品《新的春天》(*New Spring*，图 3-4)中，肥皂泡泡不断地从一棵"白色的树"的各个枝杈上慢慢飘落，如果落在观众的衣服上面就会缓缓地弹开，而如果落

图 3-4 Studio Swine 《新的春天》

在观众的皮肤上就会爆开来，成为烟雾飘散在空气之中。兰登国际（Random International）的作品《雨屋》（*Rain Room*，图3-5），通过传感器的控制，让观众行走在一片雨景之中，却一点都不会被淋湿。

- 光——最强大的微粒

从科学上来说，光具有波粒二象性。一方面，光由光粒子构成，光粒子的静止质量为零，完全不受重力的限制，在空中以极高速传播；另一方面，由于光的波动性，使其还可以在空中折射和衍射，从而具备了塑造整个虚空的能力。

人们其实早就认识到光粒子的这种能力。比如在舞台艺术中，光就是非常重要的表现媒介，可以用来塑造整个舞台的状态与变化。在早先的博物馆展览中，光也经常会被当作划分空间的重要工具。但在展览中真正把光当作有内容、有表现力的叙事媒介却很晚了。

图3-5 兰登国际 《雨屋》

人类的与光有关的技术发明非常丰富，相关的技术进步也很快，这就为光参与展览叙事带来了非常多元的可能。比如 20 世纪中叶的美国艺术家丹·弗拉文（Dan Flavin）喜欢用白炽灯与霓虹灯来做艺术装置并塑造空间（图3-6）；而后来的另一位美国艺术家珍妮·霍尔茨（Jenny Holzer）则喜欢用投影与建筑立面结合来制作作品；当代丹麦艺术家奥拉弗·埃利亚松（Olafur Eliasson）则喜欢在艺术创作中运用光的折射与衍射原理，有时还把光的这些原理与气象学的一些其他原理结合起来使用。

对于展览的创作者们来说，光的表现力是强大而细腻的。奥拉弗·埃利亚松曾在伦敦的泰特现代美术馆的涡轮大厅做过这样一个作品：空旷的大展厅中高悬着一轮金黄色的人工太阳，"阳光"洒满了整个大厅，展厅中的所有观众也都"沐浴"在金黄色的阳光之下（图3-7）。其实，除了塑造展厅的空间之外，光还可以用来塑造人的内心空间。如果说埃利亚松在泰特现代美术馆制造的金色阳光是一种照进人心房的温暖，那么在纽约"9·11"世贸中心遗址上通过白色激光怒射天空而虚幻出来的世贸双塔带起的就是一种交织了冷峻、沉默、愤怒与怀念的

图 3-6 丹·弗拉文作品

情绪。日本艺术家小野洋子在上海龙美术馆的作品《触片》则把所有的光都屏蔽了,塑造了一个全黑的房间。观众被投入一片黑暗之中,什么都看不到,似乎一切都消失了。陷入恐惧的观众不得不双手贴着墙面,在忐忑未知中,慢慢摸索到最后的出口。当手触到门把手,小心推开一个缝,光线洒进来的时候,内心才一下子从紧张与恐惧中摆脱出来。在整个摸索过程中,观众除了对墙的一点点触觉,对外界其他一切都感受不到,只能拼命跟自己内心不断涌出来的恐惧对抗,整个内心活动的建构都来自一个极限的外界环境——光的完全缺失。

在博物馆的展览中,关于微粒的了解与尝试其实还很少。但值得高兴的是,这意味着可以发掘的东西还很多。

图 3-7 埃利亚松《气象计划》

（2）展览中的巨物

如果说微粒是因为尺度超小而让人无法充分认识，那巨物就是因为尺度超大而违背了人的常识。如果说微粒的判断还是基于一种客观的物理尺度与人的感知能力，那巨物的判断在很大程度上就是出自人的心理作用了。在日常生活中，我们把某个东西视为巨物，实际上跟尺寸大小没有多大关系，更多是出自一种超越心理经验的"巨大"。假如你见到一只青蛙长得像猫那样大，你一定会被这个"巨物"吓一跳。但如果你见到一只老虎长得像猫那么大，一定会觉得它小得可爱。由此可见，虽然巨物也与客观形象的尺寸有关，但更重要的是，它是一种人对物的超越了正常心理预期的感觉——"巨"其实是一种感觉。

超乎生活经验的、巨大的物体很容易给人造成一种心理上的震慑和压迫感，因此常常会被宗教和政治这类需要收服人意志的精神性或仪式性的空间场所利用。巨大的圣像或领袖像会把教徒或民众笼罩在一个强弱分明的气场之下，让人在心理上失去自主而不得不向那个巨像所代表的力量臣服。在文学和电影中更是经常可以看到巨物的震慑力，比如美国好莱坞电影《独立日》中异常巨大的飞船、《哥斯拉》中的巨兽哥斯拉、《大白鲨》中的巨形鲨鱼及《人猿泰山》中的巨猿等形象的尺度都远远超过了人的正常想象而成为代表巨大震慑力的怪物（图3-8）。为了进一步突出这种力量，电影中的巨物往往会在一个看似安静平和的场面中突然出现，再加上夸大的视角，带有压迫感的气氛渲染，往往会对观众形成压倒性的心理震慑效果。

- 巨大中的写实与夸张

跟文学与电影不同的是，博物馆展览中的物一般需要"忠实"于原物，所以大多数博物馆展览中对物的呈现方式可以归入"写实主义"。即便博物馆要营造与渲染观众的参观体验，但也往往需要在"忠实"于原物的前提下展开。

其实，即便完全遵照"忠实"的尺度，有些巨大的物体还是会对人的心理预期造成冲击，何况当物体脱离了原先的环境而进入博物馆的展厅时，它带给观众的尺度感是在具体的展厅空间尺度的对比下得到的。位于深圳大梅沙的万科中心一层大堂就放着一个巨大无比的叶状物。很多人都被这个巨物的尺度震撼到，但却很难猜到它是什么，其实它是一片竹制的风力发电机旋翼，即便大多数人不止一次地见过它——在空旷的旷野中。所以，如果一个物体的尺度够大，当它脱离了原先的大环境并置入一个新的小环境之后，给人的感觉会全然不同。由此可见，博物馆展览所遵循的"写实主义"更多只是一种信仰和理念，而不应该是一种死板的教条。很多博物馆在展出巨大的展品时，乐于在保持尺寸"写实"的前提下去达成一种"夸张"的视觉与体验。既不会丧失博物馆一贯宣称的"保持真实"的立场，同时又实现了突破观众心理经验的震撼。

为了进一步渲染这种震撼的奇观效果，博物馆也找到了很多在展厅环境中夸大巨物感的方法，比如刻意夸大对比、塑造反差视角、渲染环境气氛，等等。在美国自然历史博物馆海洋生物大厅中一直展出着一头死于 1925 年的蓝鲸标

图 3-8 电影画面

本（图3-9），重达两万多磅，尺度完全"写实"，悬挂在大厅的拱形顶棚之下。蓝鲸身躯尾部的地方紧贴顶棚，头部朝下，整个身躯向下倾斜，观众就像站在海洋之中和游动的蓝鲸的巨大腹部之下，仰望着这个超乎想象的巨大身形。在观众的感觉中，此时的蓝鲸已经超出了展品的尺度，化身为现场的顶棚了。这种基于写实尺度却带有夸张渲染性质的巨物展品表现方法在很多博物馆的展览中都会用到，相关的例子并不少，比如在英国泰特不列颠美术馆展出过艺术家菲奥娜·班纳（Fiona Banner）的一件现成品作品——一架真实的战斗机（图3-10），直接从美术馆的玻璃顶棚倒垂下来，机尾贴顶，机头贴地，两翼贴到窗户边。从观众的视角看过去,战斗机的躯体以一种不可能的角度充分舒展开来,在逼仄环境的映衬下,巨物的震慑力更是被极度放大了。另一个相似的例子是在法国枫丹白露宫展出过一件艺术家丹尼尔·菲尔曼(Daniel Firman)的大象模型作品(图3-11):原大尺寸的、非常逼真的大象身躯就靠细长的鼻子直直地倒立支撑在地面上,富丽堂皇的古典廊厅与一头根本不应该出现在这里的大象、巨大沉重的躯体与脆弱的细长鼻子的倒立支撑——强烈的对比让展览的现场呈现出极为震撼的效果。

图 3-9
美国自然历史
博物馆 《蓝鲸》

- 巨大尺度与原型的冲突

当不需要去对应现实中的那个"真实",小的东西也可以被放大成巨大的物体,而且当小的东西被放大成巨物的时候,意味着在一件展品内部就形成了尺度与原型之间的对立与冲突,这种做法带给观众的心理感受往往比"写实"的巨物要丰富得多。以荷兰艺术家弗洛伦泰因·霍夫曼（Florentijn Hofman）的著名作品《大黄鸭》(图3-12)为例,其原型是一个常见的幼儿玩具——橡胶小黄鸭,不但体量小,连造型也很天真稚嫩,当霍夫曼把它放大到一个令人难以置信的尺度(几十米高)之后,就变成了一种荒诞的存在,它的躯体变得巨大宏伟,但形象还是保留了原先天真稚嫩的样子,体量和造型之间就构成了一种很奇特的对抗。

当一个原本很小的东西被放大成巨物之后,除了其内部会产生一种对抗与冲突之外,更重要的是,它会与现场的环境之间产生另一种矛盾和张力。当《大

图 3-10 英国泰特不列颠美术馆 《战斗机》

图 3-11 丹尼尔·菲尔曼 《大象》

黄鸭》在香港维多利亚港湾展出的时候，曾造成万人空巷的场面。究其原因，并不一定在于《大黄鸭》本身有多么吸引人，而是由于它的出现，让香港人最熟悉的、也经常代表香港形象的维多利亚港湾的图景一下子被微缩与幼稚化了。在大黄鸭的参照下，高耸入云的摩天大楼倒映出的维多利亚港湾不再是那个象征着香港繁荣的"东方明珠"，而成了一个儿童用来跟小黄鸭玩水的、布景精细的大澡盆，怎能不让已经对它熟视无睹的香港市民感到神奇？

其实，建筑物也是巨大的人造物。但一般情况下，我们都不会把它们当成巨物来看待，因为在我们的认知中，它们就应该是巨大的，所以并不会构成尺度与造型之间的冲突。但如果我们把城市当成展厅来看，建筑物就成了最佳而且现成的展品创作载体。如果建筑物本身就是具象的，那它已然像"大黄鸭"一样，蕴藏了尺度与原型之间的对立与冲突，比如北京近郊三河市的天子大酒

图 3-12 弗洛伦泰因·霍夫曼 《大黄鸭》

店（图 3-13），几十层高的建筑完全写实地模拟了人们家里常见的福、禄、寿三星摆件，于是就成了一种巨物奇观。如果对正常的建筑物进行再加工，把它改造成"物"的样子，也可以达到巨物的效果，比如美国大地艺术家克里斯托夫妇（Christo and Jeanne-Claude）就曾把德国柏林的议会大厦用布包裹起来（图 3-14），让巨大的建筑撑起一个非常怪异的"物"的样子。另一位美国艺术家珍妮·霍尔茨（Jenny Holzer）则喜欢利用夜色吞噬建筑形体的机会，把巨大的文字投影在建筑物的外立面，在夜色中塑造出一种巨大而突兀的、随着空间自然转折的文字巨物（图 3-15）……

4 非物之物——以文字的展品化为例

在早期的博物馆展览中，文字主要是出现在展签上——作为一种针对展品

图 3-13 天子大酒店

的必要的解释系统而存在。通常情况下，展签上的文字必须保持一种退后的姿态，以免冲撞到展品的核心地位。但它又必须一直待在那里，以备观众随时查询。当然，文字也有站到前面当主角的时候，就是当它作为展览名称与前言的时候。还有一种情况，它虽不是主角但也不会退后，即现场的警示，用来规范观众的行为："禁止触摸""禁止喧哗""禁止拍照"，等等。文字其实都是话语的视觉形式，以上这三种展览中的文字无论从姿态、内容还是语气上都直接对应着展览空间中的三种人：解说员、策展人和现场保安。

图 3-14 克里斯托夫妇 《德国柏林议会大厦》

图 3-15 珍妮·霍尔茨 《被投影包裹的建筑》

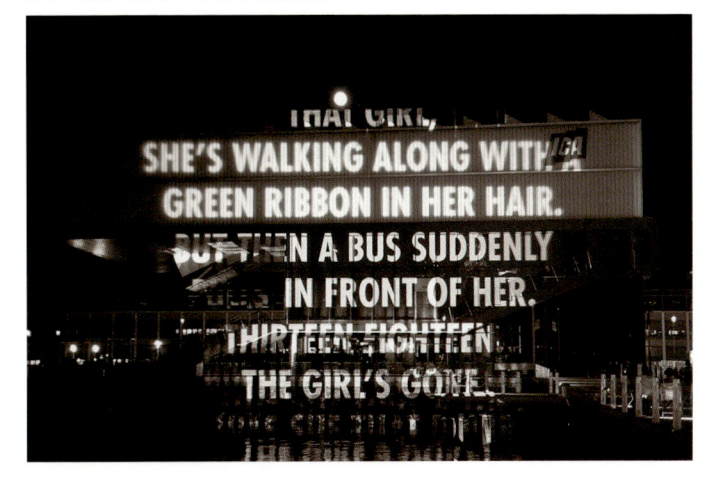

上述情况主要描述的是以藏品为主体的博物馆展览，在那些以知识为主体的展览中，文字往往会扮演更重要的角色。从本质上来讲，这种展览就像巨大的图文书：展品是立体的图，文字则担负着串联及阐释整个知识系统的重任，文字的背后站着的是学识渊博的博学家。

　　总而言之，在传统的博物馆展览中，虽然文字不可或缺，但文字从来都是在替馆方或策展团队的某个人物发言，并没有真正被当作"展品"的一部分。

　　随着博物馆与展览的发展，出现了两个重要变化：一是博物馆展览中"物"的概念大大拓展了，文字作为展品就不存在"血统"障碍了；二是展览叙事从以物的展示和知识的讲述为核心转移到了以观众的感受及社会实验为核心，文字的非媒介状态和叙事能力就有了大显身手的机会。

（1）展览中的文体

　　读书、看戏和看电影的时候，观众一般都是静静地坐在观众席上，但在参观展览的时候，观众却一直处于动态之中：缓步行进，走走停停，任何东西都不太可能让观众太长久地驻足，更何况是缺乏外形吸引力与体验感的文字。所以展览中的文字一向很短（展览的前言往往算是展览中最长的一段文字）——这条定律在今天也同样有效。

图 3-16 台北宗教博物馆

- 适合观众参观行为的展览文体

在展览中，很忌讳像书籍那样通过整篇的文字描述来构建内容，因为这跟观众的缓步行进与自由的空间行动相悖。但如果文字能够配合空间的特点，以及观众的行为习惯出现，就会成为一种非常有效的叙事工具。

在台北宗教博物馆的参观路线上有一条长廊，长廊右侧间隔排列着一个个立柱（图3-16），每个立柱上都放置了一个问题，比如"我是谁？""我们为什么惧怕死亡？""为什么有灵魂的存在？"……在这里，短问题作为一种积极的文字与走廊的线性空间相配合，使观众的行进过程变成了一个接受灵魂拷问的过程，也让观众在行走中获得了特别的思考体验。

当然，不见得所有空间都会像长廊一样有稳定清晰的空间节奏，恰好能与文字的线性阅读特点相契合。但其实只要能满足"在行进间阅读"这一根本要求，无论文字是什么体例，有多少数量，都有可能以恰当的方式出现在展览之中。在英格兰西北海岸的布莱克浦海滨广场上，铺设了一块由英国艺术家戈登·杨（Gordon Young）和 Why Not Associates 设计事务所合作创作的《喜剧地毯》（Comedy Carpet）（图3-17）。这块"地毯"并不是织出来的，而是用花岗岩和一种类似混凝土的材料浇铸而成，铺设在整个2200平方米的广场上。在这个提供了海量内容体验的广场上，文字是唯一的展品。超大规模的"文字版面"上

图 3-17《喜剧地毯》

排满了1000多名喜剧演员和喜剧作家的笑话、歌曲和警句。当然,虽然满场都是文字,但这些文字都是以几句或一小段为一个单元,相互之间也没有上下文联系,这样观众就不必遵循固定的路线,可以自由地在上面行走、站立、阅读或嬉戏。

从以上两个例子不难看出,人在展览空间中的状态与在书桌前的状态全然不同,所以文字不可能像在书籍中那样发挥其长线叙事能力,它必须以短幅或小单元为基本格局,以适应观众的行为方式。但展览空间的形态是无穷的,可以给文字提供更加自由而丰富的逻辑关系。而且,展览空间中人的行为也比读书时要多样化,文字、空间、观众的行为跟具体的叙事结合起来,完全可能创造出极具个性的空间文体,以及独一无二的空间体验和叙事方式。

- 与空间或展品配合的展览文体

在早年的以藏品展示为主的博物馆展览中,文字会配合展品出现,但文字并不属于展品的范畴，起的是类似解说的作用。当展览的模式逐渐演变成以观众的体验为中心的时候，文字就与其他物品一样，可以成为现场用于交流与体验的媒介。但文字并不天然具有实体形态，并不能像其他物品一样单独出现，这反而给了文字一个与其他展品或展览空间亲密协作的机会。

文字的缺点是形象性不足，优点是表意清晰。在跟其他物品的协作中，文字的优点往往就会变成被突出的部分，而其缺陷则可以由协作物品去补足。以美国设计师和艺术家施德明（Stefan Sagmeister）的一件作品为例，他在几个城市的广场上分别放置了一只十几米高的充气猴子，每个猴子都举着一个词，连在一起就是"Everybody always thinks they are right"（每个人都认为自己是对的）（图3-18），用以讽刺与反思人们在今天城市公共空间中自由行为的不足之处。句子很简短，语义也很清晰，以大条幅的方式举在一个形象强烈的大猴子手中。大猴子在西方文化中有傲慢与自以为是的寓意，何况又是以充气的方式来呈现，与这句文字所表达的意思相得益彰。

图 3-18 施德明作品

由于文字是非实体化的，不仅能附着在物品上，也能直接附着在空间中。空间虽然不见得像物品一样有相对明确的意义所指，但展览中不同的空间也会体现不同的"性格"或"姿态"。文字可以专门针对空间的"性格"与"姿态"创作，与空间共同营造一种有感染力的情境。以张之洞与武汉博物馆的"改革者的孤独"展区（图3-19）为例，这是一个让观众体会张之洞在艰难的现实中孤独心境的空间，展厅很空也很暗，只有一束天光从上打在一个大斜坡伸出的小平台上，平台上放着一本书，里面全是当时舆论对于张之洞的各种非议与谩骂。当观众走上斜坡来到平台，才能看到平台前面的大梁后面藏着的一段文字："张之洞曾自述，'无日不在荆天棘地之中'。作为清末的重要改革者，他始终处在异常险恶的环境之中，要面对来自朝廷、同僚乃至整个社会的不理解、怀疑甚至是攻击，他必须慎之又慎，拿捏好改革与守成的分寸，否则不仅会给自己招来杀身之祸，而且他所秉持的改革理想也会付之东流。我们看历史人物，由于时间久远，往

图 3-19 "改革者的孤独"展区文字

往能从远距离看到历史的整体脉络,所以可以轻易地评价他的功与过,褒贬他的善与恶。但如果我们跟当事人一样,被困在历史的'此时此刻',又将如何抉择呢?"站在展厅中的观众是看不到这段文字的,只有当他走到斜坡伸出来的平台上才能借着天光从房梁的背面看到它,而且往往是在他读完了对张之洞的各种非议之后。书中的漫骂、倾斜的地面、空灵的展厅、孤独的天光,以及房梁背后的这段文字共同营造了这段心境。

　　同样是在张之洞与武汉博物馆中,还有一个展区叫作"张之洞的智库"(图3-20)。它是一个巨大的喇叭状空间,从三层大厅的天顶向下伸出来,喇叭的内面铺满了当年张之洞 600 多个幕僚的名字,按类别排布成一片蓝色的"星空"。当观众走到这个空间下面,抬头仰望,就可以看到他们(设计灵感来自康德的那句名言:"头顶上的星空")。毫无疑问,这种看似散乱的姓名排列契合了这个星空式的空间。观众并不见得一定要看完每个名字,能领略到这份星光熠熠的人物

图 3-20 "张之洞的智库"

清单就够了。事实上,我们也很难把这个作品进行归类,算是空间?还是物品?也许这并不重要,创作的目的就是要塑造观众的认知与体验。文字能与之相配合并实现其独到的价值,也就够了。

- 与观众对话的展览文体

文字就是话语的可视化形式,话语的背后都是人(就像上文提到的解说员、策展人和保安一样)。展览空间中会出现什么文体在很大程度上也能反映出背后的价值观是什么。

早先博物馆的叙事权力都在馆长、行业专家、策展人或艺术家手里,这些人是(或假装是)叙事的"全知者",会决定告诉观众什么以及怎么告诉。这种精英霸权主义的姿态也自然会在展览的文体上体现。但在"后博物馆"观念的支持者看来这就是话语的独裁,而且靠这种权威式的话语也无法真正帮助观众了解变幻莫测的现代世界。成为现代知识的前提就应该要承认事物不是永恒不变的,在知识中暴露对立与矛盾有助于发现真相,有时候连含混也比明确更接近真实。因此,支持"后博物馆"的学者与实践者们才会主动做出对话的姿态,鼓励矛盾和含混性的存在,并倾向于展览叙事应该有一个开放的结尾。这样一来,一个开放的、以探索过程为中心的话语体系就完全替代了原先单向的、以结论为中心的话语体系。叙事者不负责提供"真理",只是提供观点,甚至包括相互矛盾的观点;观众也不只是倾听者,必须成为参与者和对话者。

就以前文提到的台北宗教博物馆为例,展览的叙事者只是给出了一连串的问题,希望观众在内心自行思索,并不一定会有结论,叙事者就更不用替所有人得出一致的结论了。美国的"2×4"平面设计事务所在纽约设计节上创作的一个文字问题装置就很能体现发起者和参与者共同协作的意义：设计师们想邀请公众一起来讨论"如何让设计积极地参与到身边的世界中"，于是就发出了一个倡议，邀请公众用三个词的简单句（动词＋介词＋名词）来给出自己的观点。在设计节期间，纽约的 7000 辆出租车的车载电视上，以及时代广场上的多个屏幕都直播了从观众提供的观点中进行遴选的过程。观众给出了很多精彩的回答，如"Dream in public"（在公共中做梦）、"Paint with words"（用词汇作画）、"Solve through questions"（用问题来解决）（图3-21），等等。在这个对话过程中，观众给出的答案几乎构成了话语的全部，他们成为这个公共性极强的城市展览的创作者，而原初问题的提出者则藏在了整个事情的背后。

总的来说，随着从展物到叙事的发展，从独裁到民主的变化，博物馆慢慢敞开了大门，让文字走向前台，同时把话语权解放给更多的人，空间文体也进入了一个新的时代。我在这里也只能稍作分析与展望而无法概全，唯一可以确定的是，文字在展览中可发挥的潜力尚在挖掘中。

图 3-21 "2×4"平面设计事务所作品

（2）文字在展览中的实体与形态

文字是人创造的。文字有基本形象而无具体形态。所有文字的具体形态都是根据基本形象的再创作——早年的书写与我们今天在电脑上用到的字体都是如此。当我们在博物馆中以"物"的角度来讨论文字形体，就还需要再加上一个考量——它是以怎样的实物媒介出现的。

对于绝大多数带文字的实物藏品来说，进入博物馆的时候已经是"基本字形、具体形态与实物媒介"三位一体了，比如一幅书法作品、一本古书或者一个牌匾都是如此。但如果文字不是作为一种已经三位一体的藏品，而是要参与构建一个新的叙事，就必须根据具体情况来重新组合这三者之间的关系。如果做个粗略的分类，大致可以分成三种情况：第一种是只有基本字形，要依靠媒介来决定其具体形态；第二种是已经有了基本字形和具体形态，需要最终通过媒介来进行物化；第三种是"基本字形、具体形态与实物媒介"三者完全自由组合。

- 由媒介来决定文字的形态

第一种情况在生活中其实很常见，因为媒介往往已经含有某种信息，选择了合适的媒介，就能很好地体现或烘托文字内容。比如一个男孩向女孩求爱，用玫瑰或蜡烛摆成"I LOVE YOU"，这就是先有了文字内容（也就拥有了基本字形），然后选择了玫瑰和蜡烛这种浪漫的媒介来烘托内容，最终玫瑰和蜡烛也反过来决定了文字的最终形态。

美国设计师和艺术家施德明曾经在纽约的"戴奇项目"（Deitch Projects）当代艺术画廊里用一万只香蕉搭建出一堵墙，黄色的香蕉是"背景"，绿色的香

图 3-22 "Self-confidence produces fine results"

蕉与其形成色差，呈现"Self-confidence produces fine results"（自信就会带来完美的结果）（图3-22）这样一个句子。过几天之后，绿色的香蕉就会变黄，句子就消失了；但再过几天之后，原先黄色背景的香蕉就先变成褐色了，句子又出现了；然后再过几天之后，所有的香蕉都变成了褐色，句子就彻底消失了。在这个案例中，从表面上看，是香蕉的堆积结构决定了文字的具体形态，而香蕉的成熟和腐烂周期则自动生成了文字的几次呈现和消失过程，与文字的语义形成完美的配合。从媒介的角度来看，香蕉的形体与其生物变化都对文字的形态产生了重要影响。

有时候，文字的语义会与媒介合作，促成公众行为的参与一起来塑造文字的最终形态。比如荷兰设计师组合"机器"（Machine）曾制作了两个巨大的立体的词"MARK ME"（在我上面涂鸦）（图3-23）摆放在阿姆斯特丹市立美术馆外面，其字面意思就是邀请公众在其上面自由地涂鸦。在这个案例中，设计师虽然已经用媒介创作出了文字的形态，又经历了公众的再次创作，其最终形态是由文字的语义引导公众来共同参与并最终完成的。

- 文字的现成品形态与其媒介表现

经过几千年的社会演变，今天的我们已经掌握了很多选择文字形态的简练方式，比如电脑中的字库就是一种非常通用的方法。我们先在电脑中通过选择字体来确定文字的形态，如果需要的话再把它转化到某种物质媒介上。其实生活中的大多数时候，人们总是会先赋予文字形态，再寻求与媒介的结合。比如一些商业品牌的文字标志，像"可口可乐"，它有自己专属的形态，无论出现在

图3-23 "MARK ME"

任何媒介上，它的文字和形态都是不可拆分的，甚至在不同的语种翻译之后依然要把原先设定的形态拼合回来。在中国常见的名人题字也是典型的例子，它的形态并不见得与字义有什么关系，而是因为书写者的名人身份有了"加持"的价值，由名人"加持"的文字形态也就此成为基本字形与确定形态的"现成品"，然后再把这个"现成品"制成牌匾或金属字等具有庄重感的媒介形式。

文字形态的现成品其实已经是一种常见的社会景观，创作者们会透过不同的角度去观察它，用不同的方式来使用它。在 20 世纪 60 年代，像安迪·沃霍尔（Andy Warhol）这样的艺术家就开始意识到文字的现成品形态与社会景观之间的关联，在他的著名作品《金宝汤罐头》（图 3-24）中，几乎一模一样的罐头上印着一模一样的"Campbell"和"soup"（金宝和汤）字形，但每个罐头上呈现的汤的类别的词却全都是不一样的。

在大多数时候，文字形态的现成品和媒介的结合都是顺着现实环境需要而做出的自然选择（比如上文提到的可口可乐与名人题字的例子）。但如果我们重新思考两者之间的关系，就会发现媒介完全可以扮演更主动的角色，两者的结合关系也就出现了更多元的可能。比如艺术家艾未未创作过一个作品，把可口可乐的文字标志画在了一个中国古代陶罐上（图 3-25）。这时作为媒介的陶罐与

图 3-24 安迪·沃霍尔 《金宝汤罐头》

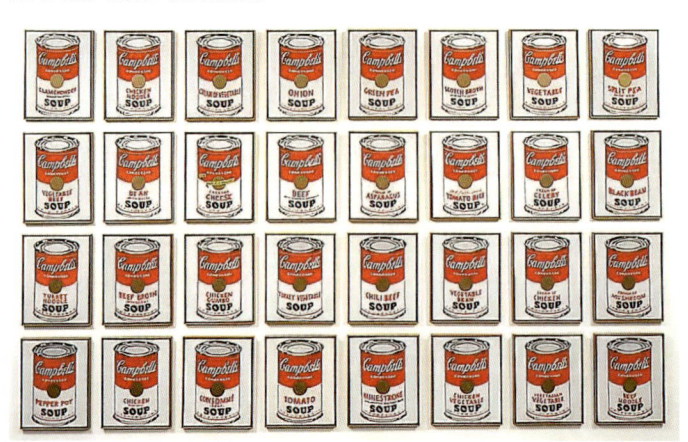

96

文字形态的现成品虽然结合在了一起，但两者之间却也同时产生了一种激烈的对抗关系。

　　有时候，文字形态的现成品和媒介之间可以深度融合，形成既不从于前者、也不从于后者的特殊结果。比如在上文中提到过的英国《喜剧地毯》（图3-17，第83页）的案例中，喜剧台词的字体与排版也是从当年报纸上扒下来的现成品，但当它离开了报纸，重新跟广场这个概念结合在一起的时候，原本出现在报纸上文字形态的现成品被迫放大到广场的尺度，形成的结果就是人在"报纸版面"上行走，原先的人与报纸的阅读关系被全然颠覆了。

　　当文字形态的现成品和媒介结合在一起的时候，会再次变成新的现成品。对此可以用两种角度来解读：第一种是回到形态上去看媒介带来的变化。当文字形态的现成品跟媒介结合之后，就变成了物品，媒介的特点及变成物品之后所经历的变化都会对文字形态反过来产生影响，也可以说反过来参与塑造了文字的形态。第二种是从物的角度来看。此时的文字已经落实为具体的物（比如一个牌匾），被赋予了某种具体的社会定义。对现成品进行再创作就有了物理性和社会性的双重含义。艺术家黄永砅曾把《中国美术史》和《西方美术史》两本书放进洗衣机搅拌了两分钟，把破碎的纸浆（图3-26）放在木箱上展出。这里，

图 3-25 艾未未 《可口可乐陶罐》

图 3-26 破碎的纸浆

两本书烂糊在一起（从物理性上来说）同时也象征了两种文化传统已经烂糊在了一起。

- 字形、形态与媒介的再创作

文字造物的第三种情况是：基本字形、具体形态与实物媒介全都是重新完全自由组合。就目前的实际情况来看，这种组合更多算是一种理论上的可能，因为它不太符合人的思维习惯。通常当有了文字内容之后，很自然地，人会要么先从形态上去考虑，要么先从媒介上去考虑，最终会变成上面所谈到的两种情况中的其中一种。

除了上述三种情况，从理论上来讲，连文字的基本字形也是可以被当成现成品来看待以进行重新创作的，比如艺术家徐冰的作品《天书》就是如此。但这都属个例，会破坏文字的阅读性，不太可能成为普遍适用的创作手段。

5　对物的尊重

博物馆中的物的构成一直是一个不断丰富的过程。单从物的构成上来看，今天博物馆中的世界跟日常世界之间已经没有明显的差别了。但如果两者之间真的没有了区别，那博物馆存在的意义又在哪里呢？

如果我们脱离语境关系，单纯从物的构成比对来看，很容易感到困惑。只有从创造性的层面上来理解"博物"与"博物馆"，才会真正认识它的价值所在。

首先,"博物"的创造性主要体现在"博"的过程中。博物学就是一个帮助人建立开阔的观察视角以更好地理解世界的学科,而展览叙事更是给了人们一个重新解释或者按照想象去重构世界的机会。博物叙事的组织结构与日常世界完全不同(展览局部出现的对日常场景的模拟并不能代表叙事的组织结构)。所有在日常世界出现过的物品在进入博物馆之后就放弃了它原本的实用功能,与人(观众)之间再无利害关系,而是进入了一种专门的认知(或重新认知)程序。它与其他物之间共同构成的场景关系,以及它在整体叙事中的语义关系都会被重新设定。而且,博物馆空间中人与物的关系与日常世界也有本质的区别:日常世界是一种喧闹的、快速的、向前看的、碎片性的、功能化的、与每个人都有利害关系的世界,而博物馆里则是一种安静的、缓慢的、回顾性的、综合性的、纯感知的、与每个人都没有利害关系的世界。同样的物在博物馆的语境中与日常世界的语境中是完全不同的,物在这里将被重新看见、重新解读与重新叙述。

其次,博物馆是一个让物获得尊重,以及重新建立物与人的关系的地方。在日常世界里,尤其是在工业化和商品经济之后,物与人的关系被明确为一种简单的功利关系。而在博物馆里,物却可以摆脱功利关系的压制而重新获得尊重。在传统的藏品展中,观众与展品的基本关系是观赏与被观赏。观众站在一定的距离之外,仔细观看物的形体,深入理解物的价值,慢慢欣赏物的神奇等,在这个姿态中就体现了人对物的尊重。当然,这种对物的尊重的姿态也与其珍稀价值相关。后来出现了并不依赖珍稀藏品的、其他类型的展览,人可以与物进行亲密接触,两者之间不再是隔着一定距离观赏与被观赏的关系,但这种关系与日常世界中的那种功利关系还是有着本质的区别,是一种以探索的进程展开的、帮助人形成对物的新感知与新认知的关系。在这个过程中，物依然受到尊重，只是方式上与藏品展中有很大的不同。仔细想来，甚至比藏品展中受到的尊重更加内在与深刻。

在博物馆里，尊重不仅仅体现在人与物之间，也同样体现在物与物之间——这是博物馆里的秩序与日常世界中的秩序大不相同的重要原因。在展览中，所有的展品都会在一个稳定而平等的空间秩序中获得一个位置，而不会受到其他物的过分干涉。比如声音，由于其穿透性比较强，在日常世界中往往会覆盖一大片区域，这片区域中的人或其他物都会受到它的侵蚀。在展览中安置声音媒介的时候，往往会采用隔离的手法（为观众专门配备的耳机或为声音专门设置的独立空间），以免对别的物和整体空间的秩序形成干扰。

还有一种尊重是在参观时间上的尊重，一般来说，一个展览中观众要看的展品有很多，而观众的参观时间却是有限的，所以在展览中就需要尽量避免某件展品占用观众太长的参观时间（观众自己对某件展品更感兴趣是另一回事）。但不同类别的展品对观众的时间要求差异极大（比如视频或影片就会占用观众更长的时间），这时，观众在博物馆中的行动自由就成为一种平衡与反制的力量，他们可以自己决定是否愿意在占用时间更长的展品上花费更多的时间。有时那些占用时间更长的展品反而会让观众丧失耐心而选择离开。一如鲍里斯·格洛伊斯所说，博物馆是个"冷媒介"的场所，"热媒介"[2]（比如影片）进入博物馆里之后，也会"冷却"下来，最终所有媒介都达到一种"温度"上的大致均衡状态。[28]

通过叙事，物在博物馆展览中可以获得新的生命，这可以理解为对物的最好的尊重形式。在日常世界中，物的生命周期大多很短，失去使用价值的物品将会被视为垃圾而丢弃或瓦解。而进入博物馆的物品，要么会被作为某个历史的遗物完整保留下来，要么在一种新的叙事关系中获得第二次生命。这不仅仅是一个比喻，在博物馆里，物确实在一定程度上是被当作生命体来看待的，因为从叙事或艺术的角度来说，生命不是用科学生命体的方式来衡量的，而是与人的感悟密切相关。

---

2 加拿大著名传播学者马歇尔·麦克卢汉依据媒介提供信息的清晰度或明确度及信息接受者想象力的发挥程度及信息接收活动中的参与程度，将媒介划分为冷媒介与热媒介。麦克卢汉认为，热媒介排斥，冷媒介包容。参见麦克卢汉《理解媒介—论人的延伸》第二章"热媒介和冷媒介"，商务印书馆 2000 年版，第 51—64 页。

（二）对物的解构与博物叙事语言的形成

1　从原作到仿品

如果做一个统计的话，恐怕在大多数博物馆的非藏品类展览的所有展品中，真正的原作所占的比例会很小，大多数展品都是原作的仿品或变种，它们确实是展品和叙事的组成部分，但却并不是来自博物馆想要保存的某段历史或者某个消失了的世界，而是出于叙事的需要专门制作并"补充"进来的。

虽然从性质上来说，原作和仿品是有天壤之别的，但如果从观众的角度来看就不一定了。如果我们把展览看作是一场向观众讲述的故事，那所谓"原作"的定义就应以观众能够感知到的程度为准，而不一定要去僵化地遵从科学上的定义。以人能感受与认知的范围而论，大多数我们称为物体的东西是由很多个不同维度的层次相互交融而构建出来的，比如形体、色彩、材质、重量、运动方式、功能、用途等。这其中的一些层次来自人的直接感受，而另外的一些层次则来自人的日常经验。一些特殊的事件也会赋予某些物体特殊的含义，比如一块石头可能会在某个案件中成为杀人凶器，一件衣服因为某个名人穿过而成为对该名人认知的一部分。当然,物体作为一个可以无限探究的世界还有更多的层次,这往往就不是普通人能够知晓或者肉眼能够辨识的了,要靠专业人士才能知道,或借助特殊技术才能看见。

对于有些展览叙事来说,原作中真正有效的只是其中一些层次,其他层次的缺失并不会影响观众的正常参观。所以,我们会发现,很多仿品会堂而皇之地以展品的姿态出现在展览中。当然,如果能够提示出这是仿品会更妥当一些,但其实即便不进行提示,观众甚至包括部分专家在内也不具备分辨真与仿的能力——也就是说,从参观的角度来说,真与仿其实已经没有区别了(当然拙劣的仿品另当别论)。

还有一些仿品与原作相比,缺失的层次更多,人们通过肉眼或常识就可以分辨出来。这种明显的"漏洞"固然有受条件限制的原因,其实也算是一种聪明而直率的展示策略,它清晰明白地告诉观众:这就是仿品,其中的一些层次与原作是相同的,你只要关注这些层次就好,不必受到其他不属于原作的部分的影响。这相当于把仿品这个概念也做了拆分:属于"原作"的层次与不属于原作的层次被刻意隔离开来,一目了然,避免了以假充真的嫌疑与尴尬。

一般来说,这种有明显"漏洞"的仿品都有一个共同的前提——从根本上来说,原作是不具备被完全仿制的条件的。动物标本和明星蜡像就是典型的例子,其原型都是活生生的生命,不可能以无生命的物体的方式在展览中出现。动物标本(图3-27)可以从形体、姿态甚至质感上都做到活灵活现,但它毕竟不可能真正像动物那样活动起来,更别说去呈现其生活习性等方面了;明星蜡像其实也

图 3-27 上海自然博物馆的动物标本

是同样的道理，只是对象与制作方式不同罢了；微缩景观（图3-28）则是另一种类型的例子，其原型不可能被搬到展览中来，再建一个也不现实，但如果在保持其外观不变的前提下把体量缩小，建一个仿品并不困难。对于观众，这种缺失了真实比例感受的观看也是有意义的，就拿地球仪来说，谁都知道地球仪不是地球，但我们都可以通过这个微缩并加工过的地球仿品去认识地球。

2　从模仿到创造

仿品中注定会有一部分层次是与原作不同的（否则就成了原作），这部分层次看上去似乎很多余，但又无法避免。其实，这是因为我们一直站在把仿品与原作做对比的格局中来看，自然会觉得这些层次是劣质的和惹厌的。但如果能跳出这个窠臼，就会发现正是因为仿品必然拥有这些不属于原作的层次，才给了展品创作一片可以发挥的空间，以及探索展览叙事更多可能性的机会。鲍里

图 3-28　上海电影博物馆的微缩景观

斯·格洛伊斯则干脆认为仿品的概念原本就是不成立的,"每次语境与媒介的转换都可以被认为是对复制品作为复制品身份的否定,是一种本质的断裂,一个开启新未来的开端。在这个意义上,一件复制品永远不曾真正地成为过复制品,而是一件在新的语境中的新的原作"[29]。

如果我们换个角度,就会发现,"仿"其实是一个主观行为,尽管它有某一个"原作"作为参照,但模仿者完全可以利用这个可以自由发挥的空间去主动创作,把自己对对象的理解与想象融入其中。当这个"仿品"已经融进了创作者的主观认识之后,它在事实上已经成为另一个作品。一幅画或一个雕塑就是明显的例子,抛开艺术价值不谈,它们可能都是参照自然或现实世界被创作出来的。单就与原型的关系而论,它们也是"仿品",但这个"仿品"已然具有了原型所不具备的另一种价值。聪明的艺术家们甚至会把过去受人鄙视的仿制模式调整为一种全新的创作模式,比如美国艺术家杰夫·昆斯(Jeff Koons)的作品《气球小狗》(图3-29)与黄金骷髅、荷兰艺术家弗洛伦泰因·霍夫曼的作品《大黄鸭》图

图3-29 杰夫·昆斯 《气球小狗》

3-12，第 80 页）、中国艺术家展望的作品《不锈钢太湖石》(图 3-30)等都是在仿制的基础上进行艺术创作，甚至连大名鼎鼎的安迪·沃霍尔的罐头与头像系列（图 3-24，第 92 页；图 3-31)也采取了这种创作模式。

如果我们把上面这些例子分析一下的话，就会发现在"仿制"过程中，只要刻意改变其中的某个参数或层次，就会在"仿品"与原型之间制造出一种奇妙的关系，它既指代了原型，又滑向了这个新参数或新层次所关联的另一种事物。这种做法的价值早就被人们注意到，既能为艺术家的创作所用，也能够为社会带来更多实用的功能。一个常见的例子是儿童喜欢玩的战争玩具，比如玩具枪、坦克、飞机等，它们的外形跟原型很相像，但尺度却被缩得很小，由此战争武器就被游戏化和玩偶化了。寺庙里供奉的佛像则完全相反，尺度比真人扩大了很多倍，表皮还贴上了金箔，人像就变成了神像，非常宏伟庄严。

从原作到仿品，再从模仿到创造，是一个意涵丰富的演变过程，既体现了从客观存在走向叙事者的主观认识的历程，同时也反映了从确定性事物走向模糊性事物的改变。在这个变化丰富的体系中，原作的意义或许已经没那么重要了，而展览的叙事能力大大提升了。

图 3-30 展望 《不锈钢太湖石》

图 3-31 安迪·沃霍尔作品

3　像、媒介与意义的拆解与重构

从观看的角度来讲，无论一个物件中有多少个层面，最终都可以归结为三个层面：像、媒介与意义。像，是事物在人的感官系统中映射出来的视觉或感觉的总和；意义，是人们在生活经验中积累起来的对事物的认知；媒介，是物件在这个物质世界存在的依托。如果没有媒介，像与意义也就失去了具体的支撑点。

在日常生活中，物件的这三个层面是融为一体的。比如一把椅子，它的像是一个由四条腿、一个椅面与一个靠背组成的稳定结构；它的媒介是木头、金属、布面与海绵等；而它的意义是一种比较舒适的坐具（当然，具体而论，在不同情境下的椅子也会有细微区别）。如果明显颠覆了其中任何一个层面，它作为"椅子"的概念就会变得脆弱与模糊。如果没了靠背，它的意义就滑向了凳子；如果材料换成了纸，人们也会怀疑它的承重能力而不敢坐上去；如果在一个打架的现场，椅子被人抡起来砸伤了人，那它就成了"凶器"。这个例子可以证明，物件的像、媒介与意义这三个层面是可以被拆解并重构的。

从理论上讲，像、媒介与意义的拆解与重构既涉及形式又涉及内涵，还喻示了巨大的创作自由，可以让展览的博物叙事语言从简单的"物理"方式进化到复杂的"化学"方式。这本应该得到充分而深入的运用才对，但事实是这种做法在早期的展览中很少看到，这与社会的技术进步并无太大关系（也没有什么具体的技术门槛），而完全是出于观念上的原因。

在现代社会的早期，展览还是非常讲究对客观世界的"忠实"。在当时的社会观念中，这种看似过于主观和偏向于表现主义的做法是不大可能被博物馆这样以严谨的学术研究为基础的文化圣殿接纳的。就过去的历史来看，这种对物的语言大胆的、大规模的研究与应用是率先在当代艺术领域中展开的，其原因也显而易见：在当代艺术系统中没有必须对照现实世界的羁绊，对个人主观意志的表达也比较尊崇，而且喜欢把现成品物件当成重要的媒介和语言来看待。经过无数艺术家们的实验与探索，就逐渐培育出了一个可以把物件的像、媒介与意义进行拆解与重构的叙事语言系统（直到今天，当代艺术的这种探索还在继续）。由于这种叙事语言系统强大的有效性，后来也逐渐被更多类型的博物馆接受。而这些博物馆之所以愿意接纳这种不够忠实和客观的语言系统，除了因为它的叙事功能确实强大之外，也在于当代博物馆展览的性质与关注方向已经发生了改变，从简单的对过去文化的保护转向了当下社会需要的新文化生产。

与我们常见的那种"物理"关联方式的博物叙事语言相比（比如把关联的展品以某种空间逻辑并列在一起），这种对物件的像、媒介与意义进行拆解与重组的叙事语言系统具有以下三个重要的优势。

第一，从外观上来说，博物馆的展览主要是在对物的观赏中展开的，不寻常的物必定比寻常的物更能激起观众的兴趣与关注。在这方面，被拆解并重构之后的物与日常生活中的物会明显有所不同，甚至看起来会很奇特，或很怪异，在吸引观众的注意力方面有着天然的优势。

第二，从叙事语言的组织上来看，当展览从物的展示向整体叙事的方向发展时，对语言也提出了更高的要求。当物件变得可以拆解与重构，不光意味着基本形式结构上的变化，同时也意味着基本语义结构上的变化：一方面，为独立的物件融入了与其他物件的关联性，从语义上讲就相当于让"词"变成了"句"，这个新的再造物就有了表达新认识的能力，而不再是现实存在的一个标本。此外，拆解与重构之后的新物在表意上也具有了一些模糊性，更能适应表意与语言系统的不同需要。另一方面，物件的拆解与重构过程也是一个主观意识融入客体的过程，经历了创作行为的再造物就不只是一个客观的物体，而成了人的主观意识的表达载体。

第三，从对应当代叙事特征的角度来看，社会观念对博物馆展览的认识一直在变化，今天的博物馆展览已经大多不再是作为逝去历史的保管箱或真理知识的翻译器，而更多是在用大胆的创造与实验去帮当下社会开拓新视野，并去尝试现实规则之外的其他可能性。"真实存在"已经不是展览要去体现的原型，反而成了被质疑与批判的对象。这样一来，把真实存在的物件进行拆解并重构无疑是一种对现实进行重新理解与讲述的合理方式。正如福柯所言："在赋予形象以生命的知识与形象所转而采用的形式之间，裂痕变宽了。这就为梦幻开辟了自由天地。"[30]

经过在当代艺术领域的初步培育，以及后来在更多博物馆的继续探索与应用，对物的拆解与重构作为当代博物馆展览叙事的重要语言也逐渐成熟了起来，其方式越来越多元，手段也越来越丰富。

（1）手法一：置换

在构成原先物件的其他层次不变的前提下，把其中的某一个（或几个）层次用新的部分置换掉。这种方式在操作上比较简单，在表意上也往往比较直接与清晰，所以成为展览叙事中最常用的对物件的拆解与重组手法。在这种置换手法中，最常见的是替换材质：原型的形体基本保持不变，但材质或外表却被替换为另一种材质，而且这种新材质往往与原材质存在极大的反差，以制造明显的矛盾、张力与戏剧性。比如前文曾提到当代中国艺术家展望的很多雕塑作品都是以太湖石为基本形体，只是把其表面材质置换成了镜面不锈钢（图3-30，第99页），一种光怪陆离的现代工业质感与一个代表古代文人意识的太湖石形体就结合在一起，形成一种极具冲突与张力的蒙太奇叙事结构。英国艺术家达明·赫斯特（Damien Hirst）也经常使用这种置换的手法，比如他的一件作品原型是骷髅（图3-32），但表面却镶满了黄金与钻石——黄金与钻石象征着现实中的欲望与迷醉，骷髅则象征着死亡，材质与形体呈现巨大的反差，又构成了某种奇特的内在联系。

图3-32 达明·赫斯特作品

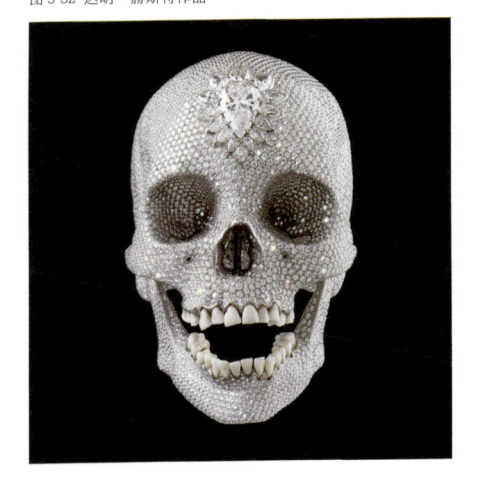

（2）手法二：局部对抗整体

我们平时所说的物品与物件，都是一个独立而有形象认知的整体。该物件的每一个局部在语义上并不完全独立，都是构成这个整体的一部分（一条椅子腿即便离开了椅子，在语义上还是椅子的一部分）。局部服从于整体，两者之间的关系很清晰。如果我们用多个独立的小型物件去组建成一个大型物件呢？或者反过来说，如果我们把一个大型物件的局部都转化成完整的小型物件呢？局部与整体的绝对关系就被颠覆了，变成了一种相对关系。

在中国国家博物馆举办的 2011 年首届北京国际设计三年展的"混合现实"单元的展厅中用了大量的一次性竹筷子穿插起一个贯穿全场的龙形结构，把展厅中所有的展品都串联了起来（图3-33）。在这里，竹筷子就具备了一种双重性：如果就筷子这个概念而言，它自身就是整体；但如果把龙形装置当作整体，那筷子就成了局部。在 2008 年"社会能量——当代荷兰交流设计展"成都站中，负责展览空间设计的多相建筑工作室用了大量现成的塑料文件夹编织出了隔离

图 3-33 北京国际设计三年展"混合现实"单元的一次性竹筷

用的展墙（图3-34），塑料文件夹也同样具备了双重性：作为整体的文件夹与作为展墙的局部。性质相同的例子还有2012年在北京三里屯太古里举办的"大声展"的展览空间装置，众建筑工作室用啤酒箱与充气枕头分别搭建了"房子"与"帐篷"（图3-35），在这里，啤酒箱与充气枕头也具备了双重性……从这些例子中我们可以看出，物件的局部与整体也是一对可以进行拆解与重组的关系，局部可以不再单纯是整体的一部分，而是具备另一个整体的全部内涵，与现有的整体相互协作或对抗。

（3）手法三：语境转换

无论是在日常生活中，还是在文化展览中，物件总是被放在某个语境之下来认识的。在很大程度上，人们对它的认识是由它与它所处的语境共同确定。在物本身的形体没有任何改变的前提下，当它的姿态或者语境关系改变了的时候，它带给人的感受与产生的意义也是不一样的。以杜尚的名作《泉》中的小便池（图3-36）为例，当它还在日常世界中的时候，它就是小便池；而当它进入美术

图3-34 塑料文件夹编织出的展墙

图3-35 啤酒箱与充气枕头搭建的"房子"与"帐篷"

馆的时候，就被安上了"艺术品"的名分，进入了艺术欣赏的语境，与美术馆的空间共同制造出一种值得深思的冲突关系。这时它带来的就不是一个在日常世界中的小便池所带给我们的感受，人们对它的认识也不再是一个用以小便的器具，而是引出了一连串对艺术和社会的惊天问题。中国艺术家艾未未在第十二届卡塞尔文献展上的作品《童话》（图3-37）也是通过展品的语境转换来实现的，不过这里的展品只是一个比喻——活生生的人在这里被当作作品构成要件来看待：1001个中国志愿者被"运输"到了德国卡塞尔城，"放置"在艺术现场的语境之下。这些人当然还是他们自己，什么都没有改变，但其与新环境共同构成的语义却完全与日常世界是两码事了。

举例并不能涵盖全部，这里列举的这些方式远远不能表达出在物件的拆解与重构行为中所蕴藏的无限叙事与语言组织的可能性。但通过这些举例呈现了这样一种想象：物的语言系统已经迈出了新的、关键的一步，已经从简单的"物理"方式进化到复杂的"化学"方式，并且这种新的语言方式也能在社会土壤中获得足够的支持，对于展览的叙事语言发展来说，意义不言自明。

图3-36 杜尚 《泉》中的小便池

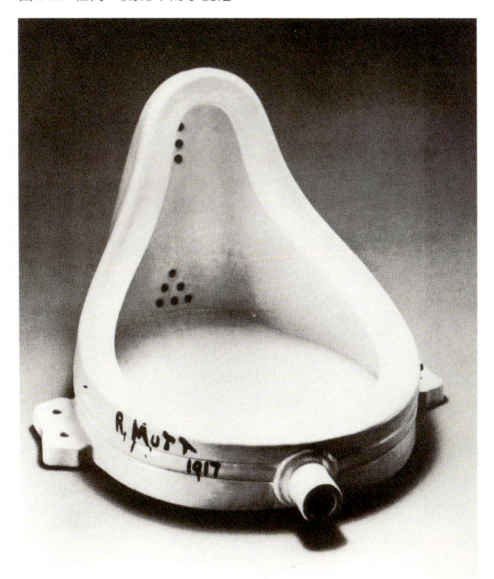

图3-37 艾未未 《童话》

（三）物的表演

1　展览围绕着物的表演展开

　　所有在空间中展开的叙事都需要一定程度的表演，展览也不例外。只不过像戏剧与电影中的表演都是以人为主，而展览中的表演是以物为主。戏剧与电影中也有物，也有场景，但场景更多是点明环境，物则是配合演员表演的道具，一切都围绕着演员的表演来展开。也许我们坐在观众席上或电视机前会觉得某段戏演得很逼真或者很有感染力，但这仅仅是对我们的感觉而言，演员在表演时并不会去完全模仿真实。戏剧演员要考虑到舞台与观众席的距离，肢体语言要比在日常世界中更加清晰与夸张才行。电影演员要考虑镜头语言以及后期剪辑的需要，快与慢、场景与局部、长镜头与快速切换……镜头与剪辑的样式不同，对演员的表演要求也不一样，并不是简单的还原生活就可以。如果演员真的那么做了，观众得到的反而不会是那个逼真而有感染力的效果，因为戏剧与电影呈现给观众的是一个最终的舞台或影片的合成效果，演员的表演要为这个合成效果而服务才行。同理，展览呈现给观众的也是一个合成效果，想要有逼真感与感染力，就要充分考虑现场参观情境的需求,作为主角的物也应当为此提供恰如其分的表演。

展览叙事是以物为中心展开的,但展览所叙之事却不只是与物有关,而是要组织出非常丰富完整的内容和体验才行。当然,除了物之外,展览往往也会提供一些文字或语音解说。这对内容来说当然是有效的补充。但如果过分依赖解说,将大大降低观展体验,甚至相当于是从根本上质疑或否认展览的叙事能力。因此,物的表演就显得尤为重要了。一般来说,物的表演要尽力做到三点:一是演好自己;二是补足叙事缺失的部分;三是呈现展览特有的感染力。

所谓演好自己,在那种回顾性的展览里,指的就是历史中的那个自己。当物出现在展览中,就意味着它已经脱离了当时的历史情境,只是作为那段历史的"遗物"而存在。如果只是"陈列"在那里,它所提供的就只是一种"标准照"式的认知,距离原本那个活生生的自己非常遥远。博物馆中的物要在历史语境已经缺失的情况下去接近历史中的那个自己,就需要借助"表演"。

对于物来说,要补足叙事缺失的部分比演好自己更难。但这并非不可能。如果物来自曾经的现实生活,经历过世事沧桑,它身上就必然带有这些经历的痕迹,比如一件衣服,如果胸前有茶渍,或者撕掉了几颗扣子,甚至上面血迹斑斑,它就已经讲述了很多事情。如果把它交给像福尔摩斯这样的侦探,能从中看到的内容会更多。其实物的身上已经蕴藏了大量可发掘的东西,展览要做的,是让看得见的东西变得更加清晰,让容易被忽视的东西得以呈现,把可能断掉的关联续接起来,暗示出那些缺失的存在,以及设法进一步诱发观众的想象。看上去需要做到的东西很多,不见得单单靠物的表演就能完美解决,但毫无疑问,物的表演是最简洁有效的方式之一。

如果说在传统的收藏展中物的价值是以其收藏价值为依托的话,那在以叙事为主的展览中物的价值就是以其表演价值为核心的。传统的收藏展之所以叫作"陈列"或"展示",其实是暗含了这样一种观念:从藏品库到展厅之间的联系是整个展览的基础。而当展览转变为以叙事为核心的时候,就意味着展览的基础变成了展厅与观众之间的联系,也意味着"故事"和"如何讲故事"才是展览最该关注的事情。这也暗含了一种双重递进关系:首先是从"物"到"事"——把故事讲清楚的价值重于把物品展示好的价值;其次是从"事"到"叙"——"如何讲故事"的价值重于"故事"的价值。就像我们去看一场电影或一场戏,其实并不是冲着那个故事去的,而是冲着那场特殊的观看体验去的。因此,在叙事性展览中,物肩负着双重的责任:一方面,它们是"故事"的一部分;而另一方面,它们还是"叙述"的主角。除了把内容表达清楚之外,还得让表达状态有戏剧感,能制造出一个个让观众惊奇或感动的瞬间——好的体验过程就是由这些构成的。从这个意义上来讲,展厅与剧院和电影院并没什么本质不同,观众来到这里,就是来看演出。只不过,这里的主角换成了物而已。

2　物在演出中的身份与角色

在不同的历史时期和社会环境中,博物馆担负的使命是不一样的,物的收录的重点范围也不一样。如果我们把展览当成物的戏剧来看的话,那在不同时期、不同剧种或不同剧目的演出中,物的身份与角色也有着很大的差异。

（1）物的"独白"

在传统的收藏展中，物的主要表演方式是"独白"（图3-38）。

在物的匮乏时代，王公贵族们的私人博物馆里收录的大多是珍稀物品，所以当时的私人博物馆其实都可以算是"珍宝馆"。博物馆的展出功能并不是第一位的，而要附属在收藏和保护功能之下。在欧洲资产阶级革命之后，很多贵族的私人博物馆被改造成对所有公众开放的现代博物馆，原来只有贵族老爷们才能欣赏到的珍奇异宝一下子让所有人都能看到了。为了方便公众更好地欣赏这些珍宝，博物馆的展出方式也更加公共化，但其本质却没有变化，展览的首要任务依然是保证"珍宝"不被损害——展柜其实就是一种透明的、能够从外面看见珍宝的保险箱。这时的珍宝展品集万千宠爱于一身，从展柜开始，到照明设置、空间格局……一切都是以保护展品为前提，以及为了突出展品而服务的。展品是展厅中唯一的主角，观众观展就是慢慢地从欣赏珍宝的细节中得到精神的陶冶与愉悦。

直到今天，很多以收藏珍宝为主的博物馆依然沿袭了这种做法，像巴黎卢浮宫博物馆、伦敦大英博物馆与纽约大都会博物馆的许多常规展览都是如此，只不过随着展览技术的进步，辅助设施与观众服务更加完善了，比如通过多语种的展品说明和语音解说可以让观众对展品理解得更多，展品的布置排列也会以某种逻辑为序，以帮助观众形成某种关联性的认识。但从本质上讲，在这种类型的展览中，藏品主要是以"独白"的姿态来面对观众，只是具体手法在不断进化并变得更加丰富而已。今天，一些基于藏品的展览也在不断植入叙事性，

图3-38 物的"独白"

这或多或少地在改变展品的"独白"状态。

此外，作为博物馆展览中的一种最基础的、最重要的物的表演方式，"独白"也并不止出现在藏品展上。在任何一个展览中，当一件展品非常重要，值得观众长时间凝视它、静静地沉浸在它的细节中的时候，就是在聆听它的"独白"。

（2）物的"群体演出"

工业革命之后，社会环境发生了剧烈的变迁，现代知识也进入了爆炸式发展。这一时期，博物馆的展品来源也发生了重大的变化，新展品主要来自两个方面：一是由于社会变迁需要保存一部分历史记忆，这些物品也有一定历史价值，但总体价值与早先的珍宝相比差得多，在展出时就没必要采用与珍宝展品同样的方式。何况更好的保护与更好的展出之间本就是一对矛盾，为其中任何一面考虑太多都会伤及另一面。二是在博物馆传播新知识的历史使命下，展示单独的物并不是重点，物在这里扮演的是一个复杂知识体系中的一个组成部分——物需要和其他的物一起去构建场景与更复杂的语义关系，这是一场"多位演员共同参与的演出"。

这时，展览中物的"群体演出"基本上可以分成两种情况：一种是以构建场景为主，另一种是以构建语义关系为主。在实际操作中，构建场景与构建语义关系不一定是截然分开的，因为即便是从构建场景出发也必然会同时构建出语义关系，而从构建语义关系出发同样也会构建出场景，区别只在于更看重哪一面罢了。当然，出发点不同，物的角色及物与物之间的结构关系还是会有差异。从构建场景出发，往往意味着以某个曾经发生过的现实场景为原型，所以物与物之间的结构关系都会在一定程度上以该现实场景为参照，其性质有点像按下暂停键的舞台或者是一张立体的照片，每一件物品都将被"还原"到曾经的历史情境中去，它的具体角色跟周边所有物（以及虚拟的景）的语义关系也完全由该场景关系来规定与确认。如果是从构建语义关系出发，物与物的结构关系所遵循的就是语义所要求的逻辑，而不是现实场景所遵循的"时间、地点、人物"的三一律逻辑，其中最典型的例子就是自然科学博物馆通常采用的林奈分类法和达尔文的共同祖先原则——不同的动植物标本按照时间或者类别序列来出现，每一件标本与其他标本的相互位置关系和它原先的生活场景毫无关系，而是以一种人类对它的认识方式来组织。当然，物在语义逻辑的组织下也同样会生成场景，但这种场景是一种典型的博物场景，与那种还原历史情境的场景从根本上就是不一样的。比如在一个自然科学博物馆里，把几百只蝴蝶按照科目分类并置在一起的场景与现实中一群蝴蝶在草地上飞舞的场景完全不是一回事。

在一个模拟现实情境的场景中，物在其中的角色、位置及动态关系等基本上都已经被规定好了，甚至连观众的视角也在一定程度上被事先设定了。但博物场景却完全不同，虽然有一个背后的逻辑关系在进行指导，但还是给展览的创作者们留出了巨大的发挥空间，通过艺术的空间手法，就会制造出格外的惊喜来。比如在2015年开放的上海自然博物馆新馆里，创作者们把动物的进化过程与一段空间的起伏和路线的回环巧妙地结合在一起，各种从远古到现在、从海洋到陆地的动物标本顺着这段起伏回环的路径混合在了一起，营造出了一个奇妙的超现实场景（图3-39）。

在大多数叙事性很强或者以某种知识体系为依托的展览中，都会大量地借助物的"群体演出"来组织语义,生成场景。在这种体系的推动下,物在展览中的角色与表演方式也逐步变得丰富了起来。

(3)物在展览中的新角色

在经历了后现代文化思潮的洗礼之后,博物馆中物的构成与表演方式也再次发生了变化,其中最值得重视的一个现象是当下的日常生活物品开始进入博物馆中。这个变化对博物馆的传统形成了巨大的冲击,因为在此之前,无论社会如何变化,博物馆都只收录那些"重要的"事物,如果连如此"不重要"的日常生活物品都可以进入博物馆,那博物馆的价值将如何体现呢?

确实,如果这些物品仍然以日常的身份进入博物馆,那它们的进入资格必将受到质疑。但如果它们不再代表那个日常的自己,而是成为"演员"——在博物馆的展览叙事中出演全新的角色,那它们的价值将由它们所扮演的角色及它们所参与的这场"演出"来呈现。在价值的逻辑被重组之后,对日常物品本身

图 3-39 上海自然博物馆新馆 物的"群体演出"

的价值评估也就失去了意义,原本看似尖锐的矛盾自然就不存在了,一切也将变得顺理成章。

日常物品要摆脱日常身份并且成为文化的一分子并不容易,这必须归功于艺术领域中出现的"现成品"观念。在"现成品"艺术中,一件物品可以在其原先的样貌基本不变的前提下,在一个新的文化语境中扮演新的角色,同时也制造出新的意义(比如最早在马塞尔·杜尚、约瑟夫·博伊斯、安迪·沃霍尔等艺术家的作品中)。无论这件物品原先是做什么用的,价值如何,当它成为艺术品的一分子,都将因为受到艺术品光环的笼罩而身价倍增。当它进入博物馆时,已经转换成了艺术或文化身份,迎接它的也不会是质疑而是欣赏的目光了。

日常物品能在展览叙事中扮演全新的文化角色,从根本上来讲,源自人们对于现实局限的不满与厌倦,渴望在现实存在的基础上建立起新的想象,或者在现实之外寻找新的可能(现成品的意义转换恰好能体现这一点)。艺术博物馆是日常物品的最佳"演出"场所,因为这里重视想象力的发挥,日常物品会得到各式各样的角色与演出机会,还能得到艺术品圣光的护佑。而在其他类型的博物馆中(尤其是早年间),往往比较重视对客观存在的忠实还原,现成品观念就很难有用武之地。在今天,两者的区别变得没那么明显了,人们希望博物馆不管与什么内容或话题相关,都能够提供一些不同于现有认识的新思考。而在叙事艺术中使用现成品既可以保留与当下现实的联系,同时又因为形态上的部分调整或意义上的转换而构成了对当下现实的批判、戏谑或超越,于是,现成品观念就有了更广阔的应用空间。

既然现成的物品成了"演员",那就意味着它可以在不同的叙事中扮演不同的角色,并不断地被赋予新的含义。法国著名策展人尼古拉·布里奥(Nicolas Bourriaud)把物品在展览中担任新角色的做法叫作"文化的租用"[31],这也就点明了,作为"演员"的现成物品与它在叙事中所担任的角色之间是一种临时性的连接关系,对物的任何一次定义都是对物的一次重新使用——"而不再代表一种结局"[32]。

(4)媒介物的"隐身"与"现身"

除了我们通常认为的展品物之外,博物馆里还会出现大量的媒介物。而且随着时代的发展与强化叙事功能的需要,进入博物馆中的媒介物也变得越来越多,种类也越来越丰富。媒介物跟"博物"概念中的"物"完全是两回事。媒介物只是携带内容的载体,它的物质存在与其所承载的内容之间没有必然的联系,比如自然科学博物馆里播放的一部关于动物进化的纪录片,这部片子里的内容当然是博物馆叙事的一部分,而屏幕或投影仪就只是播放载体而已,并不属于

图 3-40 张之洞与武汉博物馆 "武汉近代城市公共设施与公共管理的发端"

展品，更不属于叙事构成。所以，在很多展览中都会通过巧妙的空间与灯光设计来让这些媒介物"隐身"，使观众忽略掉它们的存在。如果打个比喻的话，它们就像戏剧的舞美师、灯光师、化妆师等工作人员，尽管对于一出戏来说他们都是必不可少的，但他们却并不适合出现在舞台之上。

有时候，媒介物也可以"现身"，但前提是媒介物除了内容载体的功能之外，它变得对于展览与叙事有意义。也就是说，当它的"隐身"对于营造场景与构建叙事都是一种缺失，那"现身"就是顺理成章的事。在湖北的张之洞与武汉博物馆中有一个展区叫作"武汉近代城市公共设施与公共管理的发端"（图3-40）：在一个筒形的空间中，并置了二十多台老式的监视器，每个屏幕里播放的都是老旧风格的、武汉城中的某个具体位置的纪录片，所有的内容都与城市的公共管理相关。在这里，监视器一方面是播放视频的载体，但另一方面，通过它们也营造了一种公共管理者的视角，让观众在观看视频内容的时候，也同时获得了一种类似公共空间管理者的体验。

3 物的表演

通常当我们谈到表演,指的都是人的表演,最不济的也是动物的表演。如果要谈物的表演,该从何谈起呢?要知道,人之所以能够表演,是因为人拥有动态的能力,可以用动作与表情来表现角色与剧情。而物一般来说都是静止的,静止的物怎么能表演呢?

(1)物的静态表演

其实,即便物真的是完全静止的,人类也早就学会了用静止不动的状态去表达动态才能达到感觉——在雕塑和绘画艺术中,人们已经普遍掌握了这种技能,而且已经有很久的历史了。从某种程度上说,过去美术馆里的很多绘画与雕塑展所呈现的就不是静止的场景,而是有生气、有动态感的内容。此后,其他博物馆里的展览也在学习这种手法和意识,用以处理更多元的展品与内容。

博物馆中的展品基本上都是静态的物品,往往都会面对同一个难题:如何利用静态的遗物(展品)去"还原"当时现实中的那种鲜活的状态。由于遗物已经是不可更改的成品,而且本身比较珍贵,不可能像绘画和雕塑那样通过塑造的过程把人的主观感受灌注进来。所以只能从操控物的"姿态"与营造相应的

图 3-41 瑞士苏黎世国家博物馆装置作品

"场"来着手。一般最通用的做法是给展品物设定一个最佳的姿态,要能突出该展品物最本质、最生动的特征。给物周边留出足够的空间也很重要,一个好的姿态能够把物周边的环境甚至是缺失的角色都暗示出来(有点像国画中的"计白当黑")。最好的情况是把观众也考虑进去,让观众"成为"这个场景中的一个角色。

在瑞士苏黎世国家博物馆中有一个关于战争的展厅。展厅的中心是由3000多支矛与枪组成一个半球形的装置,所有的矛尖与枪口都对准了这个空间的中心点(图3-41)。当观众刚进入这个空间时,站的位置是一片矛与枪的尾端——获得的是一种类似入侵者的体验;而当他走到中心时,身份就完全反过来了,所有的矛尖与枪口都对准了他——他的体验转换成了受害者。在这个案例中,设计师通过巧妙的设置,让矛与枪产生了强烈的生动性,营造并强化了基于事实的典型场景,同时也赋予了观众以局内的身份,还制造了叙事情节的转换。而展品本身——那3000多支矛与枪,依然还是静止的。

位于德累斯顿的德国军事博物馆中也采用了类似的做法。在真实的战争中,炸弹是从高空投下来的,而在博物馆中也"复制"了这个状态:一个个炸弹出现在半空中,正在垂直地落向地面(图3-42),观众在行进时,就会经过这片"即将被轰炸"的区域……

图 3-42 德国军事博物馆 "落下的炸弹"

当然，并不是博物馆里所有的物都是某个事件的遗物，也不是所有的叙事都对应着一个曾经发生过的故事。有些展览的叙事是全新的，这时就不会有一个"原来的情景"可以去参照。也就是说，物不能"演自己"，而需要去"演别人"，而且要演出"别人的动态与情境"来。这就意味着物在基本形体保持不变的前提下，还要同时具备其他物的动态意象。这听起来似乎有些异想天开，但实际上却是可能的。因为我们对于物的感知是一个综合的结果，包括了形体、色彩、质感、重量、姿态、环境关系、文化特征等很多的层次，只要改变其中的动态层面，就有可能使它在一定程度上脱离原型而走向其他物的动态意象。比如在2011年首届北京国际设计三年展的"混合现实"单元中，彩色的儿童牛仔裤不是穿在模特身上，也不是叠放在桌面上，而是挂在了旗杆上（图3-43），并呈现"迎风飘扬"的姿态——在意象上，彩色的牛仔裤与彩色的旗帜混合在了一起。中国艺术家艾未未曾以中国传统家具为材料，做过一个装置作品系列（图3-44）：他把一些传统家具如八仙桌、几案、圆凳等略加改造，让它们呈现非常怪异的姿态或者互动关系——看上去有些尴尬，甚至是不雅，完全颠覆了传统家具那种儒家式的庄重气质，以及背后所象征的中国家庭伦理关系。在这里，物所呈现

图3-43 北京国际设计三年展"混合现实"单元 "裤旗"

的姿态与其原本该有姿态形成了极度的反差，而这种物品与姿态之间的反差所呈现的尴尬状态却正是艺术家要表现的。

当静止的物被注入活动的姿态，无论其目的是去"还原"曾经的情境，还是去表现全新的设想，都可以收放自如，而且表现力与感染力也达到了一个新的高度。

（2）物的慢动作表演

很多看似静止的物其实并不静止，而是在缓慢地变化，只是当它的变化幅度或速率达不到我们肉眼可以辨认的程度时，在我们的感受中，它们就是静止的。让物产生自动变化的方式有很多，有生物演化、物理变化、化学反应……不管其性质是什么，只要这种变化被引到展览之中，并成为叙事的有效部分，也就带有了表演性。

如果物的变化是即时可见的，就会在短时间之内形成可见的动态效果，就可以被当作一种手段应用到展览叙事之中。以燃烧这种常见的半自动化动态效果为例：寺院的香火，燃烧得就很慢，没有火苗，但能看到慢慢飘动的烟雾，与

图 3-44 艾未未《凳子》

僧人们的各种平静缓慢的动作节奏很相配，烟雾缭绕的空间效果也让寺院与佛教显得更加神秘。相对而言，中国农村葬礼上在坟头燃烧纸扎的节奏就快多了，熊熊的火苗很快就把那些纸扎的意象吞噬，形成一种通向另一个世界的仪式感。燃烧速率最快的东西是火药，可以制造急促的火光与巨大的声响，非常适合营造刺激和灿烂的场面，所以会被用来制造鞭炮与礼花。而有些艺术家像罗曼·西格纳（Roman Signer）（图3-45）与蔡国强（图3-46）也都看中了火药这个优点，用火药来进行艺术创作，或者利用火药产生的动力，驱动其他物体来共同表演。

如果物的变化相对缓慢，就观众的一次参观来说，往往是无效的，但如果把这个缓慢的进程与举办展览的整个周期进行比对，就会发现它可能会带来另外的意想不到的价值——这意味着在不同的时段来参观的观众看到的东西是有区别的。例如，在20世纪90年代末的北京太庙曾举办过一个摄影展，拍的都

图 3-45 西格纳的燃烧作品

是北京的胡同。摄影师在洗照片的时候故意缩短定影时间,这样在整个展览持续期间,照片会慢慢地发黑,等到展览结束的时候,所有的照片都变黑了——胡同都消失不见了。在这个案例中,很明显,胡同照片的这种自然消失成为了一种非常贴切的现场表演,也很自然地融入了展览的叙事之中。

其实,就算物的变化缓慢,观众无法在展览现场看到它的即时变化,也未见得它的变化对参观就是无效的。因为如果它确实处于一种动态变化之中,往往会留下变化的痕迹,观众就能从这些痕迹中去想象变化进程——无论是往后回顾还是往前预期。这相当于把一个长期的进程故事装进了一个很短的参观时间范围之内,缓慢的变化又变得有效了。今天,很多展览的创作者都意识到了这一点,并巧妙地使用这种变化,比如美国艺术家与设计师施德明曾利用过香蕉从新鲜到腐烂的变化(图3-22,第89页),瑞典艺术家埃利亚松利用过冰的融化过

图 3-46 蔡国强的燃烧作品

程（图3-47），中国艺术家梁绍基还曾利用蚕吐丝的进程创作（图3-48）。

也许，在展览中出现的物的变化周期最长的要数著名德国艺术家约瑟夫·博伊斯（Joseph Beuys）在第五届卡塞尔文献展上的作品《7000棵橡树》（图3-49）了：7000棵橡树被种植在卡塞尔城中，每棵树下放了一块黑色的玄武岩，"所有这些留下的纪念都是由一个有生命的部分，即随着时间不断成长变化的树木，以及一个永恒不变的部分——玄武石，其在外在形状、数量、规模、重量上都不随时间改变"[33]。此时此刻，这些橡树仍在成长，黑色的玄武岩依然保持不变。博伊斯已去世多年，而展览还在继续。

（3）物的动态表演

借助外力的话，物其实是可以运动的。这在日常生活中很常见，但在博物馆中就少见了，主要是因为现场条件不允许。"静观"是博物馆中非常重要的传统之一，这包括了两层意思。

图 3-47 埃利亚松 《冰的融化过程》

首先，展品是静止的。即便事物原先是动态的，也得用静止的姿态来呈现，比如自然科学博物馆中的动物都变成了静止的标本——即便是保留了动的态势。汽车博物馆的车辆也不可能开动起来——即便是保持行进的姿态。其次，整个展览现场是安静的。在博物馆中，观众需要专注地欣赏展品，如果环境不稳定或有噪声，势必会影响到观众参观的专注度。因此，大多数博物馆中无论是对物还是对人都有行动上的限制，扰乱环境和制造噪声的行为都是被禁止的。

　　在今天，物在博物馆中的运动正在谨慎地开放。从性质上来说，可以分为真与假两种运动。所谓假运动，是指物的运动通过视频等电子显像方式播放，让观众可以在博物馆内看到运动的影像。只要不带来声音干扰问题，运动的影像对博物馆内的"静观"环境几乎不会造成任何影响。而真运动就需要非常慎重，但也要就具体情况来具体对待。在传统的博物馆展厅里，在保持"静观"的清规戒律的管束下，需要协调好物的运动与环境的安静稳定之间的矛盾关系。而在那些开放式的博物馆空间（尤其是户外空间）中，就可以相对自由地去发挥

图 3-48 梁绍基 《化蚕》

图 3-49 博伊斯 《7000 棵橡树》

物的动态表演了。

让物动起来并不难,真正需要思考的问题是:在保证观众与展品安全的前提下,如何让动态有机地参与到展览的叙事之中——或者说,如何让"动"成为物的表演的一部分?

在传统的博物馆展厅里,展品区域与观众区域是分开的,甚至之间还安装了玻璃或围栏。展品的运动并不会威胁到观众的安全,就像拳击台上的拳击再凶悍,栅栏里的狮子再威猛,带给观众的也只是刺激而不是危险。所以展品的动态表演出现在博物馆里也并不算罕见,比如在动物园与海洋馆里的动物都是动态的;在野生动物园里,动物的动态更是与它们的自然天性更加接近,待在车里的观众也不会有受到伤害的危险;在一些自然科学博物馆里,也会出现模拟天体运转的装置;等等。从某种意义上来说,生活中有很多事物都是处于动态之中的,让博物馆中的一些物动起来,其实更容易还原其本来面目。

图 3-50 约翰·格兰德 《黑烟翻滚的"旗帜"》

对于有些展品来说，动态就是它的存在方式，如果动态被取消了，展品也就不存在或不成立了。比如艺术家约翰·格兰德（John Gerrand）在美国得克萨斯州的油田做过一面黑烟翻滚的"旗帜"：黑烟从旗杆的顶部吹出，随风飘动，构成一个旗子的图像，艺术家希望以此警示不断增长的二氧化碳含量带来的气候威胁（图3-50）。在这件展品中，"飘动"并不是让静止的旗帜动起来，如果没有了动态，旗帜本身也就不存在了。加拿大艺术家尼古拉斯·汉纳（Nicholas Hanna）的三轮车打印机作品《水书法器》也是要动起来才能实现：他利用了针式打印机工作原理，在一辆三轮车上安装了一个由电脑控制的滴水系统；然后，骑着它在北京的胡同里转悠，把各种文字用水"打印"在胡同的道路上；再过一会儿，水蒸发了，一切再恢复原状（图3-51）。这个作品中有三种不同的动态：三轮车的"动"为文字打印拓展了必要的空间；水滴打印机的"动"则是把文字打印在马路上；最后水蒸发的"动"则让这一切再自动消失。这三个动态的环节完全相互连接在一起，把物、内容及整个事件都串联了起来。

在上面列举的一些例子中，要么是通过展品的动态去"还原"事物的本来状态，要么是展品本身就是因动态而存在，动态就是展品中的有机组成部分，彼此之间是贯连一体的。那原本是静止的物是否也能专门与动态结合呢？其意义又在哪里呢？

也许，我们可以从瑞士艺术家罗曼·西格纳的一系列实验中获得有益的启示。出现在西格纳作品中的都是日常的物品，比如桌椅、木桶、雨伞、气球，等等。在艺术家手里，这些日常物品都被赋予了大胆的冒险精神，它们像堂·吉诃德一样，无所畏惧地冲破了原先被设定好的用途和物理学法则。桌子、椅子

图 3-51 尼古拉斯·汉纳 《水书法器》

133

都飞上了天，木桶变成了喷泉，手提箱自己去旅行……有一次他用几个充满了氢气的气球把一张桌子抬升到空中（图3-52），"这平凡的桌子如此这般摆脱了重力，摆脱了固定在地上的宿命，然而升到半空，气球不敌气压而爆裂，桌子便又瞬间被重力捕获，重重地摔回地面，四分五裂"[34]。这些日常物品的运动严重违背了它们本来该有的状态，也因此成了对这些物品日常性的一种有力的解构，荒唐中竟散发出令人肃然起敬的诗意。

当静止的物以一种不寻常的、新的动态出现在观众面前，就意味着它原本的一部分被消解了，同时也融入了一些原本与它无关的新东西。这对于展览的叙事者来说意义非凡——即便物依然是那个现实的物，但它所能表达的，已经完全超越了现实。

（4）观众与物的联合表演

在传统博物馆里，只有作为展品的物在呈现与表演，观众只要静静地观看就好，跟表演是没有什么联系的。而且在标准制式的展览环境中，观众与展品

图3-52 罗曼·西格纳 《用氢气球抬升的桌子》

之间是隔离的，联合表演就更不可能了。从客观上来说，只有观众与物之间能够亲密接触，才有联合表演的可能。当然，只要条件允许，实现观众与物的亲密接触并不难，真正的问题在于：观众本来是观看的主体，为什么要去参与到与客体的联合表演呢？

如果仔细分析会发现，所谓观众与物的联合表演时，要分为两种情况来看：第一种其实不是表演，而是观众在与展品进行互动体验，或者借助与物的互动来获得某种动态的观看方式，只是这种景象落在其他观众的眼中，就会形成近似于表演的效果（性质与游戏厅中的跳舞毯是一样的）。另一种情况确实是观众与物在进行联合表演，但却不是表演给现场的其他观众看，而是表演给镜头的，实质是把现场当成了一个有特点的摄影棚，最终的"观看"多半是在互联网上实现的（在社交软件或直播平台上）。

- <u>作为副产品的联合表演——观众与物之间的互动</u>

如果在一个展览的预设中，观众的参观要靠与物的互动来完成，就意味着展览的叙事也将建立在这个互动进程之上。而对于参与互动的观众或者站在一旁的其他观众来说，这个互动进程就成了一场有意味的表演。

在德国柏林犹太人博物馆（Berlin Jewish Museum）中有这样一个装置：一片宽阔的地面叠满了由铁块制作的人的面孔（图3-53），观众从这里通过的时候，就会踩到这些铁面孔上，面孔相互碰撞，在这个半封闭的空间中发出清脆的回响。踩在面孔上的观众被推进了一种类似纳粹刽子手的角色中，体会着把那么多人踩在脚下的残酷或心理的煎熬，旁边的观众也能从踩在上面的观众与

图 3-53 德国柏林犹太人博物馆 "铁面孔"

面孔的互动中感觉到那种残酷而凄冷的心境。

第九届柏林当代艺术双年展中的一个图片展很特别,其特别之处在于观看图片的方式:在展厅中除了墙上的照片作品之外,还有一列沿着四周墙面行驶的儿童小火车(游乐园的那种),载着观众在"滑行"中一张接一张地观看照片(图3-54)——策展方以此来回应人们在手机上观看照片的体验,但在其他观众眼里,一场严肃的图片展览、一列似乎不该出现在这里的小火车,以及一群坐在小火车上显得比例极不协调的观众,构成了一幅有些奇特的景象与一场荒诞的表演。

在人与物的互动进程中,观众的角色也会转换,从故事之外走入故事之中,以参与者的视角来体验某个具体的过程。在上文提到的德国柏林犹太人博物馆的铁面孔装置中,当观众的脚踩踏在面孔上时,就是在体验德国纳粹集中营的刽子手的视角,就是在"亲历"非人性的、大规模残害犹太人的那种心理状态。在湖北的张之洞与武汉博物馆的四层有一个三角形的倾斜展区,主题叫作"改革者的孤独"(图3-55)。当观众在其他展区了解了张之洞在武汉的丰功伟绩之后,

图 3-54 小火车观看展览

最后会来到这里：一个黑暗的空间，向上倾斜的地面上伸出一个平台，一束天光从顶上打下来，平台上有一把椅子和一本书，书上记满了当时来自各界对张之洞的各种贬损甚至是辱骂的话语。观众坐在那束天光之下，翻开书，某种意义上就走进了当年张之洞的内心世界，体会作为一个不为世人所理解的改革者的内心孤独。与此同时，台上翻书的观众恰好填补了场景中缺失的那一环，让整个场景变成了演员独白的舞台，在站在斜坡下的其他观众眼中，这几乎就是一场标准的戏剧表演。

　　传统的博物馆中，展品是五花八门的，但观看方式却是千篇一律的。今天，观众可以通过与物进行互动来获得某种动态的观看方式——观看的方式也变得多元化。比如上文提到的乘坐小火车就是一种"滑动"的观看方式。在保证安全的前提下，更多不可思议的互动观展方式也被引入展览之中，这些看似有些怪异的观展方式一方面在塑造独特的叙事进程与观展体验，另一方面也给其他观众提供一种由某个（或某些）观众与物互动的联合表演。比如在 2016 年第 15 届

图 3-55 张之洞与武汉博物馆 "改革者的孤独"展区

威尼斯建筑双年展英国馆里有个叫作"A HOME FOR MONTHS"（月之家）的房间，里面有几个透明的塑料大球，观众可以进入大球中，在房间里滚来滚去地观看展览（图3-56），而这种类似游戏式的场景自然又为展览创造出了另一种有价值的内容。对于观众来说，站在外面，看到的就是由球与球里的观众制造的滚动的表演，如果想体验与观看球里的内容，就得自己进去亲自试试。

- **博物馆成为观众联合表演的舞台**

上文介绍的这些观众与物的"联合表演"其实并不能算是表演，而只是博物馆里的某种动态观看方式生成的副产品。今天，由于手机与互联网社交或直播平台可以直接连接，在各种博物馆里，已有越来越多的观众可以进行真正的表演。从表面来看，这种现象的出现是手机的自拍功能，以及互联网社交与直播平台的兴起引起的：观众先在博物馆和美术馆里自拍，然后把照片或视频发到网络上，请更多人来欣赏他们的表演。观众为什么会偏爱博物馆和美术馆，主要是因为这里能够提供各种各样丰富而夸张的"奇观"——场景非常吸引人，很适合作为表演的场所。从另外一个角度来看，这与观众在观展中寻找"自我"的意识也有很大的关系，伴随着互联网长大的一代人已经不再像他们的长辈们

图3-56 2016年第15届威尼斯建筑双年展 英国馆的"月之家"

那样甘心做知识的倾听者与展览的旁观者,而是希望自己也能参与其中——让自己成为展览的一部分,或者让展览成为自己的故事的一部分。通过自拍把自己的影像"植入"展览甚至是展品之中,合成之后把照片或视频上传到网络空间里,让展览与自己共同成为自己直播序列或网络日志中的内容。

把自己"植入"展品并不是简单地站在展品前与某件展品或某个场景合影,而是要就展品与场景的具体情况想办法把自己植入那个情境中,让自己成为该情境的有机组成部分——有时仅仅是在镜头前制造错觉(电影式的),有时则更加真实地沉浸在现场之中(话剧式的)。

既然观众有这样的需求,他们的心态及后续的表演行为就应该被纳入展览叙事所设定的互动进程之中。换句话说,观众的表演行为就应该是展览的有机部分,在观众没参与之前,展品被视为处于未被激活的状态。考虑到展览现场往往会有很多观众,如果只按照一位观众的行为来设定明显是不够合理的,所以很多展览会允许甚至鼓励更多观众共同参演。这样,所谓的联合表演,就不只是某个观众自己与物的联合表演,也包括了与现场其他观众的联合表演。比如 2016 年丹麦艺术家奥拉弗·埃利亚松在上海龙美术馆展出的作品《开放的金字塔》(The open pyramid,图 3-57)就是一个可以把很多观众都同时纳进来的

图 3-57 埃利亚松 《开放的金字塔》

一个镜像装置。观众可以在一个由巨大的棱镜创建的幻境中看到自己的影像，同时也可以看到其他人的影像，这个画面是由大家共同参与创造的，每个人的每个行为动作都会给这个画面带来变化。阿根廷艺术家莱安德罗·埃尔里希（Leandro Erlich）的作品《达尔斯顿住宅》也运用了镜像原理：当观众平躺在一个建筑外立面的模型上的时候，斜上方的镜面上就会出现"挂"在墙面或阳台上的视觉错觉效果。进入这个幻境中的观众会情不自禁地进入表演状态，做出各种夸张的肢体动作，如紧紧抓住栏杆生怕掉下去的姿态，表情也非常入戏，最终形成一种非常有趣的戏剧效果（图 3-58）。而且多位观众完全可以在同一个展览情境中有机地共存，共同烘托出一个有气氛的群体表演效果。

埃尔里希的另一个作品《试衣间》给出了更有价值的启示：在一个由许多真的试衣镜和假的试衣镜（像镜子，但其实是通透的空间）构成的迷宫中，观众们在其中穿梭，出现在自己面前的真假镜子中的，有时候是自己的镜像，有时候

图 3-58 莱安德罗·埃尔里希 《达尔斯顿住宅》

则是另一位观众——是真人而不是镜像（图3-59）。观众在每一次行进或转折中都需要去判断：面前是无法穿越的镜子还是可以穿越的通透空间？迎面过来的是真人还是镜像？在这个一切都很逼真的环境中，一切几乎都是无法判断的。每一次的面对面，观众都被迫要通过试探来确定真假，而每一次判断错误都会造成观众之间的各种小尴尬。很明显，观众与观众之间的这种直接对话是这个情境中非常关键的部分。对每个观众来说，无论是自己与环境的关系，还是其他观众与环境的关系，以及自己与其他观众的关系，都同样重要。在这出一体化的戏剧中，每位观众都是自己所掌握的那个叙事中的主角。

随着观众对现场体验的迷恋，以及对于互动或动态参观越来越强烈的需求，今天观众的行为注定会带有越来越多的表演性，而这种表演也注定会成为展览现场中普遍的客观存在。从某种意义上来说，这不仅是一种新的现象，更是一种新的变化动力，可能会为展览的叙事方式与基本构成带来质的改变。

图 3-59
莱安德罗·埃尔里希 《试衣间》

四　　　　　　　　　　　从观众到新观众

在展览中，物是客体，人是主体。不过，展览中的主客体关系跟日常世界的主客体关系有很大的不同——是一种突破日常经验的、相对纯粹的、重新认识与重新探索的关系。

（一）"观众"的演变

1 从日常的主体到"观看"的主体

在日常生活中，人的每一个行为都会带来现实的后果。于是，人们学会了各种复杂的反应能力，以做到趋利避害。只有这样，人们才能在日常世界中存活下来。而博物馆是一个有别于日常世界的文化世界。在这个世界中，有一堵无形的墙，把"发生"和"观看"切割开来，无论"发生"多么惊心动魄，都不会给观众带来任何的现实后果，因为所有的"发生"都在展览叙事的框架之内。而在观众"观看"的过程中，无论观众如何把自己移情到"发生"的框架之中，都只是让自己的意识跟随预先的设定进入展览叙事而已，不会跟"发生"扯上任何事实上的现实关系。当观众离开博物馆，或在过程中随时闭上眼睛，观众就离开了"发生"，又回归了自己。

在博物馆中，观众的身份简单而超然，被设定为一种相对纯粹的"观看主体"。从一方面来说，由于日常身份被屏蔽了，现实利害关系被切断了，观众其实是一种被简化了的人；而从另一方面来说，正是因为从日常的复杂关系中解脱了出来，观众的全部心力都可以集中在对展览中客体的观察、体验和理解上。于是,在主体与客体之间形成了一种相对纯粹而深入的观看与被观看的关系,观众的观察力、感受力和理解力都被需要和释放出来,其"观看"的一面就被复杂化了。

2　强化了视觉的观众

早期的博物馆里,真正被强化的感官功能只有视觉,人的其他的感官功能不仅没有被充分发挥,反而被禁锢起来了:在博物馆里,人一般需要保持肃静——听觉系统被压制了;到处可见的"禁止触摸"的警示牌就是在告诉我们,触觉更是被禁止使用的;其他的感官像味觉(通过舌头)过于私密,往往很难应用到博物馆这类公共场所之中;而嗅觉(通过鼻子)则与听觉一样,属于人无法自己单独进行控制的感官,容易在空间中形成相互干扰,所以也几乎不可能被用到。

在博物馆里,只有视觉被强化其实是一种自然选择的结果:首先,在人所有的感官当中,视觉是最强大的,接受信息的能力最强,我们在生活中绝大多数的信息都是通过视觉来摄入;其次,视觉是一种非常适合公共场所的感官,它的感知在一定距离之外就能完成,而且人可以单独对它进行控制,自己可以决定看什么和不看什么。在人的所有感官中,只有视觉有同时做到上述这两点的能力。所以,早期的博物馆都选择了将视觉作为感知的核心,来展开这段新的主客体关系。

既然博物馆中的视觉感知是一种主体(观众)与客体(展品)之间的关系,要强化视觉,就得分别在主体和客体上下功夫。从主体的角度来看,除了静静地注视算是一种主观上的强化之外,对各种观察工具进行运用也是一种有效的视觉强化手段。早期运用观察工具的行为并不多见,但后来随着电子媒介和虚拟现实技术的成熟与普及,观察工具能够带来的好处与可能性越来越多,运用观察工具成为博物馆中一种很常见的强化视觉手段。

  当然,基于博物馆的社会属性,在博物馆中强化视觉最主要还是依靠对于观察对象——客体的营造来实现。早期强化观察对象的方式很直接,基本上是靠突出展品本身的价值来实现。通常的情况是:展品本身就是奇珍异宝,或者是某个重要人物的遗物等,价格昂贵,还具有很高的纪念价值,因此观众往往会格外珍惜这次能看到的机会。此外,过去的大多数展品都是精致文化的代表产物,往往蕴含着很高的视觉艺术价值,观众需要仔细地慢慢观赏,才能从中体味出特别之处来。还有一种情况是,展品本身虽然并不珍贵,但其背后所连接的知识才是观众真正要去吸收的东西,因此观众也必须要认真观察才行。除了展品本身的价值外,博物馆也常常会采用一些辅助手段来强化观察对象的视觉吸引力,比如通过环境氛围的营造来突出展品的视觉核心地位。后来,为了给观众营造更加丰富和沉浸的视觉感受,很多展览更是有意把整个周边环境营造成一种视觉奇观——让环境与展品共同构成有吸引力的观察对象。

3 观众的感官蒙太奇

  博物馆是个强化视觉感知的地方——直到今天,在大多数情况下这都是成立的。但随着时代的发展,这个说法越来越受到挑战。在博物馆的各种展览中,屏蔽或弱化视觉,反而去强调其他感官的段落也逐渐多了起来,甚至已经出现了专门强调听觉、嗅觉、触觉与味觉的博物馆或展览。博物馆正在从单一强化视觉的文化场所演化为一种根据具体叙事需求去强化不同感官的空间。

一般来说,想要刻意强化某一个感官,就需要屏蔽或弱化其他感官——只有这样,人的注意力才会集中到特定感官上来,感受力自然也就增强了。但在人的所有感官中,视觉的能力是最常用的,也是最强大的,如果屏蔽了视觉,也就屏蔽了我们对事物的大部分认知,何况真的要完全屏蔽视觉也很难做到,除非处于彻底的黑暗之中。所以在大多数强调其他感官的展览还是会依赖视觉的辅助来完成,比如在以声音为主的展览中,声音的媒介与空间的形式会受到高度的重视(音乐会也是同样的道理);在以嗅觉为主的展览中(比如香水博物馆),香水瓶的形象、空间的氛围在其中所扮演的角色同样重要;在伦敦V&A儿童博物馆举办的一次以"吃"为主的展览中,食物展品的形象都很有特征,甚至在视觉上会有些夸张,展览需要通过对观众视觉的刺激来激发与味觉的联动。

在日常生活中,人的感官都是联动的,周边的事物都会先在人的感官系统中形成映射,然后再通过大脑整合来形成对事物的总体感受。比如当我们看到一个玻璃杯掉到地下,眼睛会看到玻璃的碎片突然飞溅,耳朵也能同时听到"砰"的一声,要是杯子里面恰好盛了酒,还会突然酒香四溢,连嗅觉也会有呼应……在日常生活中,事物在人的感官系统中的映射是自然发生的,在不同感官中的映射也是紧密地关联在一起,我们对事物的整体感受与认知就建立在这套稳定的映射集合之上。如果这种映射集合发生了错位,我们对世界的认知系统也就紊乱了。

在博物馆中，观众的感官系统是可以被控制的，展览创作者可以通过对展览环境的安排来强化观众的某个感官的映射，同理也可以弱化与屏蔽它。当展览创作者掌握了观众感官系统的开关之后，就可以灵活地组合使用它——比如上面提到的在展览中使用视觉与听觉、视觉与嗅觉、视觉与味觉的组合就是明证。但无论对感官进行强化还是弱化，也无论对感官怎样进行组合，如果所依照的还是先发生再映射的日常感受逻辑，那么展览都很难跳出"写实"的创作框架。只有从根本上打破这种"发生—映射"的逻辑，并把不同的感官视为不同的创作通道，根据需要来对不同的创作通道进行组合使用，才可能断绝其与日常生活经验的陈词滥调的联系，并获得真正超越生活现实的叙事体验。如同音画蒙太奇为电影叙事打开了艺术创作之门一样，感官蒙太奇对展览也具有同样的意义。

如果我们以生活现实为参照，就会发现，当展览拥有了感官蒙太奇的能力，也就拥有了相当自由的创作空间——既可以写实式地模拟生活现实，也可以主观化地处理生活现实（屏蔽与强化），还可以完全放弃生活现实的逻辑，把一切重新安排。创作者可以根据目标的需要，从中选取最合适的那条路径。

4 观众成为参与的主体

当人们从日常生活中走进博物馆，就从生活主体切换成了感知主体——观众。但"观众"是一个非常笼统的概念，它只是把人在博物馆里的状态与现实生活中的状态做了区分：相对于在现实生活中要遵循对生存有利原则，"观众"则是一种特殊的、围绕着感知而形成的一种状态。但换个角度来看，这种依赖感知自由而实现的所谓的主体性也很值得怀疑：一方面，人的感知只是从"生存有利"原则的捆绑中挣脱了出来，却又掉进了博物馆中的"叙事有利"原则所塑造的陷阱里——甚至相对于在现实生活中的自控状态，在博物馆中观众的感知是被叙事空间的刻意安排所操控的。从某种程度上来说，不是得到了自由，而是失去了自由。另一方面，感知的放大并不一定意味着主体性的放大，反而有可能意味着主体被客体吞噬的机会被放大了——观众的主体性面临着进一步丧失的危险。事实上，这一点也在博物馆的发展中也得到了印证（从已经泛滥的虚拟沉浸式体验中就能反映出来）。如何更全面、更深入地调度观众的感官，带给观众更好的参观体验？以及如何利用展览的知识思考或观念探讨来培育观众的自主意识与能力？这两个命题之间的矛盾一直存在，背后更是牵涉到底什么才是主体性、主体性的表现具体是什么的问题，甚至是博物馆到底是更重知识性还是娱乐性等一系列的问题。

　　回到根本上来说，这依然是一个主客体关系的问题，也是当年德国戏剧家布莱希特思考戏剧表演时提出的问题：演员到底是该把自己融入角色之中，在被安排好的叙事情境中获得完全的体验感？还是应该以自我和当下为起点，与角色保持一定的距离，以得到一种清醒的"间离效果"？展览的观众也会面对类似的矛盾与困惑。跟戏剧一样，早先的展览在很多时候也在追求情境的完整性和沉浸感，主要的做法就是强化客体。当然，在不同的时代，强化客体的主要表现方式有很大的差别。在现代公共博物馆诞生之初，展品主要是王公贵族收藏的宝贝，而博物馆空间也是他们的宫殿。对于普通公众来说，要不是经历资产阶级革命，这些展品和空间内部他们一辈子都不可能见到。由于客体本身就有极高的文物、审美和经济价值,而且难得一见,所以展品也就抹上了"圣物"的色彩,观众的参观就带有了一定的膜拜的意味。而后来在很多以传播知识为使命的博物馆展览中,尽管展品本身只是"样本",并不具有"圣物"的色彩,但其背后所承载的知识却披着"真理"的圣衣,所以客体同样也很强大。实际上,强化客体就成了展览的一个重要传统,一直延续至今。即便在今天的很多展览中,"圣物"与"真理"都已悄然褪色,但人们对即时的体验感需求却变得比以往任何时候都强烈。展览除了要提供一种令人震撼的奇观环境之外,还需要让观众"沉浸"其中——越是被客体吞噬,主体越能从中获得愉悦感。美国学者马克·鲍尔莱因(Mark Bauerlein)在他的著作《最愚蠢的一代》(*The Dumbest Generation*)中甚至认为今天的科技助长了浅薄体验的横行,让新一代年轻人"沉浸在更加即时的现实当中",懒于思考,由此而成为"知识最贫乏的一代人"[35]。

当我们讨论博物馆展览中的主客体关系时,很容易陷入两个误区:一是把对客体的理解仅仅限定于物件或空间环境;二是天然地认定观众就一定是主体。事实上,可见的、物质的客体只是整个展览客体中的局部和组件而已,真正的客体是由叙事组织起来的这一整套感受、意义和在时间与空间上的流程关系。如果这一整套叙事关系是固定的、封闭的,就意味着进入展览的观众没有任何自主权,只能按照叙事的安排去理解与行事——就像寺庙里的膜拜者或电影院里的观众一样。在这种情形下,观众只能是"受众",远远谈不上主体性。

对观众而言,只有在思维上保持独立性,或者在行为上能具体参与到叙事建构中,才有可能击碎角色对人的禁锢,打破展览叙事的封闭性,并由此建立起一种"行动"的展览叙事关系。在这种展览叙事进程中,观众作为具体的行动者,他的主体性会自然地呈现。具体来说,观众要在思维上保持独立,就需要与客体之间保持一种像布莱希特所说的"间离"关系——既跟随客体的叙述,但对当下自己所处的情境也有清醒的认识,拥有自己独立的判断,甚至能给出自己的看法,让一种单向的"叙述—倾听"关系演变为一种双向的"发言—评论"或"演讲—对话"关系。这是一种双向叙事关系,既跟叙事的方式有关,也跟观众自身的状况有关。从叙述方式上来讲,就是要打破传统的一元性、标准化、讲课式的叙述,融入延展、启发、讨论、对话等多元化的叙述方式。就这个命题来看,叙述从一元化走向多元化、从预制式走向生长式的趋势已经很清晰了,当代艺术的展览先行一步,其他一些新式的博物馆也正在尝试跟进。从观众自身的角度来说,要在叙事关系中摆脱被动的"信众"命运,就需要拥有独立的思考和自我的判断,从内心成为像福柯、本雅明、阿甘本等大哲所说的"当代人",能够成为给定叙述的他者,并刻意保持与其的冲突和张力。当然,这种典型的知识分子式的独立思考对于大多数观众(尤其是没经历过启蒙时代的次生现代化[1]社会中的人)来说并不容易,往往需要社会本身拥有足够的现代文明基础,另外也不是所有观众都能够做到这一点。所以在不同的展览中,针对不同的观众群体,也需要采用不同的叙事策略。展览叙事的开放性和观众的独立思考与行动其实是一种相辅相成的关系,其实并无绝对的正确与标准做法,一切就要看社会的发展,以及根据展览叙事的具体情况如何来对这种双向关系进行演绎了。

---

1 次生现代化: 历史学家萧功秦在其著作《危机中的变革》中提到的近代世界四种现代化类型(原生型、次生型、开明专制型和感应型)中的一种。其社会模式被欧洲殖民者直接从原生现代化国家带入殖民地,并大体原样"复制"而成,是一种没有经历过封建社会的现代化类型,以美国、加拿大为代表性国家。

（二）"观看"的延伸

1 展览中的观众是被重新设定的感知综合体

每个人都是一个感知综合体。我们正是通过视觉、听觉、触觉、嗅觉与味觉这五种感官来感知世界的。可以说，这五种感官能够到达的界限就是我们对世界了解的界限。如果我们关闭了任何一种感官，就会形成对世界理解的缺损（比如盲人与聋哑人）；而反过来假想一下，如果我们多出来几种感官，或者现有的某种感官功能得到了增强（比如拥有鹰的视力），即便世界还是那个世界，但对我们而言，恐怕已经呈现完全不同的面目了。

在日常世界中，感官是相互联动的，帮助我们形成对世界的综合感知。比如看到一只猫的样子，听到它"喵喵"的叫声，或者再走近抚摸一下，就会对它的形体、比例、色彩、运动方式、声音甚至皮毛的质感有了综合的感觉与认识；再比如看到一朵玫瑰，看到花瓣的形状、颜色，闻到它的香气，或者指尖触碰到它的尖刺被扎了一下，就会对玫瑰有了比较综合的感觉与认识。当这些类似的情形不断重复出现，就会在我们的脑海中形成经验，逐渐描绘出一个我们能够熟知其规律并知道该如何行事的日常世界。

正是因为我们已经有了一个日常世界，所以展览叙事需要给我们提供一个不同于日常世界的世界。既然我们对世界的认识与感受在很大程度上在于人的感官的构成，那营造这个不同于日常世界的展览叙事世界的核心任务之一就应该是：如何重新组织起不一样的感官构成、创造不一样的感官联动？当人的感知系统被改变了的时候，那叙事世界就自然是不一样的世界了。

在大多数的常规展览中，会采取压制其他感官，只留下视觉这一条通道的做法。事实上，这种做法很容易理解，目的就是通过消除过于繁杂的信息和感受，来提升视觉感知的专注度。当感官系统中只剩下视觉在工作的时候，视觉的感知能力也自然会被大大激发出来，人也就能发现平常发现不了的东西，体会到平常体会不到的层次。时间一长，纯视觉的感知模式渐渐形成惯例，就能慢慢培育出一种精致的视觉文化——过去的博物馆展览文化就验证了这一点。

此外，如果说博物馆展览最终是为了形成一种新的叙述来表现人们对世界的某种理解或者想象的话，那我们就可以把这种对感官的控制看作一种重要的解构和重组现实的方式。虽然展览可以通过对物件、文献、空间等的拆解和组合来实现一定程度上对现实的解构和重组，但由于展览的语言本身还是与现实世界之间拉不开距离，所以就很难对人们现实世界的经验进行深度解构，也就没法真正实现叙事表现的自由。但加上对感官的控制，情况就完全不同了。通过对人的感官控制，可以实现对事物的第二次深度解构及重新组合。事实上，对感官的控制尽管在剧院、音乐厅甚至足球场都存在，但真正能对其进行最多元、最综合和最深化的运用却只能在展览中见到。以此为起点，展览也就真正有机会实现叙事创作的自由——在过去，这种自由只能在专门的艺术创作中才能实现。展览的创作者可以在一种看似保持客观的姿态之下暗度陈仓，而展览本身也得以真正成为一种叙事创作形式。

在展览中，感官的运用与组合方式大都是刻意营造的。其中最常见的是单一感官环境，比如单一视觉环境、单一听觉环境，等等。但与此同时，综合感官环境出现的频率也正在变得越来越高，由此也呈现了各式各样的对现实的解构与重组。其中一部分综合感官环境是由媒介规定和形成的，比如纪录片播放形成的视听组合、互动游戏构成的视听与行为操作组合，等等。这些展品在创作时，就已经对现实素材及人的感官进行过解构与组合，编织出一个小单元的叙事表现系统——我们可以把它看作展品自带的感官组合。还有一部分感官组合就是在展览环境中才形成的，最常见的例子就是展品的"解说"。我们常见的展览解说有讲解员和电子讲解器两种，当我们在逐一观看展品时，解说会提供一对一的辅助阐释。这样，就在解说与展品之间构成了一种新的视听协同关系，它不同于在日常世界中人们认知事物时所发生的感官组合关系，而是因叙事情境建立的一种特殊的阐释关系。事实上，阐释关系只是展览无数种视听组合关系中最常见的一种，展览或展品创作者完全可以根据自己的表达意图去创建各种各样的关系。比如在柏林犹太博物馆中有一片场地上铺满了用铁铸成的人的脸孔（象征着被屠杀的犹太人），观众在通过这块场地的时候，脚就踩在铁脸上，铁脸之间相互碰撞，发出金属的撞击声，在场地的上空回荡……脸孔的形象与金属的撞击声之间的组合并不是源自日常世界的经验，但却能在观众的心中形成独特而恰当的对大规模残杀生命行为的感受——痛苦和压抑中夹杂了几分教堂式的悲凉和崇高感。

　　笼统地来说，人都是通过感官、头脑与内心的联动反应来形成对客体世界的认知与感受。虽然，我们可以把抽象的人看作是无差别的感知综合体，但在真实的社会中，其实每个人都是不一样的，健康程度、智力、年龄、性别、喜好、教育水平……都会对人的感知能力与联动能力形成影响，所以在不同性质的展览中，或者在同一展览中会有针对性地对观众的感知进行专门的设置，才能使展览变得更加有效。(图 4-1)

2　观众感知系统的延伸

　　加拿大学者马歇尔·麦克卢汉(Marshall McLuhan)声称媒介就是人的延伸。再准确点说，不同的媒介就是人身体不同部分的分别延伸。[36] 如果套用麦氏的这个论断，在博物馆里，所有的媒介都是按照人的感官的延伸来进行设置的。

　　博物馆是公共空间，里面所发生的行为都是公共行为。因此人的感官及其延伸也必须符合公共行为的规范与尺度才行。以公开性的标准来衡量，人的不同感官的属性是完全不同的(图 4-1)：最私密的是味觉(用的是舌头)，其次是触觉，再次是嗅觉，最公开的是听觉与视觉。从触发距离上来看，视觉与听觉可以是远距离，嗅觉就是近距离，而触觉是要身体皮肤部分接触到才行(一般是按手

私密程度（私密 / 公开）	
味觉 ➡ 触觉 ➡ 嗅觉 ➡ 听觉 ➡ 视觉	
触发距离（近 / 远）	
味觉 ➡ 触觉 ➡ 嗅觉 ➡ 听觉 ➡ 视觉	
可控	不可控
味觉　触觉　视觉	听觉　嗅觉

图 4-1《感官示意图》

指接触的距离计算），而味觉更是靠要舌头上的味蕾，是身体内部的事了。从可控程度上来看，则可以明确地分为两类：视觉、触觉与味觉都是可控感官，人可以自己来决定是否打开或使用它；而听觉与嗅觉是不可控感官，只要周边环境中有声音或味道，就会听到或闻到，就算想避开也是不可能的。

　　在人的所有感官中，视觉早已被选定为博物馆文化中最核心的感官（就像听觉是音乐厅的核心感官、味觉是餐厅的核心感官一样）。得出这个结论是不需要考虑的，但其原因却值得仔细分析：首先，从覆盖范围上来看，世界上绝大多数的物质客体都是视觉可见的，人们可以通过视觉读出丰富的东西来；其次，视觉允许多个物件或客体在同一个空间或场景中出现，既可以逐一观看，也可以集合成一个更大的客体来观看；再次，不需要真正接触，保持一个合适的距离，视觉就可以完全发挥作用了；最后，视觉观察是有自由选择与阅读纵深的，人可以选择看什么，也可以选择不看什么，可以一掠而过，也可以长时间驻足观看，尤其当面对静物的时候，这种优越性就更大。迄今为止，大多数博物馆的展览基本上就是依托于视觉的上述原则来创作的。

　　如麦克卢汉所言，媒介会根据人的身体去延伸，在博物馆里也是一样。可以说，大多数展览设计就是围绕着视觉展开的游戏。一般来说，像展品距离、位置关系、字体大小、灯光辅助等都会按照让视觉观察感到舒适的规律去设置。除此之外，展览也会根据人眼睛的识别和判断能力来构建媒介，如各种仿真制作，像摹本、标本、蜡像、环形屏幕、全息投影、VR 虚拟现实，等等。从本质上讲，这些手段都是为了实现视觉上的真实感，并以此来营造一个让人感同身受的世界，或者构建一个可以让人沉浸其中的情境。所谓展览中的视觉真实感有两种读解方式：一种是指与现实世界经验的一致性（仿真就是这个意思）；另一种则是指在现场中强烈的存在感，这种存在感恰恰需要从视觉上突破人们在现实世界中的经验来实现，比如说不合理、夸张、荒谬……事实上，在这一正一反两个方向之上都有着巨大的表现空间，过去如此，未来亦如此。此外，在正常情况下，人的视觉能力还是有限制，博物馆展览既然以视觉为主来展开，就会去尝试延伸人的视觉能力。但如果这种延伸是直接在人的眼睛外部嫁接设备的话，必然会造成很多不便，操作上也有不小的困难（比如今天的 VR 眼镜就不算舒服）。所以，展览找到了另一种非常聪明的办法，就是在客体上做文章。既然主客体是一种相互关系，如果按照主体拥有超然视觉能力的假定来重新塑造客体（一般我们塑造客体的做法参照的都是人的正常视觉能力），当主体用正常的视觉能力来观看客体的时候，也相当于拥有了超然视觉能力。例如我们在城市规划馆看到的城市沙盘就是假定了我们拥有鹰的视角与视力，在自然科学博物馆里看到的生物的内部剖面模型就是假定了我们拥有孙悟空缩小变身进入铁扇公主肚子里的视角与能力等。如果把改变正常视觉能力看作一种对视觉能力延伸的话，其实还有一种截然相反的情况，就是限制或压缩人的视觉能力，也会带来不寻常的体验。比如奥拉弗·埃利亚松的作品《感觉即真实》就是通过造雾限制了观众的视力和观察距离，而像小野洋子的《触片》则几乎完全封闭了人的视力，也以此塑造出了另一种让观众体验环境的方式。

相对于视觉来说，听觉在博物馆中的发挥会受到一定的限制。最主要的原因有两个：第一是听觉在空间中非常独裁，只要在一个空间中在播放某种声音（除非音量太小），人就必然会听到，根本没有选择的权利；第二是空间对于声音来说容量很小，在同一个空间中只要出现两种以上的声音，就会形成相互干扰。因此，博物馆在使用声音资源时往往非常谨慎。事实上，它的使用是要建立在这样一个前提之上——能对声音进行范围控制，或者干脆隔离来供人单独使用。所以，在博物馆中能够播放声音的空间都是单独隔离的。在开放的空间中，被允许发出声音的只有定向扬声器、耳机、手持解说器，等等——只有需要它的人才能听到。有一种声音是例外，那就是解说员的声音，这可以看作是给某个群体进行特殊服务。而且，解说员讲完就会离开那个空间，对空间的影响也是暂时的。基于声音的特性，展览中对于听觉的延伸就表现为对声音进行合理的控制，破解它对空间的独裁，增大它在空间中的容量。随着控制技术的不断提高，人的听觉才能在展览中发挥更大的作用。

一般情况下，触觉在展览中属于被禁止的感官，随处可见的"禁止触摸"警示早就明白地宣告了这一点。各种围栏也把人的触觉与展品隔离开来。连那些展柜、展台上的玻璃的作用也是在放过视觉的同时把触觉阻拦在外。在展览中禁止触觉的原因很简单，就是怕观众损坏展品（当然也有怕展品反过来伤害观众的原因）。这也难怪，毕竟在人的所有感官中，只有触觉有可能会对客体造成物理性伤害。尽管这些措施看上去都非常合理，但我们也不得不说，这已经对人们的观展体验构成了损害，更不用说会严重阻碍触觉在展览中潜力的挖掘。当然，这个僵局也正在逐步被打破——比如从观众的两个变化中我们就能看到事情好转的迹象。首先是观众观展习惯的培养和素质的不断提升。其实原先所谓的禁止触觉，本质上是在禁止观众的坏习惯与低素质，只要观众在这方面有所改良，就会给触觉禁令的放松与解除带来机会。其次是观众的互动需求也在不断上升。互动往往就需要借助触觉,这既对展览的设施提出了要求,同时也会进一步带来互动的意识和习惯,进而必然会引起更多人关注与研究如何在展览中开发触觉价值的命题。

嗅觉的情况与听觉有些类似,也有在空间中的独裁性,且在空间中的容量也不大。而且就算是在日常生活中,人的嗅觉起作用的机会也不是很多,只有对明显超越日常标准范围的气味,人才会敏感地捕捉到。所以除了像植物园和动物园这类必然会产生气味的博物馆空间,其他的博物馆很少会主动运用嗅觉。从逻辑上来分析,如果嗅觉想要参与到博物馆展览叙事之中,就必须在以下两个方面做出突破:一是解决嗅觉的公共性问题(也就是干扰和容量问题);二是培育出观众的嗅觉敏感和观展习惯——在这方面,女人对香水的敏感就是个很有参考价值的例子。只有这样,嗅觉才能在博物馆中找到存在和发挥的机会。

味觉在本质上就是非公共性的。事实上,人除了吃饭与接吻,舌头是不会轻易触碰其他东西的。所以,除非展品具备"食物"或"爱人"的性质,否则几乎不可能有接触味觉的机会。当然,尽管味觉发挥的空间很小,但当内容相关或叙事需要的时候,也会拥有它特别的价值。

3 突破感知与行为的禁令

在现代博物馆这几百年来的发展中,已经形成了一整套相对稳定的对观众行为的规范。在这些规范中,可以简略地分为鼓励与禁止两个方面。鼓励的方面能从环境中直接反映出来:在空间中慢慢地行走;在展品前驻足欣赏;需要更多信息时，就去阅读说明或借助语音系统……一言蔽之，就是做一个完全跟随展览叙事的、认真和专注的"观"众。而禁止的方面就比较复杂了，观众在正式进入博物馆之前，往往就已经有两个要求了：一是衣着整洁。这其实是在塑造对于参观展览这一行为的庄重感，对自己来说也是一种心理上的暗示；对别人来说，每个观众都是参与营造博物馆氛围的一分子，只有都遵守这个规矩，博物馆的整体庄严和文化气氛才能得到保障。二是要求（或建议）存包。这既是在帮助观众减轻负担，让观众能更轻松地观展，同时也是在杜绝观众从事其他行为的可能（比如带了吃的，就可能在展览中吃东西；带了尖锐物品，就可能伤及展品）。当进入博物馆之后，基本上就是靠三种做法来行使禁令了：第一是靠设施（比如玻璃和围栏）；第二是靠视频监控、保安与管理人员；第三就是靠各种警示标识的提醒了。

在这三种做法之中，警示标识所反映出来的信息是最直白与全面的。如果我们大致罗列一下，警示标识涉及的主要内容有：禁止吸烟、禁止喧哗、禁止带宠物入内、禁止吃东西、禁止拍照、禁止触摸，等等。尽管内容并不算很多，但对于一个人的正常行为来说，已经代表了相当多的限制。其中禁止吸烟与禁止喧哗分别对应的是嗅觉与听觉，正是两个最易在空间中被干扰到的感官，所以我们也可以将其理解为禁止嗅觉干扰与听觉干扰；禁止带宠物与禁止吃东西看似是两个不相干的事，其实主要也都是怕破坏清洁的环境，同时也会对观展的整体气氛造成影响，既算是视觉层面上的事，同时也是个保护公共性的禁令；禁止拍照与禁止触摸都可以归入关于触觉的禁令，都是防止人的行为对展品造成损害（拍照时，尽管人的肢体不会触及展品，但闪光灯的照射对有些古代藏品会造成伤害，当然有的情况只是出于版权的考虑）。如果我们把上述禁令统合在一起，就会发现，博物馆的理想观众是这样一种状态：卸去了一切身外之物，不会受到外界的干扰；肢体进入一种慢节奏的行动状态；嘴与手基本上都失去了效用；而部分感官功能反而被放大，大脑则要保持强烈的专注。以这样的状态就可以更好地进入由静物来叙事的情境之中。

"理想观众"呈现的这种状态与现代社会早期的博物馆定义是分不开的——作为社会启蒙的教育基地。然而，随着社会的不断转型，今天博物馆的定义已经变得模糊，更趋向成为一个新观点与新思想的实验与探索之地。既然博物馆的性质变了，"理想观众"的状态必然也会随之改变。而且，既然是实验与探索，那"看"展览的人就不再是被动的观众，而成为某种程度上主动的参与者。尽管今天我们还在习惯性地沿用"观众"这一统称，但在很多新模式下的博物馆展览中，"观众"这个词已经严重地名不副实了，他们更像"新奇观的体验者""新实验的同行者"或"新探索的执行者"。当"探索与实验"成为博物馆的主旨，从逻辑上来说，除了不能违法和违背社会伦理之外就不应该有什么禁令，反而应该鼓励人们的大胆行为，甚至通过预先的一些设定来帮助他们突破那些被日常生活与老式博物馆塑造的规矩与习惯。

当博物馆的性质与概念发生了变化，就必然会给新观众的感官运用带来影响。如果大致归纳一下，可以分为以下几个方面。

（1）要求解除主客体的距离禁令——当观众作为新奇观的体验者

在展览中，单一的"观看"逐渐被多元的"体验"替代。两者的不同在于："观看"是以视觉为中心,甚至是唯一的中心,其他的感官要么被禁止使用,要么也是为了辅助视觉需要时才打开;而"体验"强调的是全面感觉,没有绝对的感官主次之分,而是会根据不同的情况对感官进行搭配来获得最佳的体验效果。如果对比一下会发现,"观看"塑造的是一种主客体之间的相对关系,"距离"是双方关系的典型特征;而"体验"塑造的是一种主客体之间的相融关系,"接触"才是双方关系的典型特征。过去那些为保持主客体距离而形成的很多禁令骤然就失效了,问题反而成了:由于过去长时间的禁令,我们缺乏对于除了视觉之外其他感官在博物馆中如何使用的经验与探索。随着禁令的解除,相信在之后的时间里会迅速涌现多元感官的探索成果,以真正实现观众作为体验者的目标。

(2)要求开放更多的禁令——当观众作为新探索的执行者

在展览中,内容的统一"发放"在弱化,强调个人参与的"探索"在增强。对于观众来说,这就意味着从被动到主动的转变。当然,不能说传统的展览都只是"发放"而没有"探索",事实上大多数展览都既有内容的统一"发放",也有观众自己的"探索"。比如在古代文物展和艺术展上,虽然展品是统一"发放"的,但每个观众自己具体怎么看,能从中看到多少内容,以及能跟自己的内心形成什么呼应,就要看观众自己的知识背景和艺术修养了。所谓今天更强调"探索",其实可以从两方面来解读:首先,是进一步开放和拓展展品本身作为一个可以无限发掘的世界的可能(这在过去也同样存在,只是由于条件的限制,无法充分发展而已),这样就需要为观众创造更多更好的机会去跟展品接触,延伸感官的接触面,才有可能真正发掘出更多的东西;其次,就是在展览叙事的设置中强调与加重"探索"的性质，也就是在观展方式上鼓励观众的主动参与，通过自己主动的思考与行为来获得属于自己的内容、体验和结果。禁令越少，就意味着观众获得的自由越多，也就意味着观众的探索可以在更开阔的范围内展开。

（3）新实验与新禁令——当观众作为新实验的同行者

过去的博物馆可以说是一个权威发布的平台，在博物馆里讲出来的故事都是经过专家验证的、绝对可信的（尽管这也给谎言和权力依附提供了机会）。当博物馆叙事的性质从"发布平台"向"实验场"转变的时候，就意味着展览的内容就像实验室中的实验内容一样，只代表着一种新路径的尝试，而并不代表一个绝对正确或可信的结果。而且，既然是实验，就需要不断地去尝试，换不同的方式去尝试，展览的所谓参观过程就必然是一个折腾与变化的过程，观众的感官使用与行事方式也无可避免地需要与这个折腾和变化的过程相配合。该如何使用感官，该如何行事，已经不在于一个所谓博物馆的规矩，而是更应该由这个实验的需求来决定了。

从某种意义上来说，博物馆的新实验展览叙事带来了一种前所未有的情况：一方面，之前统一的博物馆规矩与禁令大多失效了；另一方面，新实验也会带来新的要求、新的规矩与新的禁令，因为如果没有规矩与禁令就意味着没有进程的规划，实验也就失去了方向。从长远来看，未来的博物馆并非完全不需要规矩与禁令，真正需要反对的只是过于固化的规矩与禁令。而什么可以做、什么不可以做，都应该交给新实验去决定。

（三）观众对展览的自我剪辑

1　观众的行为、观看与思考

从某种程度上来说，观众的一次博物馆之行就像看了一场电影，整个经历是由不同的镜头与段落剪辑而成。之所以能跟电影做类比，是因为博物馆展览本身虽然是一种空间结构，但从观众的角度来看，却是一种时间结构——所有的内容、场景与体验都是在一条线性的时间中展开的。但与电影有所不同的是，电影院的观众是坐在座椅上，只是用眼睛和耳朵跟随着已经确定的镜头和剪辑去体验整个故事，而展览的观众却需要通过自己的双腿带着眼睛去观察，用自己的大脑来判断与思考，"镜头与剪辑"都是靠自己去完成的。

其实，说观众是完全靠自己去"拍镜头"与"做剪辑"也不是很确切。一方面，因为观众的行为在一定程度上是由策展方预先设定的，从行进的路线到观察的角度，再到思考的角度、幅度与层面，观众看似自由的行为背后都有策展方的安排，观众每一个下意识的决定可能都在策展方的预谋之中。因此，更准确地说，最终的结果其实是策展设定与观众发挥的混合体。另一方面，观众的主体性建立在

"人"的感知与行为能力基础之上,在观众参观展览的这场自我创作之中,真正用到的是哪些感知与行为能力,其实是个很复杂而且值得仔细分析的事。

在传统的展览中,观众的身体中真正有效的是三个部分:双腿、眼睛与大脑——分别象征了展览叙事组织中参观主体的三个核心要素——移动、观看与思考。双腿负责移动,具体任务是把主体(主要是眼睛与大脑)带到不同的观察点上去;眼睛负责观看,具体任务是感受客体与摄入信息;而大脑负责的是根据摄入的信息和感受去组织逻辑与意义,最终形成感受与认识。在大多数的传统展览中,观众的身体真正起到作用的只有这三个部位,其他的部位只是因为没法寄存,只好随身携带罢了。后来,在博物馆展览叙事组织的发展中,对观众身体功能的使用发生了很大的变化,打破了由双腿、眼睛与大脑这三个部位构成的标准配置,有效范围扩展到人体的所有感官和部位,而且还会进行更灵活的选择与组合以适应叙事、环境和媒介的具体要求。但无论这些具体的改变有多么剧烈,观众在展场空间中参观——通过行为、观看与思考的自我剪辑来生成属于自己的故事与体验——并没有改变,本质上还是移动、观看与思考,只是其内涵构成截然不同了。

(1)移动的变化

在传统的展览模式中,基本上只是通过双腿来带动观众的身体进行位移,相当于把镜头(人的眼睛)推到不同的观察点上去。双腿的这种简单功能是很容易被替代的,比如通过轮椅、移动扶梯或其他移动工具都能够做到。而在新展览模式中,移动的方式甚至是意义已经被大大地扩展了。

除了水平位移之外，观众的身体还出现了大量的纵向位移及其他运动方式，比如蹲下（2015年第56届威尼斯艺术双年展加拿大馆，图4-2）、躺下（伦敦的泰特现代美术馆展出的《气象计划》，图4-3）、跳起（2015年第42届米兰世博会巴西馆，图4-4）、滚动（2016年第15届威尼斯建筑双年展英国馆，图3-56，第132页），等等。之所以出现了如此变幻丰富的移动方式，并不是像传统展览那样出于观看的需要，而是出于叙事体验的需要。也就是说，在新的展览参观模式中，观众的每一个特殊移动方式都是构成主体叙事体验的有机组成部分，观看的方式与观看的内容是不可分开的，方式已经深深地融入了内容之中（电影的镜头处理也是同样的道理）。

在过去的展览模式中，观众的身体除了行走之外，其他性质的移动是不受欢迎的，这主要是出于保护展品及维持展场秩序的目的。在新的展览参观模式中，观众的行动不再是单一而固定的，其中需要特别提到的是观众的手，在传统的展览参观模式中，观众的手被视为展品的潜在的破坏者，是需要被刻意提防的（通过警示或隔离措施），而在很多新的展览中，非常欢迎观众的主动参与，很多互动环节都要靠观众的操作才能展开，于是观众的手就被解放了，而且在

图4-2 蹲下（2015年第56届威尼斯艺术双年展加拿大馆）　　图4-3 躺下（埃利亚松 《气象计划》）

发挥重要的作用。

（2）观看的变化

观看就是感受与读取信息，在博物馆里的观看可以分为两个层面来理解：一是狭义上的观看，也就是用眼睛观看；二是广义上的观看，就是用各种感官去"观看"。从表面上看，似乎是展览建设在前，观众参观在后，在参观过程中，客体不变，是主体围着客体在转。其实恰恰相反，展览并不是天然就存在的事物，它是为了观众的参观而专门设置的，它的构成方式必然要以观众的观看为中心来建设才行。

在传统的展览中，观看主要指的就是用眼睛观看。因此，展览的构成也主要是以人眼睛的能力与便利为核心来展开的。人的眼睛的功能非常全面，如果我们把它比喻为一个摄像镜头的话，它的基座可以推移和转动（靠人的双腿和脖子），可以打开和关闭（靠眼皮），不靠基座也可以小幅转动方向（靠眼球），也可以对焦和根据环境调节曝光度（靠瞳孔）。所以，传统展览的现场设置完全是依托眼睛的这些特征来展开的：展品的位置、高度与距离完全适合人的眼睛（试

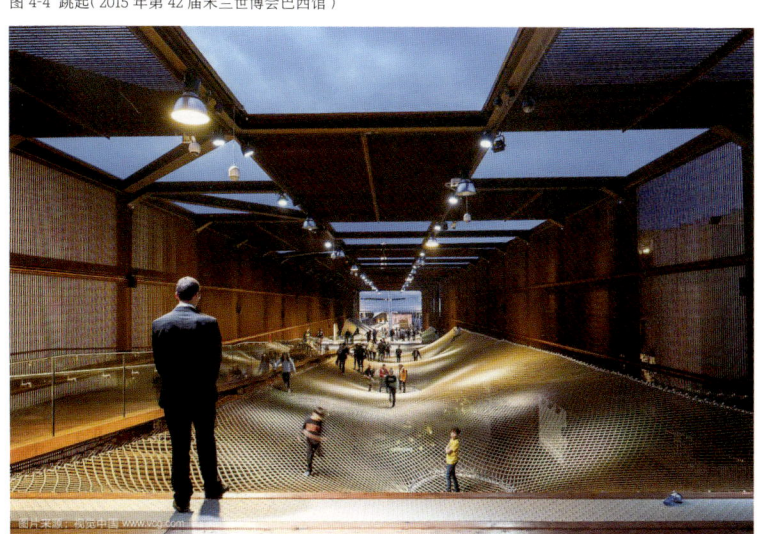

图 4-4 跳起（2015 年第 42 届米兰世博会巴西馆）

想一下，如果人的眼睛长在腰上，或者视力更强或更弱，展览还会是今天我们看到的这个样子吗？）；光线和环境设置能充分突出展品，便于观众寻找目标并快速进行对焦；在空间流线上展品会分隔成大小不同的单元，在各种停顿中眼睛（包括大脑）可以获得休息与调整的机会；除了要去适应这些普遍规律之外，展览还会刻意去制造视觉奇观，以博得人眼睛的关注，比如制造夸张的物体比例或神奇的事物组合等，当现实的方式不足以达到这一目标时，展览还开发了类似"滤镜"的功能，通过环境整体的"非现实性"来为人的眼睛制造神奇效果。

　　事实上，博物馆中的"观看"一直在沿着两条线向前发展：一条就是上述的以人眼的功能为轴心的发展线。在过去，人们沿着这条线已经取得了灿烂的成就，因为眼睛是人所有感官中最重要的那一个，所以接下来必定还会继续发展，尤其是会结合新技术提供的新可能来进行；另一条是以其他感官尤其是综合感官使用为核心的发展线。这条线起步很晚，也正是因为起步晚，所以可开发的潜力巨大。如果我们想象以听觉为核心的音乐厅，以及以触觉与互动为主开设的儿童游乐场，就会意识到这与过去以视觉为核心的博物馆有多大的差别。既然大门已经打开，可以想见，在未来的一段时期之内，这条线上的发展会非常迅速，必然会给博物馆中的"观看"带来巨大的改变，即便我们现在还不能完全想象它的样子，但其成果已然可以预见。

（3）思考的变化

　　思考在展览中扮演的角色极其重要，比在电影、小说和戏剧等其他的叙事艺术中都要重要得多。尽管任何形式的叙事都需要观众理解其语言表达并且通过自己的判断、猜测与联想来把没表达清楚或缺失的部分补充完整,但由于展览的媒介体系还是过于灵活与复杂(目前来看,这种趋势还在继续加剧),其间需要观众自己去做判断、猜测与联想的地方非常多(这并不是展览的缺陷,而是给展览叙事提供了各种开放的可能),观众自己的思考才是构成展览叙事的最关键的部分。

  在传统的展览中,大致出现过两种观众的思考样式,我们姑且把它们叫作知识型和艺术型。这两种样式都源于早期的那种藏品展——既强调对展品的欣赏,也注重以此为出发点来讲述知识。后来出现的类似历史、科普类型的展览则明显会更倾向于传授标准的知识;而艺术展览(尤其是当代艺术展览)则会更强调个人的独立欣赏,哪怕是观众的理解偏离了"标准"理解或者干脆"看不懂"都在所不惜。在知识型的展览中,往往很讲究逻辑的清晰严谨,媒介语言的串联也相对严密一些,此外还会大量设置文本或语音解释,以保证整个讲述系统内部相互咬合,尽量避免在观众的大脑中产生歧义或难以理解。在这种知识型的展览中,观众只要跟上讲述的逻辑与流程就好,即便仍然需要自己去发展一些联想,也都在整个叙事的规定范围之内。而在艺术型的展览中,艺术家主要给出的是形式语言,而且这些语言往往非常个人化,如果说有内容的话,也往往很暧昧与晦涩(观众在当代艺术品中发现的内容往往并不是内容,更多的是材料而已),所以就给解读留出了大量的空间。从某种程度上来说,大多数的当代艺术作为一个公共语言或叙述系统是不成立的,因为它没有提供一个清晰完整的叙事让观众去跟随,而更像是给出了一个不寻常的、刺激观众想象力的起点,激发观众去感悟与联想——无论是走进艺术家的内心,还是生成完全属于自己的叙事，都是它的价值所在。

今天，如果再继续用过去类似传播学的角度来理解博物馆的展览已经很难切中要害。在很多时候，展览并不是在给出标准答案，而更像是提出问题，虽然有时候展览也会提供一个答案，但它只意味着一种参考，并不代表该命题的终极答案。更准确地说，展览是通过给出一种答案的方式提出了问题，并期望在展览的过程及与公众的交流中找到更好的答案，或者能够从观众那里得到针对此问题的更多看法。整个展览过程不再是一个发布的过程，而是一个实验或者研讨的过程。对于观众来说，思考并不是一个跟随的过程，甚至也不是一个自己去感悟和联想的过程，而是要主动地对已经给出的问题或答案做出回应，才能有效地参与到正在发生的叙事之中。这时，观众的思考已经不仅是自己大脑中的事情了，而是会指导与伴随自己的行为参与到现场发生的过程之中，同时也会改变现场的客体情状，让现场再次成为观察的对象……由此，对于观众来说，展览现场就成为一个由观看、行为与思考相互激发与带动的事件进程，观众的思考也因此融入了展览叙事，成为其中的有机组成部分。

2　展览观众的自我叙事剪辑

所谓的叙事剪辑，如果从形式上讲，指的是如何在一个线性的时间框架内把已有的材料和片段组织起来，形成一个整体的叙事；如果从叙事逻辑上来讲，就是要把发生逻辑，改造成故事逻辑，把发生在不同的时间和空间中的事物按照讲故事的逻辑，以及叙事艺术的语言方式重新组织在一起。几乎所有的叙事艺术都离不开剪辑，展览当然也不会例外，但展览的剪辑与所有其他叙事艺术的剪辑都有所不同，因为它最终将由观众自己来完成。

（1）展览剧本的非连续性

策展方会事先对观众在博物馆中的参观流程做出规划与安排，但即便是策展方给出了"剧本"，也给出了"拍摄和剪辑"的建议，但最终的决定权仍然在观众自己手上。因为就整体而言展览是静态的，要靠观众的"动"来实现所有的转换，这样就给观众的主观判断留出了空间。而且展览的内部结构是相对松散的或非连续的，不像电影、戏剧或小说那样，各个要素和段落之间衔接得非常紧密，无论是在流线组织、观看方式，还是在思维活动上，都给观众的自我发挥留下了很大的余地。而且每一个观众的兴趣、性格、心情、学识乃至体力都会影响到他们的意识与决定。因此，从某种意义上来讲，展览是一种非常平等和讲求交互的叙事形式，同时也是对观众参与度要求非常高的一种叙事形式。最后的叙事其实是观众带给自己的，观众自身的能力与用心程度都会在最后形成的叙事之中反映出来。

具体来说，无论是参观行进的路线、观看目标的选择、眼睛关注的焦点、停顿的时间……在很大程度上都是观众自己主观选择的结果。在不同的博物馆里，由于主题与内容的性质不同，选择的自主程度也会有差异。比如在历史博物馆中，流线往往就比较确定，观众的选择自由度会小一些；而在艺术博物馆中，作品之间相对无绝对的先后逻辑关系，就没有必要设置过于固定的流线，观众的选择自由度就会大一些。而对于那些需要观众深度参与和互动的展览来说,观众自己的决定就显得更加重要了,他们会自己去决定是否参与及如何参与。他们的每一个决定都会给自己的展览叙事,甚至整个的展览叙事带来改变。

(2)观众的想象与判断

观众给展览叙事剪辑带来的另一个价值是想象与判断。相对于其他叙事形式,展览提供的东西更少(这个"少"是针对构成一个完整叙事而言)。展览中直接呈现的东西更偏重于实物,从叙事的角度来讲,它们像是能还原事实的"证物"、能展开想象的"作品"或者是让观众进行体验的"道具"。尽管很多展览都会以实物为基础来安排一个相应的解释系统,但事实上展览空间并不是一个适合展开长篇大论的地方(比如有人就说过,展览中的任何一段解释最好不要超过 50 字,否则效果就会大打折扣,或给观众带来不必要的压力)。对于一个完整的叙事来说,实物直观呈现的东西很有限,解释又不能充分地展开,那就得靠观众自己的逻辑推理去补足叙事的缺失,靠自己的自由想象去把叙事延展得更远。

此外,今天很多展览与过去的展览的很大不同,是越来越倾向于呈现不完全的知识与不确定的概念。它所反映出的是:当下社会更愿意相信相对的真理而不再信奉绝对的真理。毫无疑问,这体现了人类知识系统的进步,因为当社会发展速度很快时,任何当时觉得无比正确的结论,等过一段时间之后,在知识发展到下一个阶段甚至是下一个维度时,都会被发现有漏洞或被完全推翻。博物馆展览与其声称自己呈现的是真理而要被迫承担被质疑或被笑话的风险,还不如坦然承认这只是一种阶段性认识,或者只是一种个性化的观点,允许观众提出质疑，也欢迎他们进行补充或修正。对于观众来说，既然展览呈现的概念或知识是不确定的，他们就必须要在其基础之上进行独立的思考，给出自己的评论，做出自己的判断。而且，既然策展方已经明白给出确定的结论是一种荒谬的行为，那还不如只提供有价值的事实陈列，提出自己的角度与观点，同时也把事情本身的局限与不确定性指出来，甚至需要刻意地把这种反差做到极致，让内在的冲突变得更加清晰并外化出来。反过来说，只有这样也许才更接近那个藏在表象下的"事实"，而且也只有这样做，才能让"叙事"中的"叙"在最大程度上实现其文化意义。

展览给出的东西，看似是结论，其实是一种设问。在参观过程中，它们必然会触发观众大量的自我判断与延伸思考，这不仅仅是让叙事变得更加与观众自身相关，同时，也让整个展览变成了一个思想激发的过程。

（3）多媒介与多语言系统的剪辑

展览中使用到的媒介和语言类别很丰富，跨度也极大，这就给观众的"剪辑"工作带来了很大难度。当然这主要指的是现在的一些展览，早期的展览并不是这样。比如早年的那种文物展或画展，在媒介和语言上还比较统一，每件展品或作品都是一个独立的小单元，小单元与小单元之间有比较稳定的过渡与衔接，整体形成了一个有节奏的线性序列，观众在逐一观看过程中就自然完成了剪辑。而现在的很多展览在媒体构成上都非常繁杂，就目前来看，这种复杂化的趋势还在继续。一般来说，不同的媒介对应着不同的语言系统，也对应着不同的感知方式，这就意味着，当观众在剪辑的时候，不得不在不同的媒介、语言和感知方式中频繁地切换,何况这些单元之间未必是一种观看上的线性序列关系。在这样复杂的结构中,要想剪辑出一个通畅的、浑然一体的叙事并不容易。

此时我们将不得不面对一个关乎展览的根本问题:展览到底是一个呈现展品的平台?还是展览自己才是最重要的那个展品?应该说,早期的博物馆展览基本上都属于前者,其内部的组织结构很简单,个体与整体之间的矛盾也不明显。但当展览的构成演化到像今天如此复杂的时候,个体与整体之间谁才是核心的矛盾也变得尖锐起来,有时候就需要在展示性与叙事性之间进行一些取舍——是以牺牲展览的整体性为代价以保护个体展品的独立性,还是瓦解或模糊展品个体的独立性来追求展览叙事的整体性?倘若是以整体性为前提,那就要关注如何构建展览这个共同体,这包括两个方面:场景的共同体与意义的共同体。场景的共同体是指直观与感知上的共同体,也就是要把这些形态与语言和各式各样的媒介组合成一个有机的复合媒介。为了实现这个目标,每件展品或个体媒介就必须转化成一种开放性的结构,或者让边界地带变得松软与模糊——以便跟其他个体进行交接与融合。意义的共同体是指认知层面上的共同体,这主要指的是观众从不同的个体中所读出的意义之间如何进行关联与衔接,是否能构成一个整体的意义而不会散成一堆碎片的问题。

从目前的情况来看,把展览当成一个整体叙事作品已经是一种重要的趋势了。而如何更好地实现这一点,无论对于展览的创作者还是观众(后期的剪辑者)来说,都还有很多难题要解决。

（4）静与慢中的内心激荡

观众在参观展览时，往往是在安静与缓慢的节奏下进行的。安静是展场的常规状态，大多数展品都安静地待在那里，等着观众安静地去观看，即便有些展品会发出声音，也多半会被单独地隔离起来，并不会影响整个展览的安静氛围。观众在展览现场缓步前进，在观看每件展品时都会停顿一段时间，才能较为完整地领略到展品的细节与内容，然后再缓步走向下一件展品、下一个展区，通常的节奏就是从一个"感知—思考"单元过渡到另一个"感知—思考"单元，一直持续到参观结束。

观众参观展览的节奏确实是称得上缓慢，但这并不意味着参观的效率低下，也不能说明展览会让人觉得无聊。其实，展览在用自己特有的做法在观众的感觉与内心形成激荡，这种激荡可以分为两个层次：第一个层次是指物本身作为一个值得观赏的对象，蕴藏着无数让人惊喜的细节，等待着观众通过仔细的观察去感受与认识；第二个层次是指不同的物（泛指场景中出现的所有东西）在展览这个特殊空间中进行蒙太奇组合，构成不可思议的场景奇观，或形成非常特别的新认识。第一个层次是物件客体本身的属性，而第二个层次必然是策展设计刻意营造的结果。相对而言，前者呈现的算是微观世界，后者呈现的则是宏观结构。在场景震撼与细节感悟之间，会形成巨大的张力，即便是在一个缓慢的参观进程中展开，同样会在观众的感官与心中形成激荡。在安静缓慢的空间氛围映衬下，观众内心的激荡反而会更加强烈。

在一个一切都趋于动与快的时代中，展览的静与慢看起来与这个时代的大趋势是脱节的。但换个角度来看，这也正是展览的可贵之处。就像美国博物馆联盟发布的《趋势观察 2015》中所指出的那样："现今的人们愈加渴望阶段性地脱离这个常常让人窒息的数字世界""'慢文化运动'正在为博物馆发展带来新的机遇"[37]。文中还举了简·亚当斯(Jane Addams)赫尔馆[1]的"慢博物馆项目"的例子——"旨在重新将博物馆打造为'休憩、沉思与歇脚之所'"[38]。当然,博物馆中的展览也不能一味地以不变应万变,静与慢只是展览的一种整体状态,具体而言,还需要吸纳新时代的一些有益的东西,为观众设置更有吸引力的参观节奏与体验,才是根本的发展之道。

展览就是这样一种特别的叙事形式,无论策展方做了怎样的安排,每一个观众都终归要靠自己来剪辑属于自己的那份叙事,通过大量的自我决定来规划叙事的结构,通过自己的想象与判断去补足陈述中缺失的部分,通过自我强化语境去把不同的媒介语言综合在一起,通过场景与细节的张力激荡自己的内心。莎士比亚讲"一千个人眼中就有一千个哈姆雷特",这句话用来形容展览,可能比戏剧还要合适。

---

1 简·亚当斯(1860—1935),美国社会活动家、社会学家、哲学家,女权运动家,美国芝加哥赫尔宫协会的创始者。她于 1931 年获得诺贝尔和平奖,也是美国第一位获得诺贝尔和平奖的女性。1889 年在芝加哥创设赫尔馆,为美国的第一座"睦邻之家",其设施包括成人夜校、幼儿园、公共餐厅、美术馆、咖啡馆、体育馆、作坊和图书馆等,用以进行社会公共福利和社会改革事业。

五　作为文化能量场的博物馆空间

（一）展览空间的演变

1　从藏品库到展厅

通常，我们说到博物馆空间，一般指的都是博物馆的展厅。在博物馆开始面对公众的早期，展厅主要建立在与藏品库的联系之上，相当于一种私密的藏品库与开放的城市空间之间的过渡状态。展览的性质其实就是藏品的公开化，也就是说，博物馆设立展厅是为了给公众提供一个能够看到珍贵藏品的机会。这从观众与展品之间的关系中就能看出来：在展厅中，藏品才是主人，观众只是客人。空间的安排虽然也要照顾观众的参观需求，但更要保证藏品的绝对安全与中心地位。藏品都拥有自己的专属空间，这个专属空间不容侵犯，与观众的活动空间隔离（通过玻璃与护栏等），使观众与藏品之间保持一种安全的距离。因此我们可以说，博物馆的展厅是从藏品库"延展"出来的。

图 5-1　香港大馆

图 5-2　无畏号海空博物馆

2　游牧的博物馆空间

（1）从废弃空间到新博物馆

　　今天我们看到的大多数的博物馆空间在一开始都不是博物馆空间，而是有着各种各样具体的社会功能。随着社会发展，原先的社会功能失效了，空间被博物馆征用。近代欧洲第一批博物馆中的很大一部分原先就是王公贵族的宫殿，资产阶级革命之后王公贵族被赶跑，空出来的宫殿就成了博物馆（如大英博物馆、卢浮宫博物馆、大都会博物馆，等等）。此后，随着城市化的继续发展，很多工厂和车站等设施从城市中心向外迁移，于是又遗留下一大批厂房和车站等，它们中的一部分也被改造成了博物馆。像德国鲁尔博物馆的空间原先就是鲁尔工业区的厂房，伦敦的泰特现代美术馆的空间原本是一个发电站，巴黎奥赛博物馆和柏林汉堡火车站美术馆早先都是市中心的车站，香港大馆原先是警署和监狱（图5-1），而美国纽约的无畏号海空博物馆（Intrepid Sea Air and Space Musem）以前居然是一艘从第二次世界大战中退役的航母（图5-2）。

　　上面提到的这些被博物馆征用的空间有一个共同点——很开阔，所以被人们认定为适合举办展览的场所。但随着博物馆概念和形态的开放，一些更小的废弃空间也加入到博物馆行列中来，比如纽约下东区移民公寓博物馆（Tenement Museum）原先只是寻常的公寓而已。更有意思的是纽约城的科兰特小巷（Cortlandt Alley）里的一个叫作"Museum"的博物馆，是由一部废弃的货运电梯改建的，只有几平方米大，与我们平时想象的高大宏伟的博物馆空间相去甚远（图5-3）。

图5-3 纽约城的科兰特小巷里一部废弃的货运电梯改建的博物馆

旅游业的兴起和人们活动范围的扩大也在不断推动博物馆的发展。今天，博物馆对空间的利用已经不止于城市空间，一些很偏远的、原本就有着"废弃"意味的空间也会被征用为博物馆，甚至这种情况已经延展到了一些人迹罕至的地方。比如在美国加州的荒漠里就有一座荒漠博物馆（图5-4）——由艺术家诺阿·普里菲（Noah Purifoy）创立。更夸张的是，在西班牙兰萨罗特岛附近的海底也出现了一座博物馆，叫作大西洋博物馆（Museo Atlantico），观众需要潜水到海底才能进行参观（图5-5）。

　　博物馆喜欢利用废弃空间，在很大程度上是出于一种社会资源利用的"合法性"。既然博物馆被很多人认为只是在保留文化财富而不是在持续创造社会财富，那么降低社会资源的消耗就有助于增强博物馆存在的"合法性"。但随着近几十年来全球城市竞争的加剧，文化竞争也成为其中最有效的手段之一。博物馆不再被看作现有资源的消耗者，而是被当作吸纳更多资源的强力工具。所以，博物馆便不必再恪守"勤俭节约"的低姿态，转而拥有了"大手大脚"的空间资源使用权。于是我们看到一座座崭新而造型奇特的博物馆如雨后春笋一般建筑在各个城市中心最黄金的地段，博物馆空间真正焕然一新。

图 5-4 荒漠博物馆

图 5-5 大西洋博物馆

（2）生活中的博物馆

拥有一个与现实世界隔离的专属空间对于博物馆来说并不是必需的，如果展览的内容与现实生活之间不能完全分离的话，从逻辑上讲，博物馆空间应该跟现实生活空间是一体的。

以美国马萨诸塞州当代艺术博物馆为例，这个"馆"的空间就不是一个由围墙封起来的展厅，而是一个现实生活中的小镇（图5-6）。而所谓的"展览"就是很多艺术家与手工艺人在小镇里工作。来博物馆参观的观众不一定是在观看已完成的艺术或手工艺作品，还可以观看他们的创作状态与过程，甚至有时还会参与到艺术家与手工艺人创作中来。于是"展览"变成了一个随着小镇生活而持续演进的过程，展览空间与生活空间也就没有了绝对的界限。

如果说马萨诸塞州当代艺术博物馆是通过把日常的文化创作生活当成博物馆展出的内容从而抹平了展览空间与日常生活空间的界限，那么澳大利亚各个土著社区的博物馆的情况就是通过把当地土著的日常生活当成文化遗存，从而把日常生活空间转换成文化性的展览空间。要知道，仍然活着的土著文化根本无法用之前西方的博物馆观念来保护与展出。对于澳大利亚土著来说，"重要的

图 5-6 美国马萨诸塞州当代艺术博物馆

不是那些图像,而是与图像相关联的知识"[39],他们需要"继续创作圣像、讲述故事、吟唱圣曲、跳传统舞蹈以及举办传统仪式"[40]。在这样的情况下,只有保护当地土著的日常生活,才有可能真正保护博物馆的文化遗产。对于观众与访客来说,只有进入他们的生活,才能进入博物馆的展览空间之中。

上述的马萨诸塞州当代艺术博物馆与澳大利亚的土著博物馆都是直接把现实生活中的一部分当作文化展品来看,以此来塑造一种活着的、生态式的博物馆状态。这种谨慎的、非介入式的塑造博物馆的方式反映的是一种新的路径与智慧,其模式对解决很多地方的类似难题都是有益的,值得去进行更深的探索与更多的推广。当然,这并不意味着博物馆想要融入生活就只能采用这种保守的方式。如果我们把空间与时间的维度结合起来就会发现,博物馆还可以以临时的状态在生活中出现。也就是说,并不需要把某个原本归属日常生活的空间长期当成博物馆空间来看,只要它在某个时段临时性地成为"博物馆"即可。如此一来,博物馆就能以更加主动的姿态,以及采用更加大胆的方式介入日常生活之中,不必担心与日常生活产生过于激烈的冲突或对其造成不可逆转的严重后果。近些年来,很多的文化性双年展就采用了这样临时性的、把日常生活空间转换成文化展览空间的模式。每次的展览并不在固定的博物馆或美术馆里举办,而是出现在不同的城市生活空间之中,甚至展览的主题或内容也刻意注重与所在地的城市生活之间的关联(如德国的明斯特雕塑展、濑户内海艺术祭、深港城市\建筑双城双年展等)。

博物馆进入日常生活空间并不是出于博物馆空间的缺乏(事实上典型的博物馆空间反而在某种程度上正在面对危机),而更多是考虑到文化展览的性质及其社会功能的发展变化。但无论如何,从整体的发展趋势来看,博物馆空间与日常生活空间之间注定不再是一种简单而决绝的分离关系了。

3 互联网给展览空间带来的改变:交织与结点

在现代主义时期重新规划与建造的城市就像一部机器,城市中每种类型的空间都被清晰的功能分工来定义,并以功能的具体要求来建造,比如学校、工厂、医院、商场等,博物馆也是城市诸多功能空间中的一种,正如刘易斯·芒福德(Lewis Mumford)所言:"它是理想生活的象征,正如希腊城市的体育馆或中世纪城市的医院。这个机构是由于大都市发展过大而必须设立的。"[41] 重要的博物馆往往居于城市的显赫位置,除了博物馆展览所传递的文化价值之外,往往还会起到彰显城市文化形象的作用。由于建筑的设计寿命相对较长,所以一旦城市的格局已经形成,再进行大的调整就比较困难了,除了极特殊的情况(如战争与大型自然灾害等)可能会带来巨大的改变之外,城市的空间格局与功能设定几乎是固化的,往往只能做局部的更新与细微的改变。

我们今天看到的很多城市空间布局,以及功能设置基本上是按照工业社会的时空逻辑来展开的。由于科技发展速度极快,这种时空逻辑很快就被瓦解。比如快速交通就是瓦解这种时空逻辑的重要力量之一,因为它可以在时间尺度上改变原先空间距离上的远近概念——只要快速交通能连接的地方,地理上的远处可以变得很近;而快速交通没连接到的地方,地理上的近处在时间概念上也会被推得很远。即时通信则是瓦解这种时空逻辑的另一种重要力量,因为它破解了有史以来一直有效的时间与空间的锁定方式——"此时此地"。即时通信中的双方，即使是遥隔万里，也可以"天涯共此时"。而互联网的出现则几乎给了这种老式的时空逻辑致命一击，世界似乎被重新格式化，分成了"网络"和"结点"：网络主要指的是互联网，但也包括即时通信、快速交通等其他能迅速跨越物理空间的限制来进行信息与资源交换的手段；而结点主要指的就是物理空间。由于社会的基础组织系统被迁移到了网络上，所以物理空间的意义就不可能以固化的工业社会的分工逻辑来确定，而必须在新的网络格式中重新确立自己的价值与意义——成为有独特价值的"结点"。

在这场社会空间的重新格式化过程中，所有的物理空间都会被改变，博物馆当然也不会例外。

（1）虚拟展厅与物理展厅的交织

随着媒介技术的进步，在博物馆的展厅中，除了实体物之外，还出现了很多不同的影像媒介，比如照片、视频、VR 虚拟现实，等等。这些影像中往往也有物、人与空间。尽管从实体的角度来看，它们只是一种由光影塑造的视觉假象，但观众的眼睛却可以带着他们自己进入这些由光影塑造的世界中去。就像在电影院里，虽然在事实上观众看的只是一块屏幕，但在他们的感觉中，感官早就脱离了观众席，进入了屏幕上呈现的那个空间之中。在展厅中，通过影像媒介也可以把外面世界的空间（甚至还包括了时间）带进展厅。而且，为了影像的呈现效果，展厅中的光线往往会被刻意去掉，于是连展厅的实体空间也消失了——影像中的空间就更强大了。如果多个影像共同出现在一个展厅中的话[就像朱

利安·罗斯菲尔德（Julian Rosefeldt）[1]的展览"宣言"中那样，图5-7]，每个影像讲的是不同的故事，带来的是不同的空间，那整个展厅的现实存在就被拆解（在观众中的感受中），呈现一种空间上的蒙太奇状态。

互联网同样可以通过影像或声音的方式把其他空间带入展厅之中。但互联网带来的影像与录制好的影像有着根本不同——它可以是即时的，这就意味着展厅空间与外部世界的某些空间可以是相互联动的。一方面，外部空间的构成变化会即时引起展厅内部空间的构成变化；另一方面，观众的行为也不一定仅仅是一种发生在展厅空间中的行为，也可能会参与到外部的空间中去，通过互联网的连接，外部空间中的观众也有机会进入展厅空间之中，展厅的内部空间与外部空间就逐渐模糊了。

从概念上来看，展览空间已经从一个具体的物理存在扩展到了网络层面，通过网络还可以与其他的物理空间相连接，虚拟空间与物理空间已经交织在了一起。

（2）博物馆作为叙事空间中的结点

通过互联网的组织与调配，物理世界的资源可以得到更加有效的配置。当物理空间与互联网之间的连接提升了的时候，物理空间之间的相互连接关系反而会下降，因为网络已经担负起最主要的组织功能。在这样一种新的结构中，

---

[1] 朱利安·罗斯菲尔德（1965—），德国艺术家、导演。其代表作《宣言》中，演员凯特·布兰切特一人分饰十三种角色，在展厅中分别放置的十三个屏幕上以不同的形象和观念展示出来，造就了一种充满冲突、此消彼长的话语空间。

图5-7 "宣言"展览

物理空间的功能变得更加清晰了——体现"结点"的价值。

在互联网时代的时空观中，一段时间中的空间结构不必以物理空间的连续为前提。通过互联网，物理空间就可以与网络空间连接在一起，不同的物理空间也可以通过网络连接在一起。这就意味着博物馆在过去两百多年来的时空观会受到颠覆性的挑战。在过去的博物馆中，展览空间被视为在日常时间流与空间流之外的一个独立空间，无论从时间结构上还是从空间结构上都与日常世界几乎是相互分离的。博物馆空间与日常空间的分离有赖于两种"围墙"的存在：一种是有形的——博物馆建筑的高墙，另一种是无形的——博物馆的文化身份。当博物馆的展览内容开始与现实社会即时联系的时候，当展览可以出现在日常生活空间中的时候，尤其是当互联网可以穿越有形的围墙，把所有物理空间与网络连接在一起的时候，博物馆的这两种"围墙"也就不存在了。同时，物理形态的展览空间也就不完全是日常时间流与空间流之外的独立空间，它已经变成了一种"网络—物理""文化—现实"交织在一起的复杂空间序列中的一分子。

一个正在举办展览的展厅空间可能是一个展览的主要空间，但却不一定是全部：通过互联网就可以把这个空间与网络空间、其他文化空间甚至日常生活空间进行即时联通。一个展览叙事的现场可以是由多个不相连或不相干的空间来共同构成——当下的这个展厅空间就变成了整个展览叙事中的一个"结点"空间。在很多情况下，大的展厅空间也会被网络切割成小的空间，而这些小的空间会被与网络或外部空间连接在一起来进行共同叙事。一个最常见的例子是在展品旁边设置二维码，观众可以通过手机扫码进入网络展厅中获得与这个展品相关的更多内容。可以想见，随着技术的继续进步，物理展览空间与虚拟展览空间的联通会更加便捷、更加深入。

毋庸置疑,虚拟技术与虚拟空间的介入帮助博物馆解决了很多过去无法解决的问题。但与此同时,我们也不得不开始严肃地思考一个新的问题:随着虚拟技术与虚拟空间变得越来越强大,物理意义上的博物馆展品与空间会不会最终被替代呢?

其实,人们对博物馆的这种担忧在其他社会领域也同样存在。就目前的情况来看,互联网虽然会深入地参与重构物质世界,但从其在当下的发展趋势来看,更多是与物质世界更好地连接与配合,而不是去替代它的存在(所谓的"万物互联"就是这个意思)。甚至反过来说,正是因为互联网的出现,才迫使我们跳出以往的眼光来重新审视这个物质世界,去发现物质世界被我们忽视的一些层面。

在前文中我们已经谈论过虚拟物与真实物的本质差别,这里就不再赘述了。总而言之,虚拟世界纵然也有着无穷的潜力,但它的构成与物理世界的构成并不一样。如果把展览中的虚拟空间与物理空间都比作容器的话,就会发现,仅就容量来看,虚拟空间的容量远远比物理空间要大得多(虚拟空间可以无限联通,其容量更是在继续飞速扩展)。但虚拟空间只能容纳虚拟世界中的东西,却无法容纳物理世界中的东西;而物理空间的容量虽然都是有限的,但物理空间除了可以容纳物理世界的东西之外,也可以联通与呈现所有虚拟世界的东西。对于博物馆来说,判断空间的意义就要从"展览"与"叙事"的角度来看,空间的容量太大并不见得有用,而能容纳的事物的种类范围却意义重大,因为它意味着展示媒介的多元化与叙事语言的丰富性,会帮助展览大大拓展其表现力,并继续探索展览的意义。

(二) 展览叙事的能量场

"场"这个概念最初来自物理学,专门用来描述空间的状态。在空间场内,具有某种内在力量的物体会向它并不接触的物体施加一种力,而后者也会回应这种力,两者相互作用形成能量场。后来,社会科学领域也大量引用"场"这个概念来探索事物与环境的关系,比如心理场、审美场、舆论场,等等。展览中的空间既能对应物理学上对"场"的描述,也能对应社会科学中对场的描述。从本质上来讲,展览空间就是一种"能量场"。

1 黑盒子与白盒子

因为整体光线比较暗,所以早先的博物馆会被看作"黑盒子"(图5-8)。在"黑盒子"空间里,展品一

般都会分散摆放；每件（或组）展品都拥有自己独立的空间，并且相互之间保持一定距离；光线一般都集中在展品上，自然向外散开。在这种空间格局中，每件（或组）展品都被视为一种"能量源"，其能量会从中心向外慢慢衰减。展品之间要保持足够的距离，以免形成能量的冲突。在能量源与能量源之间，能量衰减到最弱的地方，通常就是观众行走的地方。当观众被某件展品吸引，就会走向该能量源，直到被玻璃或护栏挡住。在"黑盒子"空间里，展品作为能量源可以被视为展品的"圣化"（通过上述空间格局的安排与光线的设置），于是观众成了信徒，观众参观展览就是依序向这个空间中被圣化了的能量源膜拜。

　　后来出现的当代艺术博物馆被喻为"白盒子"。在"白盒子"里，展品的摆放规律基本上与在"黑盒子"中完全相同，同样也是出于对展品能量场的认定，以及避免能量场之间的相互冲突的考虑。但在另外两个方面上，"白盒子"与"黑盒子"之间就出现了差异：一是光线的设置。顾名思义，"白盒子"里的光线远比"黑盒子"里要强，而且一般来说是趋于均匀照射——让整个盒子的内部都白起来。这样一来，展品虽然还是能量场的中心，但不会像在"黑盒子"中那样被刻意圣化，

图 5-8 "黑盒子"与"白盒子"

连观众也不会被刻意隐藏起来。二是观众与展品之间不被强行隔离。虽然在"白盒子"中偶尔也会出现隔离的情况，但总体来说并不普遍。解除隔离的首要目的是让观众与展品之间更加亲近，但同时也让观众与展品之间的关系变得平等——至少在视觉或空间关系上是如此。

2　文化叙事的游戏场

随着时代的变迁，今天的博物馆空间状态越来越变幻莫测，已经无法用任何稳定的模式来描述与概括了。从外部形态来说，随着"后博物馆"概念的普及与"泛博物馆"浪潮的兴起，展览空间已经不一定能够用"盒子"来形容了。它不仅不一定是一个被围墙隔出来的独立空间，甚至连是不是我们通常所认知的"空间"都难说（比如非常小的、人无法进去的空间也会被当作展览空间，或者网络虚拟空间等其他非实体空间也会被当作展览空间来看）。从内部结构来说，展览的构成已经发生了很大的变化。早先的"黑盒子"与"白盒子"空间模式只适用于以物品展示为核心任务的展览：整个展览空间都以展品为中心来构建，每一件展品也是自己领地上的"国王"，展品与展品之间的关联度也比较低。无论每个展览的具体内容有多么不同，但其内部结构逻辑基本都是按照这个套路来的。今天，展览的基础已经发生了翻天覆地的变化。展品的尺度范围变得更灵活了，展品形态是不是固体也不一定，甚至展品是不是物质化的都说不准……像过去那样把每件展品作为一个独立的"能量场"的中心来看已经行不通了。

此外，今天的展览在叙事能力上取得了很大的进展。展览不仅作为一种展示手段，更会作为一种叙事手段来出现。注重叙事性就意味着展览必须在展品与展品之间建立起更加丰富多变的关系，甚至对展品与观众之间的关系也提出了更高的要求。展品必须根据叙事的逻辑来进行适当的组合，展品与空间、展品与观众之间的关系也同样需要变得更加有机、灵活和戏剧化。最终，整个展览内部构成要素之间的关联度与灵活性得到了极大的提升，展览的内部结构越来越趋向成为一个不可分割的整体。观众的体验性与参与性也变得越来越受重视，观众与展品之间的互动让展览空间内部呈现活跃的状态。受到互联网与"后博物馆"概念的影响，有些展览的空间构成则进入了一种完全的动态演化模式……从传统的把空间作为容器的角度已经不能解释今天的展览空间了，要更好地理解它，就必须引入与时代发展相符的空间概念才行。

英国学者齐格蒙特·鲍曼在《作为实践的文化》中曾对现代意义上的空间做过如下的描述："空间——现代空间——是管理和控制的对象。空间是负责'主要协调'任务的权威游戏场，是制定规则让'内部'统一的同时与外部相分离的游戏场；是抚平现存的规范与行为模式之间粗糙的边界和冲突的游戏场；是同化异质并将分化的部分统一起来的游戏场；简言之，是一种松散的集合体重塑为统一系统的游戏场。"[42] 很明显，在这段精彩的论述里，鲍曼没有使用任何与物理空间相关的词汇，而是大量使用了像管理、控制、协调、制定规则、统一、分离、抚平、同化、重塑……这些与塑造事物结构关系相关的词汇。这也就是说，要讨论现代意义上的空间，就要从关注事物之间的结构关系开始，而不是空间本身。空间的界定已经与事物结构关系的界定连接在了一起，空间要么是事物结构关系的"协调者"，要么是事物结构关系生成的结果。

对于今天的展览来说，齐格蒙特·鲍曼的这段关于空间的描述法几乎是完美适用的。展览空间就是一种文化叙事的"游戏场"，通过它来"制定规则让'内部'统一的同时与外部相分离"，同时把"一种松散的集合体重塑为统一系统"——一个完整的叙事。

3　事物结构关系的"协调者"

（1）空间作为事物结构关系的"协调者"

展览空间中的一切都将通过结构与秩序来塑造。如果空间本身已经与叙事之间形成了直接的关联，并且已经拥有了强大的结构，给出了明确的秩序，显示出了强烈的意志与力量，就可以担当起事物结构关系的"协调者"的重任。

以位于德国斯图加特的奔驰博物馆为例。博物馆的展厅空间非常有特点，是一个从顶楼贯通到地面的、缓慢下降的双螺旋线性结构（图5-9）。里面所有的

图 5-9 德国奔驰博物馆双螺旋线性结构

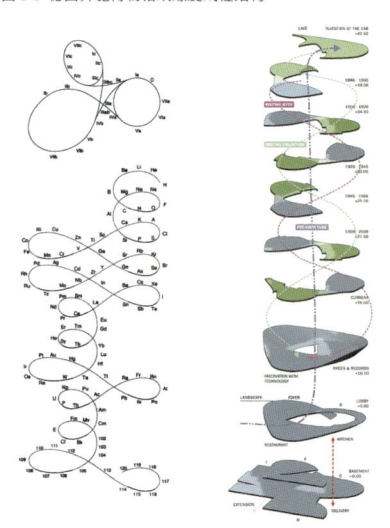

2010 年上海世博会英国馆"种子圣殿"（局部）

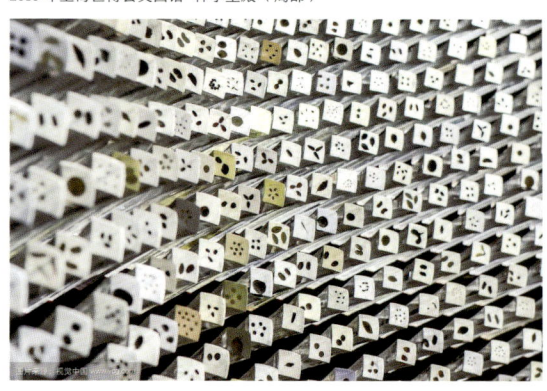

展品（汽车）无论主题、历史、风格如何分属，也无论所在展区的具体设计如何变化，都在统一按照这个螺旋的结构从上往下排列。连观众的参观流线也是按照这个结构来设置——从顶楼一直螺旋向下。这就意味着，展厅中出现的所有元素都被事先设定的双螺旋线性展厅空间结构统合在了一起。

与上面这个例子相比，2010年上海世博会英国馆"种子圣殿"的空间结构对展览元素的统合力更加强大。6万颗种子分别被装到了6万根透明的触须上，依序排列，把整个建筑塑造成一个近似蒲公英的形状（图5-10）。在这里，所有的触须、种子、甚至还包括了后来的观众都被"协调"在一个向心的空间结构之中，而这些元素又反过来强化了这个向心的空间结构。两者相互塑造，让英国馆的"种子圣殿"成为上海世博会最夺目的一件展品。

在上述这两个例子中，尽管空间自身的结构特征非常强大，但展品相对统一也是非常重要的前提——前者都是汽车，后者都是种子，很容易被空间塑造成一个整体。在大多数展览中，展品都是五花八门的，通过整合性的空间结构

图5-10 2010年上海世博会英国馆"种子圣殿"

设计，也可以把展览中所有的事物都整合到一个特定的结构中来。比如 2015 年在上海龙美术馆举办的"十五个房间"展览就是个很好的例子：十五个房间沿着一条宽阔的廊道向两侧排开，通过廊道尽头的镜面，塑造出一条无尽的廊道的幻景（图 5-11）。当观众进入不同的房间，里面的构成却千差万别：有的是一排人在转圈，有的是一个人在荡秋千踹鼓，甚至有一个房间是全黑的，需要观众摸着墙壁才走得出来。在这样的空间安排中，既能尊重展品或个体单元彼此之间的不同，又保持了一个统一的整体结构，多样性与统一性得以共存。

（2）空间作为事物结构关系生成的结果

具有强烈结构特征的空间毕竟是少数，大多数情况下，空间都是中性的、模糊的、甚至是缺乏清晰边界的。这时，就需要展览中事物的组合关系拥有

图 5-11 "十五个房间"

强大的结构与清晰的特征，以此来反过来明确空间内部与空间外部的差异，也由此来划定"游戏场"的边界。

所谓展览事物的结构特征，其实是一种对比性描述，是与人们的日常经验对比得出的。也就是说，展览事物的结构与日常经验的差距拉得越大，就越拥有清晰的特征与强大的力量。中国艺术家宋冬的作品《物尽其用》就很好地证实了这一点，作品中成千上万件"展品"其实都是艺术家母亲的日常生活用品（图5-12）。艺术家把所有的这些物品都平铺在地上，就展品本身来说，没有什么比这些更日常的了。单个来看，每件"展品"几乎可以说是零特征。但艺术家给日常的它们设定了一个非日常的组合与排布关系，从内容构成上来说接近历史分类法，从空间构成上来说则是矩阵式平铺，这样这些日常物品的组合就拥有了一个"强大的结构与清晰的特征"，无论展览出现在北京798的东京画廊，还是纽

图 5-12 宋冬 《物尽其用》

约的 MOMA 展厅中，都会界定出一个属于它自己的"游戏场"。

如果说《物尽其用》的空间与日常世界还是隔离的（出现在美术馆空间里），那德国艺术家博伊斯的作品《7000 棵橡树》就完全是在日常世界里发生的。博伊斯把 7000 棵橡树种在卡塞尔城的街道两旁，并在每棵橡树下都立了一块黑色的玄武岩——就连物件也是日常的（图3-49，第122页）。日常的物件出现在日常的空间，在这样的前提下，要建立起一个内部统一与外部分离的"游戏场"，听起来就像天方夜谭。但博伊斯给出的这个结构很出奇，就整件作品而言，它既有强烈的内在冲突——橡树的不断生长与玄武岩的恒定不变，又有强烈的统一性——把这对内在冲突重复了 7000 次，形成了一种"排比"的整体效果。借助这个特殊的"冲突与排比"结构，构成展览的日常物件与日常空间就都从日常世界中分离出来了。

并不是在所有的情况下都一定需要建立一个特征强烈的事物关系结构。有时候，当一件展品足够强大的时候，就可以直接"统治"整个空间，让事情变得简单起来。比如在美国自然历史博物馆里展出了一头 150 吨重的蓝鲸标本，巨大的蓝鲸躯体以一个生动的姿态悬浮在大展厅的空中，把整个展厅空间都暗示为海洋，观众所站的位置就是蓝鲸腹部下面的深海（图3-9，第76页）。蓝鲸的巨大体量与其他展品及观众的渺小形成了极其夸张的对比，制造出了一种戏剧化的冲突效果。在这里，巨大的蓝鲸是空间的统治者，它定义了展馆空间作为水下空间的性质，也制造了夸张的观看比例关系。这时，无论其他的细节如何处理，都不会对整个空间的状况造成影响。巨大的展品之所以可以直接"统治"空间，首先是因为任何一个空间都是一个能量场，而巨大的物品往往在这个空间中具有绝对压倒性的能量；其次是因为展品都有一个自己的专属空间，而巨大的展品也需要巨大的专属空间，这个专属空间往往就把整个展区空间都吞噬进去了。巨大展品的这种空间塑造力即便在户外空间也同样有效，而且当它直接面对现实世界的时候更容易产生冲突与张力，营造出戏剧感。比如前文提到过的著名的公共艺术作品《大黄鸭》，曾在全世界几十个不同的城市展出。无论它出现在哪个场景，都会把正常城市景观比对出小人国的感觉来（图3-12，第80页）。

统治与塑造空间的巨物效应并不见得一定要通过实物才能实现，比如通过光（如伦敦的泰特现代美术馆展出的《气象计划》，图3-7，第76页）、雾（如798尤伦斯艺术中心展出的《感觉即真实》，图3-3，第71页），以及不断发展中的新媒体技术（如在798佩斯画廊展出的《花舞森林与未来游乐园》，图5-13）同样能够做到。

在空间与事物结构的游戏中，有时候充当协调者的是空间，有时候充当协调者的是事物结构或展品，关键就要看哪个结构更符合叙事的需求，哪个结构更强大、更清晰。如果是空间结构在负责协调"游戏场"，那事物结构与展品就负责填充内容；而如果协调者换成了事物结构或展品，那空间就成了看不见的载体与被塑造的结果。两者之间的关系就像在跳双人舞一样，需要相互进行协调以形成共舞的效果。

图 5-13 Teamlab 《花舞森林与未来游乐园》

(三) 展览空间结构的叙事性

展览空间不仅仅是展览的容器，也能成为展览叙事的重要参与者。空间的格局可以参与塑造叙事的格局，空间的形态也可以成为展览中的展品，空间的流动还可以参与塑造观众的视角与体验过程。总之，空间可以全方位地参与展览叙事的构建。

1 展览空间结构的叙事性

空间有结构，叙事也有结构，空间结构参与展览叙事完全是天作之合。在传统的博物馆中，展览的主要功能是展示而非叙事，即便如此，空间结构也已经潜在地参与博物馆的叙事了。比如欧洲的大多数经典博物馆如大英博物馆、卢浮宫或佩加蒙博物馆的展厅格局分布都几乎遵循着同样的一个原则：古希腊文化及本国的经典文化占据着最显赫的位置（如中心大厅），其他欧洲文化和西亚文化次之，而非洲、南美和东亚文化等处于更次要的位置。很明显，无论里面的展品是什么，这样的空间格局安排已经在散发着一种极强的自我中心意识，美国学者 I. 卡普在《文化与再现》一书中对这种状况做过清晰的解读："在展览来自非西方文化的展品时，博物馆展示更多的是宗主国的价值体系而非殖民地的价值观。"[43]

随着博物馆的发展，展览的叙事性在不断增强。展览空间也开始逐渐参与到叙事的构建中来了。以前文提过的在上海龙美术馆中的"十五个房间"展览为例，策展人小汉斯（Hans Ulrich Obrist）强调的是每个作品都有截然不同的样貌，但相互之间并无直接关联，所谓"十五个房间"，意在表达"很多"（跟中国古代的数字"九"用来表达"很多"是同一个道理）。负责展览空间设计的赫尔佐格与德梅隆建筑事务所（Herzog & de Meuron Architekten）进一步强化了上述概念：他们先是让每一件作品都拥有了一个独立的房间——强调相互之间并无关联；然后，通过廊道两个尽头的镜面制造了一个幻觉——把两侧的十五个房间扩展出了无数个房间。空间结构既创造了真实的一面，也创造了幻觉的一面，策展概念中的"很多"也被进一步戏剧化了。这里，空间所提供的不只是一种隐形的结构，而是加入了展览，成为展览的一部分。

展览的空间结构未必一定需要去忠实地执行预设的策展概念，如果空间设计师对展览的主题或内容有足够的了解，就能以更积极主动的姿态参与到展览叙事构建的对话中来，甚至可以通过空间的结构设计提出另一种视角或价值判断，反过来挑战或塑造展览原初的叙事结构。以2016年在北京尤伦斯艺术中心举办的中国艺术家曾梵志的个展为例，建筑师安藤忠雄为展览设计了一个乍一看很不起眼的空间结构：在一个矩形的展厅中，一面面矩形的展墙在展厅中间并列，所有展出的画就依次挂在展厅的墙面及中间专门搭建的展墙上。如果从展览的平面图上来看，观众的流线也很常规。唯一不同的是，这些新建的展墙上挖了一些大小不一、位置不定的方孔——跟画的大小、位置差不多（图5-14）。

就是这么一个简单的动作,带来了与常规展厅迥然不同的观众体验。观众就像走在一个苏州园林的空间结构之中,在一个"透"与"漏"的流动空间里不断地遇到不同的画作。

从某种意义上来说,展览作为一种在空间中展开的叙事形式,其叙事的结构不可避免地要依托空间的结构来呈现。在早年的大部分博物馆展厅中,空间结构基本上会保持一种"谦逊"的姿态:在视觉上不出挑,倾向于把自己"隐藏"起来;虽然也会参与内容结构的建设,但一般情况下也仅限于大的段落的划分,更不可能主动地参与到策展概念的探讨中来。然而,随着展览叙事性的增强和展览向整体作品的转变,空间结构的姿态已经发生了显著的变化,变得积极主动起来,这就为空间结构叙事性的进一步发展带来了前所未有的新机会。

2 博物馆建筑结构的叙事性

一些主题性很强、叙事方向明确的博物馆在做建筑设计的时候,就会把如何与展览叙事结合考虑进来。比如上文举例的德国奔驰博物馆,建筑空间的双螺旋结构就是为了策展内容的需求专门设计的:双螺旋结构既创造了一个通体

图 5-14 曾梵志个展空间

流畅不间断的空间流线——适应了汽车的主题，又提供了两条叙事线———条用来呈现汽车的历史演化，另一条用来陈列经典汽车。

当然并不是所有的博物馆都有机会从一开始就把建筑空间结构的设计与展览的叙事结构放在一起来考虑，有些主题博物馆接手的是早年的宫殿或重要的历史建筑来做馆体，而这种已有的建筑空间结构并不是专门为该博物馆或该主题服务的。为了适应现代博物馆的需要，或者出于新主题叙事的需要，往往就会对这些建筑空间进行改造。这时就又给了一次建筑空间结构参与叙事塑造的机会。以位于德累斯顿的德国军事历史博物馆为例，其馆体建筑原先是一个军械库，在1897年改建为博物馆，之后经历了纳粹时期、苏联时期、东德时期，但作为博物馆的功能却一直保持了下来。20世纪末的时候，政府决定重新把它改建为德国军事历史博物馆。新馆于2011年重新对外开放。很明显，作为曾经的纳粹首恶，德国想要呈现军事历史绝对不可能去炫耀自己的军事历史有多么强大，而必须着意于呈现对战争的反思，因此新的策展主要关注了战争和军事给世界带来的创伤。建筑师丹尼尔·里伯斯金（Daniel Lieberskind）用一个巨大的尖锐金属形体从上空直接插进了这栋古典的宫殿式建筑之中。从内部的空间结构来看，锐角形体的切入把原本完全连通的建筑空间切分为两段既相互连通又相互分离的空间（图 5-15）。从展览的内容构成上来说，原先的旧建筑空间部分可以用来陈列早先就有的军械收藏，而新切入的锐角空间则可以呈现新的对于军事与战争的反思，如"军事与科技""保护与破坏""军事与动物""战争与痛苦""战争与记忆"，等等。

除了建筑的整体结构可以协助塑造展览的叙事结构之外，建筑的形体结构也能参与到叙事情境的营造之中，比如德国军事历史博物馆切入的锐角外形就给内部带来了大量的倾斜墙体与空间，在展览空间中强化了战争的破坏性和不安全感。而从建筑的外观来看，这个切入传统建筑的锐角则给出了一个清晰的、形成战争伤害的符号，让观众在进入博物馆之前就能感受到这种残酷而凛冽的氛围。

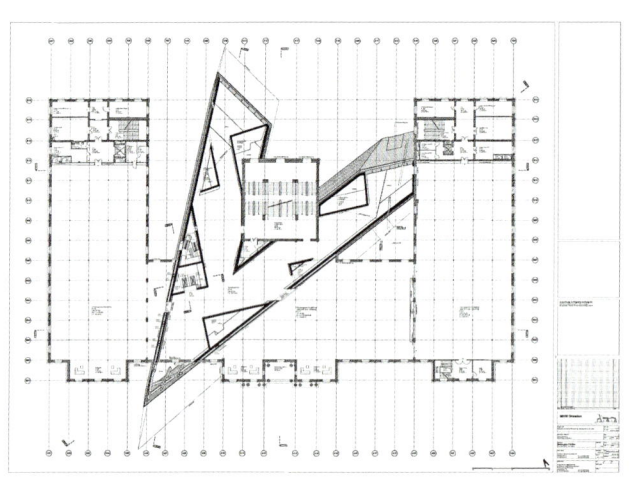

图 5-15
德国军事历史博物馆
外观与结构

202

（四）用参观时间塑造展览空间

1　展览叙事的线性空间

从整体结构上来看，叙事都离不开线性。小说、电影、戏剧与展览都是如此，只是在不同的叙事方式中线性的具体表现会差别很大。小说主要是通过文字和页面的线性排列来实现，电影和戏剧主要是通过在荧幕与舞台上的表演过程、剧情变化及蒙太奇序列来实现，而展览主要是靠空间的设置与观众在空间中的行走来实现。这几种叙事方式中，电影和戏剧的观众是纯粹的"观"众——人只要坐在座位上不动就可以了，所有的线性流动都顺着时间的前后关系出现在观众面前的画框之中。小说就需要读者主动一些，眼睛要按照固定的顺序在字里行间中行走，手也要不时翻动书页，才能协助整个线性叙事的完成。相对而言，展览观众的行为是最复杂的：他必须要迈开双腿，循着展览给定的路线行走或者做出自己的选择；双眼在这个间歇性前行的过程中要不时地纵览全局并寻找观看目标；找到目标后再仔细端详、阅读和思考。这指的还是传统的展览，在观众的体验日益复杂化的今天，观众的行为与线性叙事的关系就变得更加复杂了。

2　展览线性空间关系中的两组矛盾

就以上述四种叙事方式来说，所谓线性，很难说清楚那条真正的"线"在哪里，一定要说的话指的更像一条时间线——观众在书桌前、电影院、剧场或展厅内度过的这段时间。但如果我们按照这个逻辑去看的话，就会发现其实无论怎样去进行叙事变化，在观众这一端最终都会形成一种线性的结果。其实任何叙事都是由创作者与观众两方来构成的，因此，每个叙事都至少有两条线：一条是观众的线——阅读或参观发生的线；另一条是创作者的线——预想设定的线。在传统的叙事方式中，观众往往是被动的，所以一般说到叙事线，指的就是创作者的这条预设的线，也就是说创作者是如何沿着时间顺序、结合具体的媒介方式来组合相关要素与设定叙事逻辑的。

如果展览的观众像小说、电影和戏剧的观众一样，完全被创作者带着走，那无论他的行为有多复杂，整个叙事线都是可以被设定的。但事实是在展览中创作者对观众的行为并没有完全的控制权，只能给予引导与建议。所以展览中的叙事线一般不是强制性而是建议性的。首先，从展品的角度来看，在任何一个展区，不同的展品共同构成的都是一种散点式的、虚连接的场景关系，而不是小说文字与电影画面那种连接不间断的线性关系。在那些更注重观众体验的展览中，展品与内容的构成更是与人的感知结构，甚至是互动行为交织在一起，线性就更不明显了。其次，从观众的角度来看，双腿和眼睛是两个独立工作又相互配合的动态系统。双腿负责变换参观位置，眼睛负责在参观位置上观看场景、展品、阅读文字，等等。虽然看上去整个参观流线是由双腿来决定的，因为它的运动轨迹构成观众在整个展览空间中的参观路线,但实际上整个线性却依然是由眼睛来主导的,因为眼睛会带动大脑在每个参观位置上去判断下一步的行动方向。展览的参观路线虽然在脚下,其实更在眼睛所能看到的场景关系之中。因此,关于展览线性叙事的讨论只能限定于场景与场景之间的连接关系,而且是由作者建议但观众可以做出调整的双重决定的线性关系。这样一来,我们就可以发现,展览叙事的线性关系中蕴含了两对天然的矛盾:整体组织中的线性与单一场景中的自由结构之间的矛盾,以及创作者的线性建议与观众的自我决定之间的矛盾。

(1) 展览空间的场景与线性

整体组织的线性和单一场景的自由结构之间虽然有矛盾,但反过来说,两者的并存又是展览叙事的强大之处。试想一下,如果线性从展览的整体组织贯穿到具体场景排布的话,那展览就必然会失去空间语言的丰富表达能力,成为无趣的逐件展示;而如果只强调场景的自由结构,不进行路线的有效结构组织的话,那展览就没法建立起稳定的逻辑关系,也会失去组织深度叙事的能力。因此,在具体的策展中,如何根据具体情况的需要,合理地把丰富的场景效果和线性的逻辑结构有效结合起来,就是在考验创作者的创作能力。

在一些内容不复杂、逻辑性也不算强的展览叙事中,营造场景应该是第一要务。在这种情况下,场景不仅要呈现展览的艺术价值,同时也担负着完成叙事功能的责任。奥拉弗·埃利亚松在伦敦的泰特现代美术馆的展览"气象计划"就是很典型的营造场景。艺术家在室内制造出一个巨大的人工太阳,除了这轮"太阳"

和洒满大厅的金色阳光之外,整个大厅空空荡荡,并不存在流线设计(图3-7,第76页)。观众可以随意走动,坐下,甚至躺下,无论他们如何运动,依然还在这同一个场景之中。在一些内容相对繁杂,对逻辑性也比较依赖的展览叙事中,就必须得依托于线性的空间结构来展开了。只有借助线性的空间,才能把数量庞大的展品与复杂的内容在清晰的逻辑下有效地组织出来。在展览空间中组织线性的常见方式是弱化天与地,用墙面或展台、展柜来营造水平方向延续的线性——就像通常的历史博物馆所做的那样。还有的博物馆建筑本身就是专门为特定的线性叙事结构而建,比如以色列犹太人大屠杀纪念馆整个就是一条狭长的线性空间,德国的奔驰博物馆也是直接建出线性的空间来配合展览的线性叙事。

图 5-16 美国华盛顿国家建筑博物馆

其实，在大多数的展览中，空间中的线性关系不会像上面列举的几个例子那么绝对，而是会把场景营造与线性结构进行综合运用（在上述的几个例子中也有场景变化，比如在奔驰博物馆中观众就可以通过天井与双螺旋的交叉不时地看到下一段或另一条流线上的展览景观）。美国华盛顿国家建筑博物馆的做法就是让观众先看场景再进入线性结构（图5-16）：观众进了入口之后就面对着一个宏大的场景——大厅里展示着巨大的临时建筑装置；接下来上楼之后，回廊的沿线上用非常统一的小展台以非常统一的节奏展出各种建筑模型。上海自然博物馆新馆"生命长河"展区的做法则是把一条蜿蜒曲折的流线藏在了一个宏大的场景结构之中（图5-17）：利用从二楼与一楼的空间落差，做出回环向下的

图 5-17 上海自然博物馆新馆"生命长河"展区

207

观众流线。由于空间落差的原因，观众在沿着流线参观的同时，从流线上的任何一个位置放眼望去都可以看到这个宏大场景的变化。2013 年北京设计周的"数字渗透"建筑展也是把参观流线藏在了一个开阔的场景结构之中（图 5-18）：空旷的展厅中均匀地排布了很多 C 形展台，每个 C 形展台都构成了一个单元化的小流线，用来排布要呈现的图片与文字内容。这些展台都非常矮，观众低头就能看到，抬起头来就随时可以看到整个展厅的场景。

场景长于感性表达，线性长于理性逻辑，两者对于展览来说都是不可或缺的，就像一架钢琴一样，不同的琴键能弹出不同的音符。但真正重要的，还是如何能创造性地使用它，奏出动人的乐章。

（2）展览创作者的建议与观众的自我决定

展览线性空间关系中的另一对矛盾是创作者的建议与观众的自我决定之间的矛盾。当然，从另一个角度来看，这也可以视为是创作者与观众之间的协作。在展览叙事中，由创作者设定的、任何严密的线性安排都只是一种建议，最终的线性流程都要靠观众的自我决定来完成。

每位观众在整个线性的参观流程中对具体展品、内容和场景的反应肯定是不同的，甚至同一位观众再重新参观一次的反应与上次也不会相同。在有些藏品展中，展品会散点式地罗列在展厅空间中，观众按照自己的兴趣或者即兴地选择一个展品接一个展品去看就好，展览的创作者几乎没有给出任何线性建议，完全交由观众自己去选择。与此完全相反的就是观众没有选择，参观流线是完全强制的。这种情况往往是出于某类特殊内容或叙事的要求，同时需要得

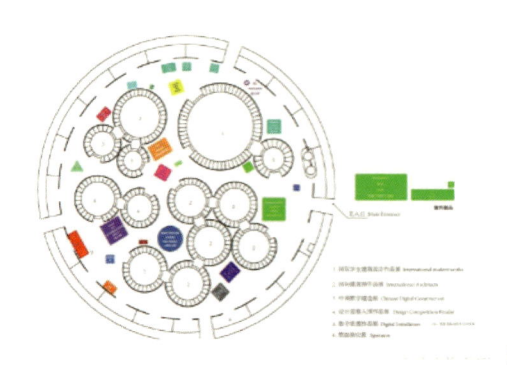

图 5-18 "数字渗透"建筑展平面图

到空间结构的充分配合才行。很多历史类博物馆就是把观众参观的流线与历史发展的时间逻辑重合在一起设计，并不倾向于给观众其他的选择。有时候，出于管理观众人流的需要，会出现更加强硬的参观流线。这种线性与展览内容叙事概念无关，而是属于公共秩序的一部分。比如北京的毛主席纪念堂采用了强制性的单一流线，一方面提高了参观的效率，同时也保证了参观过程的仪式感。2010年上海世博会的很多场馆也采用了强制性的单一参观流线，也是出于保证参观效率的考虑。

上述的两种情况（无流线建议与强制流线）其实都比较少见。在大多数展览中，展览创作者都会给出基本的流线建议，一般会首选通过空间结构的规划来设置参观路线，但路线导视或者语音解说也是一种有效的辅助手法，在一些无法专门针对展览来进行空间设计的博物馆中（比如那些从传统的宫殿转化而来的博物馆），这些导览或提示的方法会非常有效。法国卢浮宫博物馆、伦敦大英博物馆、纽约大都会博物馆等大型博物馆都非常依赖导览与提示来引导参观流线。

既然观众总是要做出选择，在有些情况下，展览创作者会主动把观众的不同选择纳入叙事框架与空间流线设计之中。比如中国的城市规划馆大多担负着政府的政务接待和让公众了解城市规划、城市发展情况这两种基本功能，所以在叙事逻辑与空间设计中会把两种流线的需求都考虑进来：公众的参观流线往往比较全，也比较长，目的是鼓励公众看完全部的展览；而政务接待的参观流线往往比较短，但必须把对政务接待很关键的几个展区有效地串联起来，甚至还要确保VIP接待厅就处于这条流线上。如果说城市规划馆中的两种流线是针对不同的人群与功能设置，那前文提到的德国奔驰博物馆与德国军事历史博物馆的多流线设置就是为了让观众自己去选择。奔驰博物馆中的两条流线被分别命名为陈列室流线（Route Collection）与传奇流线（Route Myth），两条流线既各自独立，又会在每一层相交，给观众提供了无数种选择的可能。德国军事历史博物馆也同样是两条流线：一条是按照时间来发展的流线，展示的是武器与军事技术的演进；而另一条是按照主题来规划的，讲述的是战争的原因与后果。每一层也都给观众提供了切换叙事的机会，就看观众自己如何去选择了。

展览的流线既跟展览的具体情况有关，也跟博物馆的公共化程度也有关，甚至跟所处时代的状况也有关。之所以这个话题在今天会变得复杂化，既反映出了展览叙事的发展日益成熟，同时也能从中看到博物馆对时代的多元化文化视角，以及观众主动性的提升所做出的回应。

3　线的空间构成

展览的空间变化往往很丰富，所谓展览空间的线性其实是围绕着观众的参观而展开的。丰富的空间变化转换成参观的流线主要靠两个动作来实现：一是设定相对稳定的观看距离。展品和内容大多需要观众站在某个距离观看，太远与太近都不会有效。二是拉长叙事的序列。在设定了稳定的观看距离的前提下，展品与内容需要按照观众的参观顺序逐一排列。通过上述两个依照观众参观行为的空间设定，可以把各式各样的空间"折叠"成线性叙事的空间。

线是个抽象的概念，具体的形态并不确定，其最根本的特点是延长性。线性在展厅空间的具体设定中，一般是依托于某个连续的展示面，观众沿着这个连续的展示面观看而形成一条线性的轨迹。当然，还有一种特殊的情况是把空间设定为一个纵深前行的"隧道"，观众在一个空间中只有前进与后退两个选择。相对而言，前者偏于建议性，后者偏于强制性；前者更适用于主客体之间的对峙与观看，后者则多了些沉浸式场景的意味。

4 墙面

（1）隐形的墙面

由于操作起来相对简单易行，所以用连续的展示面来塑造观众参观流线的做法非常普及，而其中最常见的就是利用墙面。在传统的博物馆里，墙面大多是不显眼的纯色，灯光集中照射在展品上，墙面几乎是"隐形"的。而现代美术馆展厅的墙面一般是白色的，在均匀灯光的配合下，既能把艺术作品衬托出来，还能起到隔断的作用，同样也是"隐形"的。

此外，还有一种更加纯粹的"墙面"——直接把大型的作品或展品放置到展厅的场地中间，让展品本身来承担分隔空间的功能。让墙面隐形和让展品自己来做墙面这两种做法在博物馆展厅里非常普及，一个主要用于处理展厅的"周边"，一个主要用于处理展厅的"中央"，常常是搭配使用。

（2）积极的墙面

随着"后博物馆"概念的普及与博物馆的泛化，越来越多的展览出现在了

"既成"的社会空间之中。这类空间往往本来不是专门用来做博物馆展厅的,有的空间甚至会带有曾经的某种社会功能的明显印记。这种空间的墙面都是有故事或有内容的,如果参照之前博物馆的做法,让墙面"隐形",势必就要对墙面进行改造,但这就相当于是在完全否定这个"既成"空间的本来意义,与当代文化中的尊重个体现实存在的基本观念不符。何况有些"既成"空间已经具备一定的文化遗产的性质,对其进行改造也是不被允许的。

这就需要我们改变对于墙面的理解方式,不能再把墙面看作消极的、"隐形"的线性空间的分隔物,而要鼓励各种有个性特征的"墙面"积极地参与到叙事中来。这就必须要颠覆把墙面当作展品背景的陈旧观念,把它跟其他的展品平等地并列来看,让它成为叙事内容或叙事体验的一部分——无论是强化了原本的内容,还是与原本的内容之间形成对抗。法国亚维农的圣安妮监狱(Prison Saint-Anne)旧址举办过一个名为"萤火虫的消失"(La Disparition des lucioles)的艺术展(图 5-19),监狱的基本格局就是中间有一条长长的通道,两侧

图 5-19 圣安妮监狱"萤火虫的消失"艺术展

依序分布着很多牢房，通道中不同的段落之间还用铁栅栏隔开——一个典型的监狱格局。这样的空间格局天然地塑造了一条不间断而且观众也无须走重复路的流线，观众进了入口之后就可以沿着墙面一直走下去，既不会错过任何展品，看完展览也就自动回到了监狱的入口。这里展出的艺术作品都与表现人的害怕、痛苦与纠结的心态有关，与监狱的氛围非常匹配。而通道和牢房的墙面上都还完整地保留着当年犯人的压抑和痛苦的痕迹，每个细节都清清楚楚，这就让整个监狱的墙面作为一种文化意义上的现成品完美地加入到展览的叙事之中。

为了更直接地融入叙事，有些展览的"墙面"直接以展品的姿态出现在展厅之中，比如 2013 年首届北京国际设计三年展的"混合现实"展厅中，展览的空间设计师霍泽·凯柏建筑事务所（Holzer Kobler Architekturen）就用了几万双一次性竹筷搭起了一个巨大的 S 形"展墙"，既把展厅分隔成几个不同的区域，又塑造了一条蜿蜒而不间断的观众流线（图 5-20）。更加有趣的是，这个由竹筷搭成的"展墙"并不算太高，而且还有一定起伏，所以部分低矮的地方还可以当展台来使用。这个由竹筷构成的 S 形展墙成为该年以回收设计为主题的展览中的最引人注目的展品之一。再比如上文提过的在上海龙美术馆举办的"十五个房间"展，建筑师赫尔佐格与德梅隆（Herzog & de Meuron）用一个中庭长廊和两边有序排列的房间构成整个空间。中庭长廊顶头的墙是镜面的，观众站在中庭

图 5-20 竹筷搭成的展墙

长廊上的时候,看到的景象如同美国科幻电影《黑客帝国》中那个无限延伸的、没有任何性格特征的长廊一样——两堵镜面的墙虚构出了一个非常呼应展览主题的幻象。

在上述的几个例子中,墙面依然担负着分隔空间与规划流线的功能,但同时又成为展览中不可或缺的"展品",在叙事中也扮演着积极重要的角色。

(3) 墙的概念在展览中的演化

关于"墙"的概念与形态,千百年来人们在生活中已经做出了大量的探索与延展。从概念上来看,"墙"的基本性质是隔离。但隔离有很多种做法,如果能把人们在生活中探索出来的这些做法沿用到展览中来,就能带来多元的线性处理手法,也能丰富观众的参观体验。

第一种常见的做法是把"墙"概念中分隔空间与阻挡视线的功能进行拆分,或者对分隔空间与阻挡视线的程度进行灵活的设定。比如上文提到的竹筷墙,在不同的区段上高矮不尽相同,有些区段的高度只有1米左右,可以分隔展区,却不会阻挡观众的视线,在划出的参观流线之外又扩展出了一种节奏感很强的、半掩半现的全局场景。与上面这个例子相比,美国纽约绘画中心画廊(The Drawing Center Gallery)的画家弗莱德里希·凯斯勒(Fredrick Kiesler)的个展上的"墙"更统一,从分隔展区、划定流线的角度来说它可以算是"墙",但由于它非常矮,只有正常桌面的高度,所以也直接承担了放置画作的任务。这个亦"墙"也亦"台"的墙台就蜿蜒地盘绕在展厅中间,隔离了空间,塑造了参观流线,放置了展览画作,一举多得(图5-21)。

图 5-21 弗莱德里希·凯斯勒个展

就概念而论，河也是"墙"的一种。河也可以分隔空间，却不会阻挡视线（在古代，护城河的功能与城墙很接近）。2009年在中国举办的"设计的立场"巡回展中，我与另一位策展人琳达·弗拉森洛德（Linda Vlassenroad）希望每个内容单元都是相互独立的，但又不想失去由各个单元共同构成的场景的整体感。于是展览的空间设计师就采用了一种类似于"护城河"的隔离方式，在各单元区块之间用"河道"隔开（"河道"里是各种与主题有关联的照片），观众在展场空间中可以一览无余，同时也能意识到"河道"对单元的分隔和参观线路的建议（图5-22）。

照理来说，由于重力的原因，所有的"墙"无论高低都应当是从地面升起的，但也有例外，比如帘子也是一种"墙"，但却是从上往下垂挂的。位于格拉苏蒂（Glashuette）的德国钟表博物馆的一个展厅中就借用了"帘"的方式，在展厅中央设置了一圈从屋顶垂挂下来的柜子。这组柜子既可以放置展品，同时帮助规划了流线。当观众走近的时候，眼前就是一面展柜；当观众退远的时候，就会发现整个展厅的场景依然是通透的。与此类似，在第六届深港城市\建筑双城双年展的一个分展上，策展人姜珺用了从上向下垂挂的纸板来塑造观展流线和展示墙面，垂挂的纸板只覆盖了人的主要视线高度，而且墙面上还留出了一些"门"——观众的流线是在"穿墙"过程中实现的（图5-23）。

第二种常见的做法是在"墙"的实体性上做文章。如果能灵活地处理"墙"的透明度，就能在阻隔空间和融合场景之间找到需要的平衡。中国古代的江南园林就深谙其中之妙，通过漏窗、长廊、竹林等来营造丰富的观景变化。霍泽·凯柏建筑事务所（Holzer Kobler Architekturen）在"瑞士的愿望"（sWish*）

图 5-22 2009年"设计的立场"巡回展 　　　　图 5-23 纸板制造的流线和展示墙面

展览中用上万根木条钉出了回环的"篱笆墙"（建筑师自己把它叫作"愿望烟云"）来塑造流线与分隔展区（图 5-24）。无论观众站在展览中的哪个位置，透过"愿望烟云"的缝隙，观众都可以隐约地看到墙外的场景，整个观展层次就变得丰富了起来。

  自从人类发明了玻璃，就有能力实现全透明的墙体了。艺术家奥拉弗·埃利亚松就曾用彩色玻璃在丹麦奥胡斯美术馆的屋顶上建立了一个环形展厅（图 5-25）。观众在环线回廊中行走，玻璃的色彩变化就给观众提供了一个变幻不定的滤镜来俯瞰城市的景色。这里的"墙"虽然在物理层面上隔离了空间，实际上却给观众提供了一个观察的滤镜。更有意思的是，这个滤镜是双向的，城市街道上的人们也可以透过滤镜看到环形的展厅与里面行走的观众。"墙"两侧的人

图 5-24 "瑞士的愿望"中的"篱笆墙"　　图 5-25 埃利亚松 《彩虹全景》

们都既是观看的主体,也是被观看的对象。

　　当然,上述的两种方式只是无数种"墙"的概念延展方式中最为常见的。无论是在生活中还是在展览中,人们对"墙"的创造与延伸都是无止境的。设计师丹·罗森加德(Daan Roosegaarde)曾经在荷兰海牙的今日艺术节上展出了一面有互动功能的墙,这面墙由上百个风扇并置在一起构成,这些风扇会对噪声和运动产生反应(图5-26)。当人经过时,风扇就会运转起来,墙一下子变成了虚幻的存在。中国北京的多相建筑设计事务所曾设计过一个墙体作品叫作《穿墙术》,看起来就像一面很普通的墙,但整个"墙面"是由橡胶带缠出来的,人可以从任何一个位置很轻易地扒开橡胶带"穿墙"而过(图5-27)。由于橡胶带有很好的弹性,人穿越时并不费力,而当人穿越之后,墙也可以马上恢复原状。

图 5-27 多相建筑设计事务所 《穿墙术》

图 5-26 丹·罗森加德作品

5　隧道

在展览的线性空间营造中，依托于连续展示面的模式比较普遍。今天的很多展览比较重视人的体验，所以沉浸式的空间越来越受欢迎，隧道式的线性组织也开始进入人们的视野之中。所谓隧道式的线性空间，并不完全指空间一定是隧道的形状，而是指当观众出现在展厅空间的时候，在基本不需要横向移动的前提下就能同时观看四周的内容，所以在参观时只有纵向前进的移动，就像在一个隧道中行进一样。

要构成隧道式的线性空间，至少需要两个前提：

第一是环境条件。整个空间中横向的切面要窄，而纵向要深。切面窄就意味着观众相对于四周的距离很近，不需要移动就可以把这个切面范围的内容尽收眼底。而纵向有深度才能把观众的参观过程拉成一条前行的线。

第二是内容条件。管道的空间构成决定了观众是以一种站在场景之中的状态来观看每一个空间切面的，整个参观流程就是一个观众沿着场景纵深前行的过程——就像在看戏剧或电影一样。这就意味着展览的内容也必须参照这种场景构成来建立，否则就会造成内容构成与空间构成的冲突。

早先的博物馆展厅一般都有开阔而宏大的空间，但随着"博物馆"的泛化与文化展览进入社会空间之中，很多逼仄的空间也变成了展厅，隧道式的线性空间思考就有了用武之地。而且所谓的"隧道"也是浸入式线性空间的一个比喻，并不是要把观看的内容从过去的墙面扩展到从天到地的所有范围，而是注重观众与周围的紧密空间所发生的更宽泛、更多元的关系。而且，"隧道"中所有的场景切面都要被放置在整个观众行进路线所构成的蒙太奇结构上来考虑，因此，隧道式的线性空间注定体现的是一种动态的场景深入过程。

仍以 2016 年第 15 届威尼斯建筑双年展英国馆为例。这个空间原本并不是一个专业的展馆，就是一个家居的结构，整个的观展过程就在几个相连的房间中展开。每个房间中的内容都是把"家"这个概念跟一个时间区段联系在一起，比如"几个月的家""几天的家""几个小时的家"，等等。观众进入展馆之后就会依序在这些房间中参观。因为展览内容是围绕着"家"这个概念来展开的，所以这些房间并不只是放置展品的空间，而是与里面的物品共同构成了一种"空间性展品"，观众将依序走进这些"空间性展品"之中，分别体验对"家"这个概念的不同演绎。事实上，当观众按照既定的顺序在这些房间中穿行参观的时候，就相当于行进在一个沉浸式的隧道之中。

在 2019 年北京世园会的植物馆里有一个沉浸式展厅，主题是关于红树林生态（图 5-28）。展厅其实是矩形的，并不是一个隧道的形状，黑暗的展厅里没有任何灯光，完全由墙面上的投影与镜面来塑造。当观众进入展厅中的时候，就进入了一个由红树林和鱼类、飞鸟等组成的幻境。在这个幻境中，观众几乎完

图 5-28 世园会植物馆沉浸展厅

全失去了对空间形体的判断,而是在这个幻境中游荡,直到他按照墙角的指示或在工作人员的帮助下从出口离开。在这段体验中,无论观众朝任何方向行走,也无论行走的路线长短,参观的方式都是一样的——在一个场景中向纵深前行,就像在隧道中一样。

从这个案例中我们可以看出,展厅是什么形状并不重要,只要观众走进一个沉浸式场景之中,就近的空间呈现浑然一体的状态,观众就能在行进中建立起隧道式的参观意象。

6 观众流线

(1) 平面空间中的观众流线

在空旷的展厅中,如何用"墙"来隔出线性的空间呢?展览叙事的需求各不相同,展厅的线性空间也就千变万化。但归纳起来,都出于两个基本原理:线性折叠与环形间隔。最标准的线性折叠方式是把整个展厅折叠成一个持续不断的线性空间。当观众走进展厅入口之后,顺着空间向前走,一直走到出口,不会错过什么,也不会走重复的路。最标准的环形间隔方式则是在展厅中央落上一个"岛",一下子就把展厅分隔为一个环形的空间,观众同样可以转一圈之后再回到入口的位置。在实际的操作中,依托线性折叠与环形间隔这两个原理可以做出非常丰富的变化,而且在大多数情况下这两种做法都会被结合起来使用,可以进一步变幻出更复杂的线性空间结构。

2008年在中国五个城市巡回展出的"社会能量——当代荷兰交流设计展"

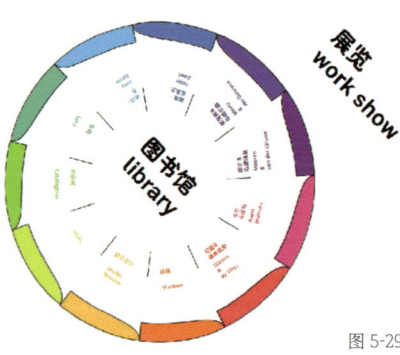

图 5-29 "社会能量—当代荷兰交流设计展"平面图

的空间结构就结合了线性折叠与环形间隔方式（图5-29）。出现在展厅中央的是一个"岛"———一个向四面开放的"档案馆"，四周则是依次排列的十一个小展厅，每个小展厅都呈现一家平面设计工作室的作品；在每个小展厅中央也有一个"岛"，把小展厅也同样塑造成了一个环形间隔的空间。在这个双重环形空间结构中有两种不同的参观流线可供选择：第一种流线体现的是每个小展厅与位于中央的"档案馆"之间的单线联系，方便观众查阅设计作品与背后档案之间的联系；而第二种流线则是沿着外环在十一个小展厅中依序穿行，方便观众来对这十一种设计思维与风格进行比对，以形成一个对当代荷兰平面设计的总体印象。观众既可以选择其中任何一条流线，也可以随意在这两种流线之间切换。

  如果说上述这个案例是以一个环形间隔结构为基础来展开，那么位于深圳大梅沙的万科博物馆的展览就是以两个贯穿在一起的环形间隔结构为基础进行变化（图5-30）。这个博物馆的空间主要是由两个相连接的大厅构成的，从第二个大厅又延展出去若干个小厅。这里原本已经有了展览，新的策展设计团队对其进行了全面的改造：首先是把第一个大厅定义为讲述历史发展的展厅，把第二

图 5-30 深圳万科博物馆流线图

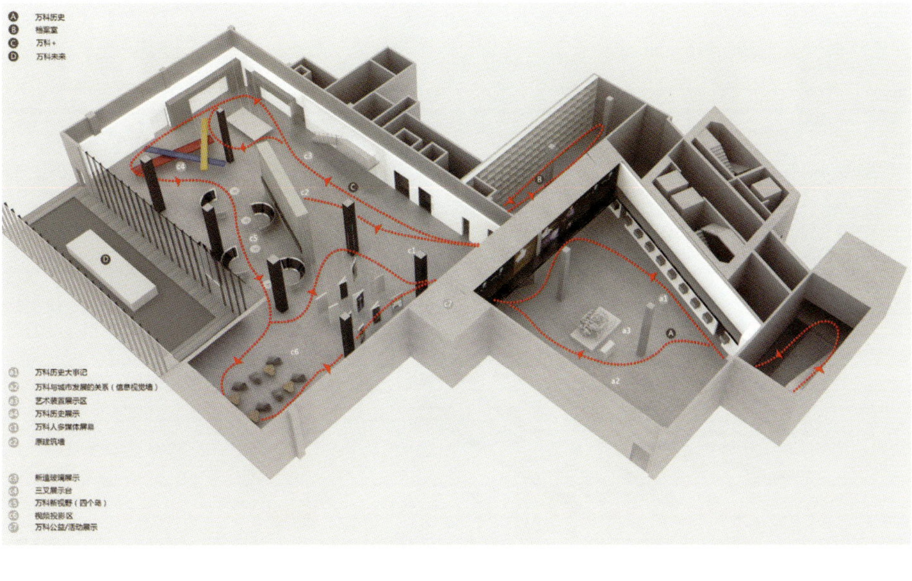

个大厅定义为讲述主题的展厅。在第一个展厅中，运用了典型的环形间隔原理，把原本比较凌乱的展品全部收拢在四周墙面与中心岛之中——中心岛是把所有与企业历史记忆相关的展品整理成一个带有强烈艺术表现力的装置，而四周则是线性展开的企业编年史与社会媒体对企业的看法。在第二个展厅的中间有一段斜墙，之前的展览用这段墙来播放影片，新的策展设计团队把它保留了下来，继续用作环形间隔的中间岛，同时还在其一侧另建了几个不同样式的小岛，让参观流线变得更加丰富。四周墙面则是一种丰富的线性折叠——把原先复杂的小厅格局进行了简化，又根据空间状况增设了几个新的小厅，连窗外的天井空间也被当作一个小的临时展厅来使用。

环形间隔与线性折叠的做法不光可以"结合"使用，在很多情况下还可以

图 5-31 2013 年上海当代艺术设计展"界面之城"

"重合"使用。比如在2013年上海艺术设计展的"界面之城"展厅（图5-31）与2011年北京国际设计三年展的"混合现实"展厅的中间，各有一个巨大的岛，分别是一座可以来回穿行的城堡与一条环绕的龙形结构——巨大的线性折叠装置同时也扮演了"岛"的角色。这样一来，折叠结构中的线和环形结构的线串联在一起，构成了一个非常实用的展览空间流线。

在博物馆的常规矩形展厅中，通过环形间隔与线性折叠这些做法，就可以把一眼望穿的空旷空间拉成长长的参观流线。今天，随着越来越多的现成社会空间被改造为新的博物馆，展厅空间的形态也变得五花八门，这时就需要展览的创作者在塑造流线的时候能够做到因地制宜。环形间隔与线性折叠这些原理如今依然有效，而一切要看创作者如何去灵活运用了。

（2）空间落差中的观众流线

大型的展览往往不会只有一个展厅，而是会分布在整栋博物馆的空间之中。展览的流线也就不只是在一个平面空间中展开，而是会贯穿在各个楼层之间。这样一来，流线就不再是一种平面的状态，而是呈现一种立体的关系。

所谓立体的观众流线，与观众需要通过爬楼梯或乘坐电梯来转换楼层无关，也不在于参观流线中会有高低起伏，因为这些变化中反映出来的，只是在一条参观流线中出现了过渡功能空间或场景切换而已，从本质上来看，依然没有脱离平面化的线性空间概念。立体流线更应该关注的是由于参观流线在不同的楼层或不同的空间标高中穿行而带来的在平面流线中不可能出现的特殊变化。

假定展览的参观流线是直线向前，或者一个线性空间除了前行与后退之外都是封闭的，那流线是在一个水平面展开还是在不同的楼层中展开几乎不会有任何区别，因为当观众站在参观流线上的任何一个点上看到的都是为此位置而专设的内容与场景。立体流线真正的特别之处在于：当流线产生交错的时候。

- 流线交叉带来复合视角

在博物馆里，为了有效利用空间，参观流线往往都是在空间中回转交错的。当流线交错与不同高差结合在一起，就会给观众的视角带来意想不到的丰富变化。以弗兰克·劳埃德·赖特（Frank Lloyd Wright）设计的纽约古根海姆博物馆（the Solomon R. Guggenheim Museum）为例，建筑师把整个博物馆的参观流线设计成一个连续不间断的螺旋流线，观众参观时先乘电梯到最上层，然后顺坡而下，在3%斜度的坡道上走完六层的高度，同时也看完整个展览。由于空间落差的原因，观众站在这条螺旋流线上的任意一点，都能够从平视或俯视的角度看到中庭对面或者其他楼层的部分景象，让参观过程变得更加有趣。由荷兰建筑事务所 UN 工作室（UNStudio）设计的德国奔驰博物馆同样采用了螺旋向下的参观流线，不过他们设计的是双螺旋流线，参观的视角变化更加丰富，而且还给观众在不同的楼层切换流线提供了机会。

由奥地利建筑事务所蓝天组（Coop Himmelblau）设计的深圳当代艺术与城市规划馆的参观流线则更加复杂（图5-32）：首先，巨大的中庭把当代艺术馆与城市规划馆分成两半，两侧的空间可以通过三层的平台与五层的天桥进行连接。规划馆的展厅是开放式的，因为楼层高差的原因，无论观众是站在五层的天桥上，还是坐在中庭的平台上，或者在三层参观艺术馆，都可以看到不同视角下的规划馆展览的景观。而且，城市规划馆这一侧几层之间的楼面布局是相互错位的，这样从上面楼层的平台处也可以用俯视的角度看到下面楼层平台上的展览。更有趣的是，每层的楼面与外墙之间有巨大的通高空间，在整体的参观流线中，观众可以在每一层不时遇到同一件展品——当然是从不同的角度。

图 5-32 深圳当代艺术与城市规划馆空间结构图

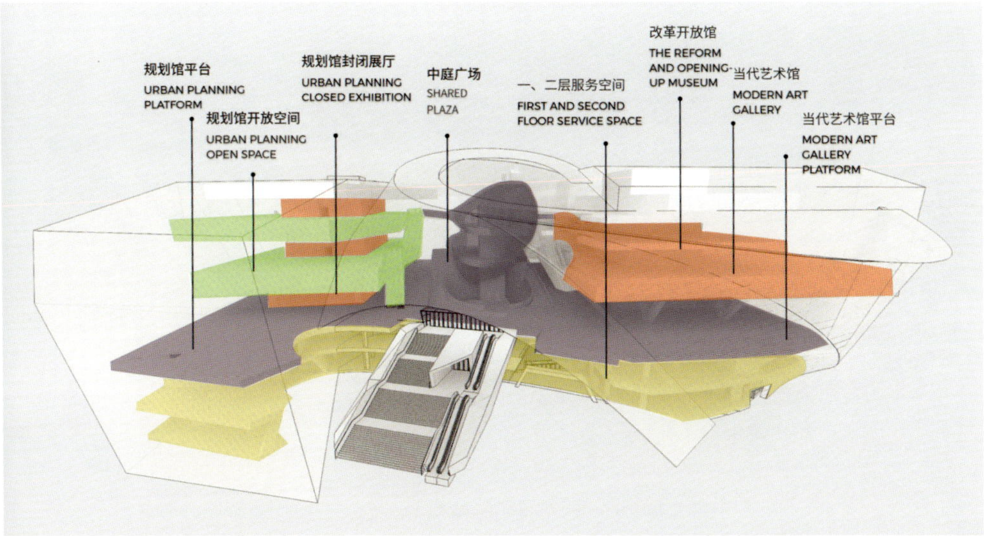

- 流线重合营造复合场景

　　博物馆中的空间往往很高大，在有多个楼层的情况下，博物馆也会出现一些通高的空间。如果展览的回环流线在此相互重合，就会出现营造共同场景的机会。

　　仍以深圳当代艺术与城市规划馆为例，由于规划馆这一侧三至五层的楼面布局是相互错位的，所以在西侧的大平台处就形成了一个巨大而层叠的三层通高空间。而且由于每层的参观流线也都回环在楼层之间，所以整体的参观流线会三次经过这个通高空间。展览的创作者们利用这个巨大的通高空间创作了叫作"鹏城透镜"的巨大装置，这个装置是由一个放置于三层平台上的圆形城市沙盘，一面斜挂在三、四层之间半空中的新媒体透镜与一个在四、五层之间的即时互动信息瀑布共同构成（图 5-33）。当观众走到三层平台上，主要观看的是圆形城市沙盘，但同时也可以抬头观看新媒体透镜的底面，两者的内容是相呼应的；当观众站在四层平台上往下看，得到的是透镜与沙盘相重合的画面，可以通过

图 5-33 深圳当代艺术与城市规划馆 "鹏城透镜"

透镜上的电子图解信息来了解深圳城市相关的更多内容；而当观众来到了五层平台，通过操控台与飘在空中的几个透明屏幕，可以与预先设定的话题进行互动。在整个参观流线上，观众在不同的楼层上进入了这个空间三次，看到的是完全不同场景，读取的也是完全不同的内容。

湖北武汉的张之洞与武汉博物馆的馆内空间结构非常特别，在一层入口与二层的功能空间之间有一个比较狭小的通高空间；而三、四、五层呈扇形的主要展览空间则更像一个剧院式的格局：三层扇形的中央是一个巨大的平台，博物馆的建筑师丹尼尔·里伯斯金（Daniel Libeskind）希望这里能够成为一个公共的活动场地，不但从三层而且从四层与五层展区流线上的每一段也都能看到这里正在举办的活动。展览创作团队也充分利用了参观流线上的这两处通高空间：在一至二层的通高空间里出现的是一个向上生长的、叫作"通衢之光"的艺术装置（图5-34），观众从一楼看到的这一装置是对于张之洞在武汉炼钢与铁路成就的表达；而到了二楼，看到的则是今天的武汉作为一个现代大城市的意象。而在三、四、五楼扇形中央开阔的通高空间，创作了一个巨大的、用铁轨制

成的圆环,从三楼与四楼之间贯通而过。这个巨大的铁轨圆环寓意的是往返对开的京汉铁路上的火车,几乎从三层到五层的任何一个视角开阔的位置都能看到。如果走近之后还会发现,铁轨内侧通过电子方式呈现的铁路站名一直在往前走,甚至还能听到火车驶在铁轨上的咔嗒声。

(3)生活空间、互联网空间与观众流线

为什么展览中需要设置参观流线?因为要靠它来实现三个功能:一是有效地利用展厅空间;二是塑造一个前后衔接紧密的叙事结构;三是对观众进行疏导与管理。在传统的博物馆展厅中,参观流线往往都会兼具这三个功能。然而,随着博物馆在各种社会空间中自由生长,以及互联网在展览中的深度运用,展览参观流线的构成与意义不断在发生新的变化。

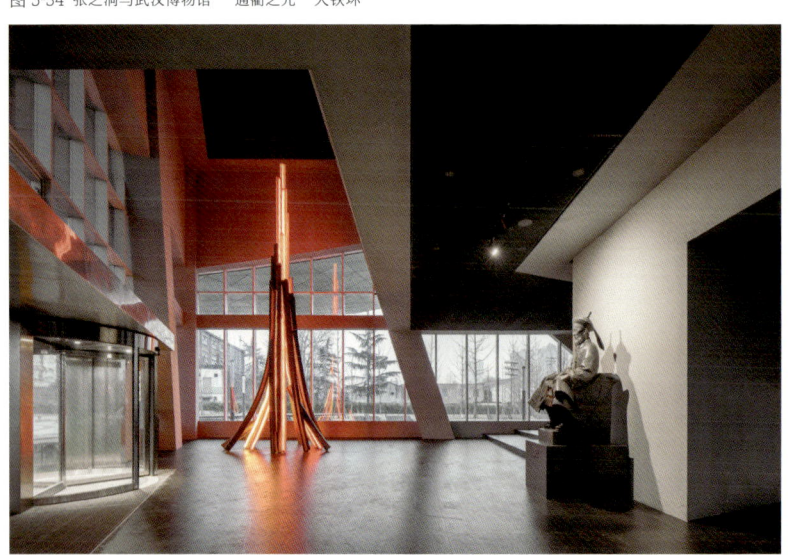

图 5-34 张之洞与武汉博物馆 "通衢之光""大铁环"

其实只要展览在一个专门的展厅中举办,观众流线就是有效的。但如果展览发生在生活空间尤其是分散的生活空间中,环境条件就完全不同了,流线该如何设置呢?甚至流线这个概念还能成立吗?如果答案是肯定的话,它的意义又体现在哪里呢?

如果展览被分散在城市的不同生活空间中,就意味着参观流线不再是一条"实线",而成为一条"虚线"。之所以称为"虚线",有两层含义:一是展览空间是分散的,如果观众要参观整个展览,流线就注定要在展览空间与现实生活空间中多次切换;二是散点的展览空间布局决定了地点与地点之间的连接并不是完全固定的,观众完全可以根据自己的兴趣喜好来决定参观的顺序,也可以自愿选择参观的内容,如果是这种情况,流线就不是一种可以预先确定的东西,而是一种观众自行选择的最终结果。当然,有时候策展方还是会采取一些措施

把流线固定下来,比如把其中的某一个地点设定为展览的起点;如果整个展览空间分布的区域不大,可以通过路径导识来帮助观众确定流线;如果距离较远,还可以通过专门的交通工具进行接驳,等等。

当展览分布在不同的城市空间,从整体的角度上来看,流线的设立就不再与有效利用展厅空间的目标相关;因为展览的"入口"和"出口"到处都是,所以对观众进行疏导与管理的价值也几乎不存在了;因为展览空间是分散的,通过参观流线来建立"致密"的叙事逻辑也行不通了。当然,叙事不会消失,流线也依然存在,只是与原先在一个展厅空间中的状态全然不同了。

首先,这种流线体现的是一种"虚"的连接,流线中间的"空白处"注定会插入城市日常生活的片段;其次,如果展区分布在不同的城市空间中,每个展区的内容都可能(或应该)跟所在的城市空间产生对话,出现在那里的展品会与所在的城市空间共同构成某种场景。这就意味着,现实生活中的某些元素、片段或场景也被纳入整个展览叙事构成之中,反过来说,展览作为一种文化事物也被纳入现实生活的构成中——文化空间与生活空间、文化叙事与生活叙事之间的界限变得模糊了,或者说重叠在了一起。文化叙事不再是一种独立而致密的连贯性事物,而呈现一种"云雾"状态。展览的参观流线也就此变得含混了起来,或虚或实,若隐若现,"虚线"也就拥有了串联文化与生活的现实意义。

与城市生活空间作为展览空间相比,我们对互联网空间作为展览空间还了解甚少,从参观流线的角度来看,互联网空间与一个真实的物理展厅空间的结合方式大致可以分为两种。

一种是从展览流线上的某一点向互联网空间延伸,把互联网展览空间当成展厅中展览的一种补充或延伸。展厅中的流线并不会因此受到影响，因为无论观众从哪个位置"离开"，还是会从哪个位置"回来"，所不同的只是可能在这个位置上停顿的时间会更长而已。如果从整体的展览叙事流线来说，这或许更像一种类似"树杈"的结构，展厅中的流线就像那根主干，而每一条向互联网空间的延伸都是一条伸出来的枝杈。当然，通过互联网也可以联通展厅之外的其他空间，但这个流线的结构并不会因此而改变。

另一种是通过互联网，把虚拟的叙事编排、真实的物理空间存在，以及观众的行为进行即时互联（原理就像2016年风靡世界的那款AR游戏Pokémon Go一样），其本质就是在一个物理展厅之中装入或增加虚拟的内容与场景，观众将全部或部分地按照虚拟出来的内容与环境做出行为上的反应。所谓的参观流线，虽然也会遵照物理空间的结构与尺度，在物理空间中发生，但从本质上来说，更是一种在虚拟空间中发生的行为，受到那个虚拟空间规则的管理与制约。

上面列举的两种观众流线的分类只是根据当前在展览中能够普及应用的互联网技术水平所做的。可以想见，随着技术水平的持续进步，未来的情况远不是现在所能预料的，唯一可以确认的是，它注定会比今天要强大与丰富得多。

六 展览叙事中的真实

　　文化的"叙事"不同于现实中的"发生"。在现实世界中发生的，我们天然就认定它是真实的。而叙事是人通过某种语言创造出来的，总是难免会掺杂叙事者的主观因素在内，何况就算叙事者抱着完全客观的态度，也会由于观察与认知能力的限制而无法完全匹配人们认为的那种真实。像小说、戏剧与电影等其他的叙事形式或可自由地玩味与真实之间的关系，而博物馆中的展览叙事却一向被认为必须是真实的。那这里的真实到底指的是什么？它是由什么构成的？展览叙事又该如何达到真实呢？从某种程度上说，要谈展览叙事，就需要从真实这个最根本的命题开始。

（一）在客观存在与主观认识之间的真实

1　谁的真实？什么的真实？

当我们谈论叙事的真实性的时候，指的是谁的真实？什么的真实？

从博物馆展览叙事诞生起到今天，其发展过程中真实性的所指并不是完全一致的。如果概括起来，可以分成三个阶段（或者说三种类型），分别对应着物的真实、知识的真实和人感觉的真实。

（1）物的真实

现代社会早期的博物馆展览大多是珍稀藏品的集合展示，展览叙事的真实性主要指的是物的真实性。但准确地说，在这里，叙事的真实性是由每件展品与其所指代的意义的联系共同构成的。比如说展品是一件明代的官窑瓷器真品，展签上注明的信息也是准确无误的，那么这个小叙事就是真实的。如果同样还是这件明代展品，但展签上标注的年代是宋代，从真实性来讲，这个小叙事就不成立了。当然，如果展品本身就是赝品，叙事的真实性就更不存在了。但反过来说，如果展品是仿品，但在展签上做了注明，也就是说，并没有以假充真，而是在不具备展示真品的条件下，尽量让观众通过仿品能够领略到真品的部分真实情况，观众也通过展签说明意识到了这个叙事的构成和范围，那这个"不真实"的叙事反而成了一个"真实"的叙事。

直到今天，像藏品展这种类型的展览基本上还是以单个展品和相关说明构成的小叙事为基础。整个展览就是很多这样的小叙事的集合，相互之间可以各自独立，也可以通过在同一个空间中出现或者有目的的流线安排而形成一定的集合意义。但总的来说，物与其注解之间的关系才是最紧密也是最基础的关系。

（2）知识的真实

进入现代社会之后，博物馆展览就开始承担起普及知识的社会责任。在很多博物馆中，展览叙事的基础已经不是藏品而是知识，展览叙事的真实性命题也就随之转移到针对知识而言了。

由于知识是展览中最核心的东西，所以展览叙事该如何安排就要看怎样才有利于更好地呈现知识。一般来说，现代知识系统都比较复杂，所以展览叙事的结构往往比那种以物为中心的展览要复杂得多，比如在自然科学博物馆的展览叙事中，会有很多有趣的动植物标本，有壮观的恐龙化石，也有很多非常具体的知识点，等等。但展览叙事最终呈现的整体结构都在参照达尔文的进化论，而标本的分类安排则往往是以林奈自然分类法为基础的。

由于这类以知识为中心的展览叙事的真实性更多在于其所依托的知识体系，所以物的真实性就显得没那么重要了。何况在这样的展览中，物的构成也变得丰富起来，并不一定都是作为真实历史的遗存出现在这里，更多是作为一个知识解释系统的组成部分,参与构建一套行之有效的展览叙事语言体系。

(3)观众感觉的真实

两次世界大战之后,整个世界都对现代主义式的乌托邦理想产生了怀疑,人们对任何过于强调统一性的陈述都失去了信任。再加上知识与科技的快速更新与迭代,博物馆的展览叙事就不一定再以某个稳定的知识系统为依托了,而且此时博物馆的关注点也不再拘泥于社会理想、国家前途、历史命运、知识真理等这些宏大的社会命题,而更愿意去关注与日常人生相关的命题。更重要的是,博物馆进一步放低了姿态,不再简单把观众视为某种叙事的受众,转而视观众为展览叙事应该围绕的中心,于是,博物馆展览叙事的真实性命题再次发生了转变。

当观众成为展览叙事的中心,就意味着展览叙事的核心考量变成了观众会从展览中获得什么。也就是说,整个展览叙事的构建,无论是内容还是手段,所参照的不是某个客观存在的对象,而是观众在现场的参观过程,以及最终观众从参观过程中所得到的结果。展览叙事的真实就变成了观众感觉的真实。

在这次转变之前,当人们在讨论展览叙事的真实性的时候,一直遵循着一条铁律——以客观世界或对客观世界的认识为基础。当观众感觉的真实变成了展览叙事的依托,对展览叙事的结构造成的影响几乎是颠覆性的:首先,当叙事不必再去对照某个客观存在,那可能就不会再去纠结所谓虚构与真实之间的差别——因为一切都是从观众的感受来出发的,这虽然可能会导致展览叙事远离客观存在的真实,但却也会因此促使展览叙事把真实的考量更多地放到"现场发生"这个层面上来,从而进一步发掘出"叙事"这一行为本身的价值;其次,当观众的感受成了真实所针对的对象,就会促使展览叙事专门针对观众的感官系统进行创作,展览叙事的语言系统也会得到进一步的开发。

从物的真实、知识的真实到观众感觉的真实,尽管展览叙事这三种真实的类型出现的时间有早有晚,但今天我们依然能看到它们在发挥作用。在很多展览中,它们也不是孤立存在的,而是会交织在一起,让真实成为展览叙事中的一个变化莫测的维度,也为展览创作留出了游刃有余的发挥空间。

2　对真实的修补与升华

如果我们把真实定义为客观世界的存在,那任何叙事都无法真正去复制它,只能记述与表达人对它的感知与认识。叙事是人类文化行为的一部分,而文化,用齐格蒙特·鲍曼的话来说"是一种悬而未决的东西"[44],具有天然的"创造性和规约之间的矛盾性"[45]。也就是说,客观存在只是"文化世界"[46]认知意义的基础,文化在实践中一直作为一种反抗和改变客观存在的动力而存在。

由此可见,我们探讨展览叙事的真实性的时候,并不需要过分纠结与所叙之事的原初状态的一一对应问题,反而应集中在人对事的重新认识这个区间来展开,同时也不应忽视文化作为一种反向的牵引力的存在。展览叙事的"真实性"维度其实是一种复杂且模糊的状态,但如果我们仍然是以事的客观存在为蓝本的话,就可以把它分成三个区间来分别讨论:

第一,从见证者和博学者的角度出发,在事实"残片"的基础上对真实进行修补。

第二，从思想者的角度出发，在了解真实原事的基础上，穿越表象，跨越历史的藩篱，寻求更本质的普遍意义，或者实现诗性与美学意义上的升华。

第三，从创造者的角度出发，基于已有的历史元素，突破现实世界的不合理的规范关系，通过对"已然"的质疑，寻求更好的"或然"的可能。

（1）对真实的修补

所谓对真实"修补"，指的是在原事发生或出现之后留下的"残片"（比如历史事件中的遗物）能提供部分叙事的基础上，通过展览创作来扩展缺失的部分，弥合成一个整体，实现对原事的忠实叙述。但原事发生的时空现实是不可能真正被还原的，何况原事指的并不一定是一个独立的事件，也可能是人在复杂世界中发现的事物在某种意义上的关联：它从未发生，只是存在而已。因此展览叙事更像是一种"编织"行为——利用"残片"和其他可信的资源，再加上符合逻辑的推理和合理的虚构，在展览叙事特有的格式下，"编织"出一套能够影射原事的、并且能被观众感知到的真实。

叙事对真实的"修补"都是通过叙事者的视角来呈现的。在传统展览中，叙事一般会从两种不同的视角出发，一种是博学家（这种分类法在小说、戏剧和电影等叙事方式中很常见）的视角，另一种是见证者的视角。博学家带来的是全知视角，让观众能够从各种局部和碎片之中把握住事情的整体脉络关系，就像美国文学理论家罗伯特·斯科尔斯（Robert Scholes）在《叙事的本质》中所描述的："他是一位孜孜不倦的调查者和分析者，一位冷静公正的评判员——简单地说,就是一位权威人士。他不仅可以按照自己的原则对事实加以呈现,而且也可以围绕它们展开评价、比较、训诫和归纳,告诉读者该何所思,甚至暗示他们该何所为。"[47]而见证者带来的是亲历的视角,往往会倾向于对事情中可见的层面如形象、场景、事件过程等进行复制,目的是让观众也能"身临其境",体验原事"发生"的状态或过程。在有些情况下,见证者还会附身在现场或事件中的某个角色身上,让观众的体会变得更加生动。

博学家与见证者这两种叙事视角虽各有所长,但也各有所短。见证者视角长处是很生动,但却会陷于事情的局部或本体,缺失的是冷静观察、综合思考及全面的认知,博学家视角则恰好相反——针对"真实"而言,两种视角都不够全面。因此,在大多数展览中,见证者与博学家这两种叙事视角往往会共同出现,在过程中被穿插使用。当然,为了营造更丰富的内容或体验层次,以及获得更全面的、更准确的理解,有的展览也会出现多个角度的见证者(或亲历者),更复杂的情况是出现多个博学家。更多叙述视角的出现,会让叙述逻辑的"编织"更加细密,也能更好地补足缺失,更贴近事物的真实状况。从叙事的角度来说,我们想要接近的真实,不可能通过一个"长镜头"来看到,而只能诉诸于一场"蒙太奇"。

(2)对真实的升华

叙事中的真实,往往指的是对曾经的存在进行忠实的呈现,但这种呈现针对的其实只是真实中的一个层面,而且是最表象的一个层面。如果仅仅止于此,我们就把叙事的行为机械化了,也把叙事的意义浅薄化了,就正如剧作家罗伯特·麦基（Robert Mckee）所指出的："大写的真实位于事件的表面现象之后、之外、之内、之下，或维系现实，或拆解现实，不可能被直接观察到。由于作者只看到了可见的事实，反而对生活的真实茫然无视。"[48] 其实我们叙事的目的并不在于要返回某个旧世界，而是借助叙事的回顾过程来突破具体事实和经历的羁绊，进行一次更深刻的思考，甚至是走进思想性与哲学性的层面，把对万千世界各种具体存在的认识跟我们自身的存在状况联系起来，寻求世界的普遍原理和生命的本质意义。

这种思想性趋向在人类创造的各种叙事形式中都普遍存在，它让叙事呈现出一种寓言式的结构：从具体层面上来说，像是在讲一个生活故事；而从抽象层面上来说，则是在讲一种普遍认识。就像"农夫与蛇"故事的背后其实讲的是恩将仇报；"刻舟求剑"故事背后其实讲的是死守教条与不知变通；小说《红楼梦》看似用极其写实的手法描绘了大观园里的一段青年男女们的爱情故事及官宦人家的生活状态，但小说中埋藏了大量的隐喻（通过人名、诗句等），以致有些研究者推断它影射的是明亡的历史，整个故事从繁华开始，到苍凉结束，也是在嗟叹被命运束缚下的人物终究是"赤条条来去无牵挂"——颇有几分禅宗看世界的意味；再比如塞万提斯的名著《堂·吉诃德》，表面上看讲的是堂·吉诃德的荒唐想法和经历，但其实提出的是一个人生中永远解决不了的难题：理想与现实之间的矛盾。甚至，塞万提斯通过大量极端的描写（如挑战风车）和夸张的对比（堂·吉诃德可笑的理想主义与桑丘可笑的实用主义）反过来向我们提问：荒唐的行为就意味着荒唐吗？看似实用的人生不荒唐吗？在现实的世界与人生中，什么才不是荒唐呢？

展览从最初只是作为一种物的展示行为，慢慢进化成一种综合性的空间叙事形式，其思想性趋向也在逐渐强化与清晰。与其他的叙事形式相比，展览天然擅长于表现形象上的写实，呈现事物在直观层面上的具体细节，但反过来说，这种过于陷入具体真实的特性也在一定程度上制约了展览在思想性上的成长，直至今日，就整体而言，展览叙事在思想性的体现能力与文字、影像、戏剧表演等成熟叙事方式相比依然有很大的差距。但从另一个角度来看，展览的具体和写实的天然特性也可能会强化写实故事和抽象思想之间的张力，就像位于荷兰阿姆斯特丹著名的安妮博物馆（Anne Frank House，图6-1），利用犹太女孩安妮在德国纳粹统治期间藏身过的房子这种极其写实与独特的体验，结合非常精细的日常记录，向观众生动地呈现出一个犹太小女孩在纳粹迫害下藏身在一栋房子的夹层里求生存的过程，和其极端心理历程。由于叙事条件得天独厚，因此整个故事讲得非常成功，与此同时，生动的展览背后隐藏着的是对种族迫害的反思，无需一语但一切却已经自然浮现。从叙事的角度上来看，这可能比任何针对抽象思想的表达都更有效果。

随着社会的发展，与其他叙事形式相比，展览在语言综合性上的优势越来越明显，在社会文化生产体系中的角色也越来越不可替代。展览叙事已经成为先锋文化思想表达的重要途径，比如在世博会与各种双年展上，我们不但可以看到各种有价值的主题与叙事，也能看到各种极具实验性的、甚至是异想天开的新思想。

如果说人们借助理性可以在叙事中突破真实的表面层次，走入思想性和哲学性的空间，那感性同样也会帮助人们跳出功利与实用的束缚，用一种超脱的

图6-1 安妮博物馆

心理状态来关照对象,从而建立起另外一个理想空间——审美的空间。何况叙事虽然在反映客观存在,但叙事本身更是一种主观存在——而且是由人创造出来的,所以人们会天然地在叙事中表现出美学性趋向。比如小说会在平庸的事实中发展出"传奇"的故事;诗歌会大量地利用人情感的投射,以及文字的"修辞"建立起一种超然的境界;戏剧、电影与展览这类以视觉为主的叙事艺术形式中,美学性趋向就会表现得更加直观一些。哪怕是一些看起来非常写实的做法其实也有人的审美参与,比如形象上的所谓真实——"惟妙惟肖"与"栩栩如生"往往都融入了创作者的印象与理解;而像京剧《三岔口》这样高度概括的叙事中,与叙事主旨无关的事实部分都被大刀阔斧地砍掉了,只余下三个角色的状态,然后再通过突出三个角色的扮相与动作强化了叙事的特征与美学意味;再比如电影主要用镜头语言来叙事,但同时也建立起一套成熟的镜头拍摄与剪辑的审美方式,无论是表现细腻的情感、残酷的战争还是严谨的纪实,都能够做到得心应手,让写实性与审美性并行不悖。审美的介入并不会让观众觉得电影失去了真实性,反而还会感觉电影比事实还要真实。

与其他的叙事形式相比,展览最突出的特点是以真实的物理存在来叙事。除了对展品的社会功能进行认知之外,对展品进行欣赏与审美也是展览的重要意义之一。因此,展览的设计往往会通过营造现场环境来突出展品的审美价值,比如在一个古代玉器或瓷器的展览上,除了其考古学和历史学的价值的呈现之外,展品的审美价值也同样重要。在静谧的展场空间与明亮柔和的光线下,观众可以更好地去欣赏玉器与瓷器的质地与色泽——这是一个非常纯粹的审美过程。再比如大多数自然历史博物馆里都会展示大型恐龙的骨骼化石，这往往是观众，尤其是小朋友们最喜爱的展品。虽然只留下了骨架，但恐龙的姿态会定格在其最有特征的一面：长颈龙会突出脖子的长度；而霸王龙则会张开血盆大口对着观众。恐龙骨骼化石的残破配上巨大而生动的身型，就会散发出一种摄人心魄的美。从某种程度上说，博物馆也是一个呈现人类审美能力的地方，不管任何性质的叙事都可以通过审美来升华其精神价值。比如美国纽约的"9·11"国家纪念博物馆（The National September 11 Memorial and Museum，图6-2），叙述的是一个非常悲伤的历史事件。展厅中保留了不少世贸双子大厦在经历撞击与燃烧之后的残迹：一片残破的建筑外立面像一排刚浴血奋战过、满脸疲惫但目光坚毅的战士那样笔直地插向天空；一条条大楼建筑的钢筋结构经过高温燃烧之后像一群正在经受折磨的受难者那样肢体扭曲地向外伸开双手；一段已然残破不堪的大厦楼梯与观众乘用的自动扶梯并置，喻示着有些足迹不会因为灾难而消逝，它永远会在那里与我们同在……

图6-2 "9·11"国家纪念博物馆中保留的燃烧之后的残迹

（二）叙事现场与现实世界之间的真实

德国戏剧家席勒有一句经典论断："一切叙述体裁使眼前的事成为往事，一切戏剧体裁又使往事成为现在的事。"[49] 从表面上看，这个论断点出了叙述体裁和戏剧体裁截然相反的一面。也就是说，叙述可以把近处的事推远，让人从各种利害相关的细节中抽离出来，通过制造一定程度上的隔离和陌生化来破解生活中常见的"熟视无睹"现象，以形成新的观察；而戏剧则可以把远处的事拉近，通过演绎，把看似过于久远、与己无关的事与当下观众所处的时代与环境连接起来，挖掘出其内在的某种共通的东西，并进一步把它强化出来。其实席勒除了点出叙述体裁和戏剧体裁的不同之外，还暗示了两者所共有的一面——通过"叙"的手法可以营造出观众与"事"之间的适当距离，只是在叙述体裁与戏剧体裁中用力的方式截然相反而已。

如果按照席勒的定义法来判断的话，展览可以算是同时兼具了叙述体裁和戏剧体裁两种属性：一方面，展览往往有预设好并打算呈现的内容，因而就有了叙述"往事"的性质；另一方面，展览又是对"往事"的重新演绎，创造了一个再发生的新现场，因而又成为了"现在的事"。在这个一推一拉的游戏之中，展览就能自由地游弋在"往事"与"现在的事"之间。如果距离太远，就造出一座桥梁，或形成某种共鸣，把旧现实与新现实衔接起来；如果距离太近，就在现实之外隔出一段距离来回看这个现实。对于展览叙事来说，"往事"永远留下的只是背影，如果我们把叙事的真实性定义为要将往事重现，那无论如何努力，恐怕最终都只是水中捞月。展览叙事中真正产生"真实"意义的是"叙"这个行为：它既可以拥有文化意义上的当代性，也同时具备社会行为上的真实性；它既包含了当代人对过去的思考（思考本身就是真实的），也包含了对今天启示的寻找；它看似是回顾"过去"与"他们"，但真正的重点却是"当下"与"我们"。最终，展览叙事将会以寻找真实的名义，回到我们自身。

1　往事与当下现实的共振

从展览的内容来看，无论是遥远的事，还是眼前的事，叙事本身都需要跟当下的现实世界保持一个适当的距离：在这个距离之下，叙事与现实世界既不能完全脱节，也不会直接相连，两者之间必然存在某种一致的东西，通过观众的通感与联想，在叙事与当下现实之间产生出一种"共振现象"。

遥远的事对于当代观众会更有新奇感，但在表象上（甚至在整体上）与当下现实之间会有很大反差，很难形成通感与共振。因此，叙述遥远的事的关键就是要找到可以与今天共振的频率点在哪里。其实答案从那些流传千古的名著中就能找到：叙事在剥离了具体的情节与内容，去除了历史、地域、文化等外在因素之后还剩下的东西，就是人性与世界的本质问题。莎士比亚在 16 世纪末写的很多名剧一直传唱至今,甚至还演绎出各种各样的新版本,就是因为在这些叙事中精练地呈现出人性中的永恒问题,所以才不会随时代变迁和文化差异而褪色。就拿《奥赛罗》来说,尽管具体的时间、地点与人物都很久远了(甚至在当时,据说莎翁写的也不是他所在的时代和地点,而是假托了一个早年的威尼斯公国所发生的事),但其所诠释的一个男人的那颗卑微而嫉妒的心,以及那种人性弱点所造成悲剧的必然性却是个永恒存在的问题,在今天甚至在将来还会继续引起人们的共鸣。再比如海明威笔下的《老人与海》,文中所描写的老人与巨大的马林鱼和鲨鱼群的搏斗我们都没经历过,但一个人面对周围人的质疑,始终坚持自己的信念和孤身奋战不放弃的过程却能激起每个人内心的回应。所以文中的这句经典名言"一个人并不是生来要给打败的,你尽可以把他消灭掉,可就是打不败他"才会被广为传颂。中国古代许多描述山水自然的诗被视为永恒的文化精粹,其所描绘的事物与景观在今天已经无法看到了,但诗人面对自然的心境却能唤起当代人的通感与想象。"古道""西风""瘦马"的场景也许不会再现,但"断肠人在天涯"的心态却人人都能体会。

  博物馆的展览叙事也常常会针对一件具体的"往事"来展开,文化的隔阂与时间的推移都会削弱观众对具体事实的感受力,不但让该"往事"沦为古董,甚至还会让对往事的叙事本身也像是古董。也许正是意识到了这种风险,所以近些年来的很多展览不仅仅会关注对"往事"本身的呈现,也会注重其中潜藏的普遍性问题,甚至就着这个普遍性问题继续向外延展。仍以前文提到的两个博物馆为例,2011 年落成的美国"9·11"国家纪念博物馆,虽然是在纪念十年前发生的一场恐怖主义袭击事件,展览也收集并呈现了大量该事件的遗物,但

图 6-3 安妮博物馆主人公日记

整体叙事却没有止步于对该事件本身的描述，而是融进了不少遇难者家属对逝者的纪念及其他观众表达自己意见的机会。此外，展览还呈现了几位诗人、艺术家对恐怖主义与人生无常的感悟与思考，最终把一个对个体事件的纪念扩展为一场全民参与的、对日益泛滥的国际恐怖主义的思考与讨论，其影响已经远远超越了纪念"往事"本身，在当下社会中引起了非常广泛的共鸣。如果说美国的"9·11"国家纪念博物馆主要是通过内容"向外"延展，从而引起更广泛的社会话题来实现其普遍性关联的话，那阿姆斯特丹的安妮博物馆就是通过"向内"——回到人的内心来形成心与心之间的共振。照理说这座博物馆的主题很常见，只是第二次世界大战之后诸多纪念被纳粹迫害的死难者博物馆中的一座而已，而且规模也很小，只是因为小主人公留下的一本日记在出版后形成了广泛的影响力而广为人知（图6-3）。但也正是这本日记，给了这座博物馆一个独特的叙事角度和框架：表面上看，观众走进了一座博物馆；实际上，观众走进的是一个因纳粹的迫害而长年躲藏在一栋房子夹层里的小女孩的内心世界，所有的遗物与空间都在为这个内心世界做着详细的注解。被讲述过无数次的种族屠杀大问题被一个小女孩的内心世界一诠释，给观众带来的震撼却是无与伦比的。当心与心相连，"往事"与当下之间就不存在隔阂的问题了。

2　当下的事与当下现实的共振

叙述遥远往事的难题是如何把它拉近并与当下现实形成共振，而叙述当下的事的难题就是：如何先制造出与事之间的观看距离，然后再返回来观照当下，在这一去一回的思考与联系中激发共振。但想要拉开与日常的距离谈何容易，沉浸在现实生活中的人都难免会"不识庐山真面目，只缘身在此山中"。所以，聪明的叙事者就会借用其他人的视角，或者创造一个新的视角，以此得到一双陌生的眼睛来观察当下的现实生活。

用相机拍照与人眼观察的逻辑很接近：一个我们自己很熟悉的场景在陌生人所拍摄的照片中往往就会有不一样的感觉，而一个中国的日常场景在一个外国人的镜头中往往会更加不同，这就是照相机背后那双眼睛的差别。伟大的诗人、文学家和艺术家都能够用超越日常的眼睛去观察世界，就像是他们的身体里还藏着另一个陌生的自己。生活在城市里的我们在面对日常场景时很难产生特别的感觉与想象，而诗人卡尔维诺却写出了《看不见的城市》。他笔下的城市是这样的："城市就像一块海绵，吸汲着这些不断涌流的记忆的潮水，并且随之膨胀着。"以及"他明知这是一座城市，却仍然把她看做一头骆驼，身上驮满大大小小的酒囊、蜜饯果脯、枣酒和茶叶……"[50] 唐代诗人杜甫的名句"窗含西岭千秋雪，门泊东吴万里船""感时花溅泪，恨别鸟惊心""星垂平野阔，月涌大江流"，面对的都是当时普通的生活场景，而写出的意境却让人神往上千年。

陌生的眼睛可以形成特别的视角，能让人从日常中看到平时看不到的东西，

图 6-4 2015 年米兰世博会奥地利馆

图 6-5 2015 年米兰世博会日本馆

由此建立起另一种不同于日常的理解或想象，通过与现实制造反差的方式来"激发"现实。这就意味着叙事者的观察角度非常重要。一般来说，叙事视角与日常视角之间的反差越大，对现实构成的刺激越强。一些大型的展览还会同时设置多个特别的叙事视角。这样一来，反差就不止出现在叙事视角与日常视角之间，还会出现在叙事视角与叙事视角之间。世博会和大型的双年展大多采取的就是这个思路：先设立一个能对当下现实有重要意义的核心话题，然后邀请多个不同的叙事者提出自己的观察角度，这些富有创造力的叙事者必然会带来非常独特的视角。以 2015 年米兰世博会为例，主题是"滋养地球，生命能源"（Feeding the planet, energy for life）。各个国家馆都从自己的角度出发对主题做出了解读，比如奥地利馆是把空气当成是食物的根本，从一个有机生态的植物与新鲜空气系统出发来阐释生命能源这个主题（图 6-4）；日本馆的解读是"共存的多样性"，认为来自日本的生物多样性状态是全球粮食危机中的一种潜在的可以做出巨大贡献的力量（图 6-5）；而英国馆更是独辟蹊径，强调的是蜜蜂在粮食危机中的重要角色，从蜂群的视角出发，借用蜂群的智慧探讨食物安全与生物多样性的挑战（图 6-6）……当许多个独特而迥异的视角同时出现在一个展览中时，整体的叙事就拥有了巨大的张力，对现实的激发也会更深刻而且富有层次。

图 6-6 2015 年米兰世博会英国馆

与早期的博物馆相比，今天的一些新兴博物馆中的话题与当下的生活现实贴得更近，往往就会通过不同寻常的叙述来制造反差，激发现实。这就意味着这类博物馆不会像早期的博物馆那样成为"经典保管箱"（针对遥远的事），而更多是作为"文化观察站"（针对当下的事）。这个"观察站"既与生活现实密切关联，但又不必完全受限于生活现实的逻辑与准则，更无需承担在生活现实中背离主流或犯错的代价与后果，博物馆也因此成为一个在现实世界中构建梦想的地方。

博物馆展览叙事在寻求与当下现实的共振，但现实中的"当下"却又是永恒变化的，那么展览叙事该如何跟上现实变化的节奏呢？从逻辑上讲，如果展览叙事是长期稳定不变的，会在现实中"当下"变化的反衬下被归入往事，又何谈与当下现实的共振呢？因此，如果展览叙事要把"对应当下"当成基本原则来看的话，只有两种可能：第一种是把展览当成一种类似节日的社会文化产品，并不设置太长的有效期，比如很多艺术展、双年展、世博会等都属于这种性质；第二种是让展览具备持续更新的能力，这就需要在展览模式与内容再生机制上下功夫，现在的很多博物馆已经意识到展览更新与生长的重要性，在进行各种有益的探索与尝试。

（三）准备发生的真实

直到今天，很多博物馆的展览叙事仍然是"布道"式的：策展方是布道者，观众是信众；策展方是全知的智者，观众是求知的学生。对于观众来说，整个参观流程就是一个被设定好的接受过程：行进流线是被设定好的，行为是被明确规定的（像"禁止触摸"这样的牌子随时警示着观众不能逾越规则），甚至连思考与联想也在叙事的预设范围之内。在这样的"布道"式参观过程中，知识与信息由策展方单向地流向观众，是不断重复与不可改变的。

在现代社会的早期，不同人群之间的知识构成严重不平衡，知识生产主要掌握在一小部分社会精英和专业人士手里，因此像博物馆、图书馆、学校这样的机构都在一定程度上担负着知识普及与平衡的责任。但随着社会的发展，人群之间的知识构成已经逐渐趋于平均化，至少不再被完全垄断在一小部分人手里；知识的更新速度也在加快，呈现出不断迭代的状态；知识生产也不再完全依赖深入细化的分工，而越来越讲求不同领域之间的跨界合作。当知识的状态、构成和生产方式都在发生改变的时候，博物馆叙事原先采用的"布道"式叙事就不再适应当下的现实了。

新的形势要求新的展览叙事模式，它必须与当下知识的状态、构成和生产方式相适应才行。新的展览叙事模式必须能够反映出这两个基本特征：一是从知识的单向流动转向知识的多向交融，二是从固定知识的传播转向新知识的生产。

　　在这样的模式转变中，"往事"不一定是需要被"传播"的对象，而很可能是制造新知识与新体验的"内容资源"；所谓展览叙事的"真实"，其重点也不应在于是否真实地传达了曾经发生的往事，而应该在于是否真实地创造出影响社会的新知识。展览叙事中的"真实"概念不应再死守在一种静态框架之下——对照已经发生了的、确定的往事，而应进入到一种新的动态框架之中——去对照将要发生的、还未确定的事。

　　这种以未来为导向的关于真实的概念转变对展览叙事形成的影响是非常深刻的，会直接体现在展览的模式上。我们可以具体从现场的真实、知识与文化的真实和社会影响的真实这三个层面上来逐条进行分析。

1　现场的真实

　　讨论展览现场的真实，就得从尊重展览的现场价值说起。在过去的模式中，展览的现场只是被当成一种把既定内容向受众进行传播的媒介和场所，也可以说是一个预定程序的执行环节，其"现场发生"的价值并未得到充分认识。这是个巨大的误区，也必然会造成巨大的价值浪费，因为在人类已经发明的所有叙事形式中，虽然展览并不是唯一具有现场性的，但其现场性却是最强的，其现场的价值也最值得去深入挖掘。

首先，展览现场的资源构成是最全面、多元和复杂的：既有往事的精粹留存，也有新的实验思想；既有叙事者，也有参与者；而且由于展览是一种综合的空间叙事方式，所以严格意义上讲，所有能在空间现场出现的媒介和方式，比如艺术装置、视频音频、戏剧表演、诗歌朗诵……无不可以成为展览现场的资源。正是因为展览现场拥有如此广阔的资源构成，所以它就成了一种深具开发性和探索性的实验文化空间。事实上，它的条件也是得天独厚的：一方面，与其它的叙事形式相比，展览不是借用文字或拟像那样的符号语言来叙事，不会脱离"所指"而陷入"能指"[1]（索绪尔语）的语言陷阱，而是以真实的物、空间及观众所共同构成的系统为媒，因此是所有叙事形式中与现实世界关联最紧密的；而另一方面，大多数展览现场会受到博物馆围墙的保护，在一定程度上可以免受或少受现实社会规则的制约。

其次，要充分尊重现场的价值，就不能仅仅把现场当成传播的场所，只是把已经存在的价值带到现场来进行传播，而是要把现场当成新价值的制造场所来看。就展览现场的特性来看，可以把它分成前后两个环节分别来看。

第一个环节是以"叙"为核心，指的是展览的基本创作阶段。在策展团队的组织下，各种原本相干或不相干的资源在现场共同出现。"共同出现"就意味着会发生关系——从并置到碰撞、到聚合、到穿插等等不一而足。在这个过程中，展览创作人员会把这些资源进行组合，制造出这个叙事所需要的新关系、新意

---

[1] "能指"（Signifier）和"所指"（Signified）是瑞士语言学家索绪尔（1857-1913）提出的一组基本概念。在他看来，这组概念在语言符号中是两个最基本的要素，"能指"表示音响形象，"所指"表示涵义概念。

义与新体验。在传统的展览叙事中，往往已经有一个要叙的"往事"来当作模版。在这个描摹叙事过程中，所有的意外或与"往事"看似不吻合的东西都会被当作与"真实"相抵触的错误而被删除。但如果展览叙事是以未来为导向的，就会把现场发生的一切放在新的价值体系中来重新审视，也许这些"意外"或"错误"就会被珍视起来，创作人员的一些看似荒唐或异想天开的想法也可能会获得尊重。展览可能会制造出一个全新的、对未来有一定参照意义的"异托邦"，它所体现的真实是一种与现实平行的、但用思想重新构建过的、应该或可能出现的真实。

第二个环节是"参观"为核心，指的是展览与公众发生关系的阶段。在传统展览中，观众被视为传播行为的受众，所谓的展览参观过程，就是一个把事先准备好的内容和体验向观众推送的过程。即便也能看到一些与观众互动的设置，但大多并没有脱离预定内容推送的性质，只是形式上稍微活泼了些而已。真正对"现场参观"价值的提升必须基于两个基本观念的变化：一是不再把观众看作等待装满的空桶，而是有自己的思想和判断的体验参与者；二是不再把展览看作是一个已有知识的传播过程，而是一个由组织方与参与方共同构建的新知识的生产过程。这样一来，展览就有可能从一个由上至下的、布道式的"传播—接受"体系转变为一个更加平等自由的、论坛式的"预设—触发"体系。就像尼古拉·布里奥（Nicolas Bourriaud）[2]在《后制品》一书中所指出的："展览不再是过程的结果，大结局（happy end）（帕雷诺），而是一个生产的场地，艺术家在那里放置了可供观众使用的工具。"[51] 当观众的行为从简单的倾听扩展为发言、讨论和成果共建，现场的参观过程也就变成了一个真正的"现场发生"和"现场制造"的过程——而这正是叙事真实的另一层重要的意义。

2　知识与文化的真实

齐格蒙特·鲍曼（Zygmunt Bauman）在《作为实践的文化》一书中写道："世界和人类生存的方式是一项有待完成的任务，而不是预先给定和不可改变的。"[52] 也就是说，人类要去建立的生存方式与当下拥有的现实总是错位的，每一代人都需要根据现有的状况，按照自己的方式去完成这个任务。新任务的完成不能靠旧的知识与文化观念（因为它同样是预先给定的），而必须靠新的知识与新的文化观念——这就要靠当代人自己去建立了。也许在传统社会（尤其是工业革命之前的社会）里这种说法并不完全适用，人们可以依靠已有的知识和文化传承来生活，基本上没有去创建新的世界和新的生存方式的迫切性。但在步入工业社会和互联网社会之后，世界改变的速度大大加快了。对于我们当代

---

2 尼古拉·布里奥（1965—），法国艺术史学者和批评家、知名策展人，在世界范围内策划筹办过多次重量级艺术展和双年展，现为法国高等美术学院（ENSBA, École Nationale Supérieure des Beaux Arts）院长，代表著作《关系美学》（Relational Aesthetics）。

人来说，已经不是是否要用新的知识与文化观念去创建新的世界和生存方式的问题了，而是自身所拥有的知识与文化观念是否会被靠惯性就能前行的世界甩下的问题。正因为如此，齐格蒙特·鲍曼所提的这个命题才变得比以往任何时候都急迫起来。

现代社会到来之后，博物馆就围绕着遗存保护和真理传播建立了两套展览模式，这是针对启蒙时代和工业革命之后的社会变迁和知识大爆炸专门设置的。应该说，建立这两套展览模式是当时人们看到眼前世界发生的巨大变化而做出的自然反应，但并未充分估计到日后的社会发展与知识更新的速度会越来越快。文化遗存的存量会随着社会变迁而不断增加，会与当代人的生活空间拓展的需求产生冲突，知识更是会持续性地增加、更新与迭代，而不会是稳定不变的状态。因此，那种围绕遗存保护和真理传播而展开的、讲求忠实叙述的、恪守确定真理的、由中心向外发散传播的展览模式就越来越跟不上形势的发展，当代的博物馆展览模式必然要根据当代的社会状况、知识状态和对文化观念的理解来进行重新设置。

就整体而言，当代知识的状态是鲜活而模糊的。说它鲜活，首先就是因为当今世界本身就是鲜活而快速变幻的，与其相适应的知识自然也是不断在更新迭代的。而且由于世界变化的速度太快，所以知识的状态也会变得矛盾、含混、多样和变幻莫测。如果博物馆要在当今世界真实的"智识生活"（Intellectual Life）[53]中扮演重要角色，就不能再以真理的传播者自居，而需要用新的姿态来应对这种状况，就像珍妮特·马斯汀在《新博物馆理论与实践导论》一书中所言，"后博物馆敏锐地聆听和对此做出反应，鼓励不同的部族成为博物馆对话的活跃参与者,而不像过去那样将知识灌输给大众参观者。"[54] 以及"后博物馆不会回避棘手的问题,相反会暴露对立与矛盾。它宣称机构必须展现含混性,承认其多样的、变幻莫测的特性"。[55] 博物馆需要从稳定知识的传播机构转型为不同知识汇聚和交流的平台,变成协调差异和促进社会理解的中立地带及新知识的加工厂。展览将呈现出一种活跃的"未完成"和"持续生产"的状态,没有什么是被完全设定好的,人们可以期盼不可预知的事情发生。

由于世界变得如此动态与复杂,在当代社会,人们对文化观念的期望也不太执着于是否准确地描述出当下现实的"真实"状况(不光是不大可能,而且也并无太大意义),而会更期望它能够为改变当下现实带来启示。动态世界中的文化观念不需要为当下现实背书,反而需要提供击破当下现实的利器或者扮演预测未来方向的先知。文化观念的真实性恰恰就在于它能够生成"现在就是"与"可能会成为"之间的模糊地带,这正是它最不可替代的本质特征。因为"文化在发明性与保存性、不连续性与连续性、创新性与传统性、常规性与破除常规性、遵守规范与超越规范、独一无二性与规则性、变迁性与千篇一律的再生产、不可预期性与可预期性等诸多方面都同样多[56]。"作为文化观念的发生场,博物馆自然要肩负起文化的使命——协助当代人去创建属于自己的世界和生存方式。

3 社会影响的真实

一般来说,具有实验室性质的地方,都与社会是隔离的。但从另一个角度上来讲,隔离体现的只是一种具体操作层面上的状态,在内在关系上实验室与社会反而是相通的。实验室研究的命题看似独立，但其实是受到现实社会的某种召唤，只是现实环境中缺乏可以不受干扰、可以进行独立操作的空间，不得不辟出实验室这种专门的空间而已。作为社会实验室的当代博物馆空间也是如此，不管它内部呈现出来的状态看上去有多么离奇，多么与现实格格不入，但从本质上来讲，其实验的命题都与社会现实血脉相通。以世博会为例，就是召集全世界所有的国家，针对当下全世界共同面对的重要命题来给出自己的解决方案。2000年汉诺威世博会的主题是"人类、自然与科技"，就是本届世博会的主办国德国认为在即将到来的新的千年里，人类面临的最大命题就是如何处理好人类自身、保护自然和科技发展之间的平衡关系；2015年米兰世博会的主题是"滋养地球，生命能源"，是意识到了今天全球面临的健康和食物安全问题。一些相对专业性的博览会和双年展也是如此，比如2012年第13届、2014年第14届威尼斯建筑双年展的主题分别定为"共同基础"(Common Ground)与"基本法则"(Fundamental)，就是意识到了当代建筑的学科思考过于孤立的问题，号召人们回到建筑的本源来重新思考。2017年第14届卡塞尔文献展主题被定

图 6-7 美国纽约下东区移民公寓博物馆

为"以雅典为鉴",是因为当下的欧洲社会深处巨大的危机之中,策展机构希望回到欧洲政治文明的源头——如今被欧洲边缘化的雅典,借助两千多年前雅典的理想社会模型与当下现实世界进行比对和再思考,以找到对今天有益的新启示,提出对将来世界的新构想。

当然,博物馆展览也不会只关注像地球、人类这样宏观现实命题,很多新博物馆展览关注的都是当地社区面对的具体问题,甚至会很直接地参与到当地文化或当地社区的建设之中。比如美国纽约下东区移民公寓博物馆(图6-7),主要就是通过收藏和阐释当地(奥查德大街)的移民体验,把公寓居民的个人故事与当今移民问题联系起来而展开讨论。除此之外,博物馆还跟《纽约时报》合作,制作了一份纽约市的移民指南,以及呼吁银行给房东发放低息贷款,继续保持租金优惠,来改善移民的生活条件。还有些处于相对落后但仍保有原始地方文化地区的博物馆则在探索如何在保存当地特色文化与促进当地社区发展之间走出一条可行之路来,像澳大利亚的多个土著社区博物馆、中国台湾的宝藏岩博物馆(图6-8)等。甚至在过去只关注宏大命题与开放思考的双年展也开始关注起

图 6-8 台湾宝藏岩博物馆

具体的地方现实命题,如深港城市／建筑双城双年展就一直在把展览当成是解决深圳城市具体问题的想法收集器与在城市中不断迁移的实验室,2017年这一届甚至把展场定在了南头古城——通过展览带来的幻想实验与现实生活场景的重合,来尝试为更好地解决城中村问题找到路径与启示。

虽然,保持一定程度的封闭性有助于博物馆的社会实验免受复杂现实因素的干扰,但如果过多地强调封闭性而不能与具体的社会生活有实质性的衔接,也可能会反过来弱化博物馆对社会的影响力。所以,作为社会实验室的博物馆必须处理好两者之间的平衡问题。随着"后博物馆"思潮影响力的不断扩大,越来越多的人相信博物馆应该成为开放的平台,提倡观众参与和多方共建,并且认为博物馆应该成为重要的社会工具,去积极地改造社会。所以,今天的一些博物馆展览就呈现了跟以前的博物馆展览不一样的状态,虽然每个具体的展览千差万别,但就整体而言,还是可以归纳出这样两个特性:一是以平等开放的环境为前提,然后再尝试具体去解决文化和社会实验的独立性问题;二是展览的形态和手段不拘一格,但一切为实现具体的社会目标服务。由此,也就出现了大量不在博物馆围墙内的"博物馆",以及大量不像展览的"展览"。

为了更好地介入与影响社会,"博物馆展览"越来越倾向于出现在真实的生活空间之中,比如上文提到的深港城市／建筑双城双年展每次都会出现在城市的不同地方,而且基本上都不是在所谓的专门文化空间举办;纽约下东区移民公寓博物馆也是出现在移民聚居的社区生活中;澳大利亚的土著社区博物馆和马萨诸塞当代艺术博物馆等则是把博物馆空间与生活空间完全混淆在了一起。在今天,所有的生活空间都在成为博物馆展览空间,工厂、街道、地铁、公园、商场……甚至是停车场和电梯里都是可能的。当互联网空间也成为生活空间之后,博物馆展览也已经随之进驻。

由于具体的社会环境总是不一样的,为了能有效地参与改造社会,展览的手段与形态也会随之调整去适应环境——"有效"就是最高准则。比如上文提到的纽约下东区移民公寓博物馆与《纽约时报》合作制作移民指南,呼吁银行提供低息贷款来共同参与社区建设;再如美国马萨诸塞当代艺术博物馆、中国台湾的宝藏岩博物馆以及今天大量出现的民俗村落保护区等,其实都是一种文化展览与现实生活区混杂在一起的形态。展览空间与生活空间、生活物品与文化展品、社会实验与现实生活、甚至连创作者、居民和观众都混杂在了一起……这既是博物馆展览叙事,也是社会实验,既给固化的生活带来了新的机遇,但同时也会带来矛盾与挑战。但无论如何,如此紧密地关注现实问题并尝试带来解决路径的做法在博物馆过去的历史中都未曾有过。这意味着与过去的博物馆相比,新的博物馆已经是一种全新的事物,又或者说,从历史中走出的博物馆正在进入一个全新的时代。

回顾迄今为止的博物馆历史,我们就会发现,博物馆展览叙事的真实概念并不是恒定不变的,而是随着社会的发展一直处于被不断调整与扩展的状态。如果我们只是站在今天的角度来看,其发展趋势已然变得清晰——从对照客观世界的存在逐渐走向对照人的主观认识;从关注与过去的联系逐渐走向对当下与未来的真实意义。

七　　　　　展览叙事中的文化视角

　　视角是叙事的起点。任何叙事的展开都是从视角的设计开始的，视角既决定了我们看待事物的方式，也塑造着事物之间的关系。展览中的视角既与叙事者有关，也与观众有关；既与现场的观看和感受有关，又与事物的意义组织有关。在很大程度上，展览创作就是基于视角的创作。

（一）展览叙事中的两种经典视角

在很多博物馆展览中，都在用"博学家"与"亲历者"的视角搭配来进行叙事。事实上，这也是叙事学中的一种非常经典的视角搭配方式，在文学、电影和戏剧中也常常可以见到。站在"博学家"的视角上，我们就拥有了纵览全局的能力；而借助"亲历者"视角，我们就能进入身临其境的状态。以我们常见的自然科学博物馆为例：以进化论为基础的流线设置和以林奈分类法为基础的物种划分体现的就是"博学家"视角（图7-1）；而向观众张开巨大嘴巴、摆出一副要冲过来的架势的霸王龙化石体现的就是"亲历者"视角（图7-2）。也就是说，展览叙事的逻辑与意义往往由"博学家"视角来塑造；而特别的感受与体验则往往由"亲历者"视角来塑造。这两种

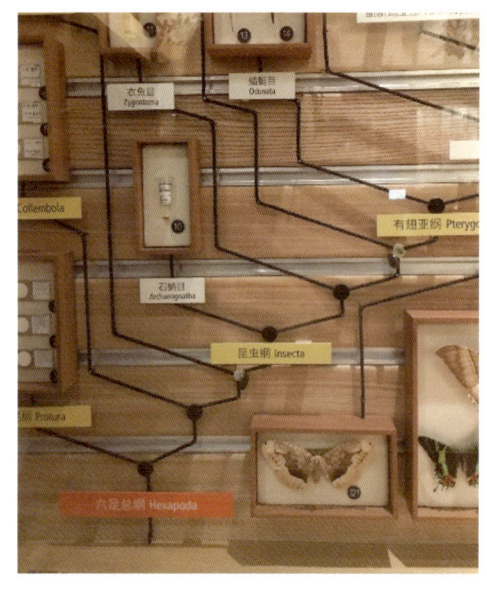

图 7-1 "博学家"视角

视角反差极大,但又都围绕着同一个中心来展开,两者各有所长,相互补足,形成完美的搭配——这就是它之所以经典的原因。

为了让展览叙事的内在冲突更加强烈,展览的创作者们往往会刻意地突出这两种视角的特点,甚至把这两种视角推向完全对立的两端。比如"博学家"视角从本质上来说其实是一个第三人称式的观察视角,但为了能在看似无关的事物之间找出内在的逻辑,叙事者就必须"博学",甚至要总览全局、洞悉因果,因为只有这样,才能让观众信服他的逻辑,并随着这个逻辑去经历整个叙事。当"博学家"的这种能力被推向极致的时候,就会成为无所不知的"全知者",像罗伯特·斯科尔斯在《叙事的本质》一书中指出的:"全知者意味着像神一样可以无处不在。上帝知道一切,因为他存在于每一个地方——而且是同时。"[57] 而"亲历者"视角从本质上来说是某个固定情境中的第一人称视角,"亲历者"视角的出现有助于打破"博学家"视角的过度理性,能给观众带来身临其境的体验。为了使观众的体验更加特别,展览的创作者们往往还会选择冲突最激烈的场景

图 7-2 "亲历者"视角

和最具张力的角色与视角,以营造令人印象深刻的戏剧感。上文提到的自然科学博物馆的霸王龙化石就是一个典型的例子:霸王龙仿佛还是那个威力巨大的猎食者,而观众则成了弱小的猎物。与小说、戏剧与电影不同的是,在博物馆的叙事中,物与场景都一直在那里,而体验者是空缺的。当观众站在那里,就会走进设定好的角色与视角之中,得到那份特别的体验。

今天,以"博学家"视角来组织整体叙事、用"亲历者"视角来营造场景体验的视角搭配在展览中已经发展得非常成熟了,在很多博物馆中都能看到它的身影。但这种模式也并非展览叙事不变的铁律,随着时代的发展,社会中会不断产生新的需求,也会提供新的条件,这就要求展览的创作者们在这个模式的基础之上做出新的探索。

（二）博学家视角的演变

1　从博学家到陈述人

（1）从让人信服的"博学家"到提出个性看法的"当代陈述人"

大多数博物馆的展览都喜欢用"博学家"与"亲历者"的视角搭配来叙事。这种叙事的视角搭配方式很像在传授知识的课堂：作为"博学家"的老师在讲课，作为学生的观众在听课，而"亲历者"视角的出现就像讲课时展示的一些比较生动的图例。既然相当于讲课，讲课的人就要足够睿智博学，最好是通晓一切，才能让观众信服。但是所谓的"博学家"只能是一个相对的概念，没有人真的能够通晓一切，为了保证"讲课"的效果，避免观众的质疑，在博物馆里讲课的"博学家"就会倾向于把自己塑造成强大的"全知者"，比如借用博物馆的文化权力威慑观众，或者通过叙事手段和空间氛围营造把要讲的内容神圣化——运用宏大的浮雕壁画、高大庄严的雕像、沉稳厚重的解说词，等等。这与寺庙和教堂中的做法非常近似，展览叙事也就因此而异化为一种教主笼络信徒的仪式。

很明显，这种把"博学家"视角神圣化的做法与现代社会的价值观、文化伦理背道而驰。首先,如上文所说,绝对的博学(全知)其实是个伪命题,何况进入现代社会以后,社会知识的更新速度极快,也不可能有永恒不变的知识与真理,把"博学家"的视角神圣化是根本站不住脚的。其次,作为一种当代的文化叙事,其陈述人也应该是文化概念中的当代人,这个"当代人"起码要具备两个条件:第一是要有怀疑精神(或者说批判精神),这不光意味着陈述人要以怀疑的眼睛去看待一切已有的定论,也包括了容许别人同样以怀疑的眼睛来看待自己给出的说法。罗伯特·斯科尔斯在《叙事的本质》一书中指出:"一位叙述者,若缺乏某种程度的可疑性,若不能在某种程度上接受反讽性审视,便会与现代气息格格不入。"[58]第二就是要有自己的看法。所谓"自己",既包括自己这一代人身上的共同属性,也包括自己的个人特征。陈述人以相对博学的姿态出现可以,但绝不能勉强去扮演全知者,反而应该后退一步,强调这只是自己的看法。这其实是一种聪明的、以退为进的策略,一方面避免了不得不去扮演那种外强中干的全知者的尴尬;另一方面也让展览叙事明确地成为一种与当下及个人有关的创作。而且,当叙事不再硬撑着去扮演真理的媒介,而是带有个性创作色彩的时候,就意味着陈述人已处于"反讽性差距"[1]之

---

1 斯科尔特在这里谈到,由于叙事视角之间的差异性存在(人物的视角、叙述者的视角、读者的视角等),使得叙事作品不可避免地出现反讽性(ironical)。叙述人有别于作者时,或叙述人有别于其自身作为事件的参与者时,都会出现这种"反讽性差距"(ironic gap),比如《格列佛游记》中主角格列佛与作者斯威夫特之间视角的差异,以及《远大前程》中作为参与者的主角匹普和作为叙述者的主角匹普之间视角的差异。在这些差异中,读者会跟从作者的设计认同某一方的视角。

中[59]。与此同时，观众也不再是盲目的信众，而是获得了与陈述人平等看问题甚至是进行对话的权利。

从让人信服的"博学家"（或全知者）到提出个性看法的"当代陈述人"，这种叙事者角色的改变在当代叙事文化中是一种非常普遍的现象，几乎所有的叙事方式中都很容易见到。就以第二次世界大战题材的电影为例，《拯救大兵瑞恩》《血战钢锯岭》《敦刻尔克》等战争片从整体上来说都通过呈现现代战争的残酷来谴责战争本身，并尝试探讨战争中的复杂人性问题，而不是像过去的电影那样用简单的正义与邪恶来定义战争中的某一方。这些电影对战争中人性不同角度的挖掘，反映的是创作者自己的关注点及非常个人化的叙事角度。从中可以明显地看出，创作者在以一种"当代陈述人"的姿态淋漓尽致地表达自己的看法，但并不说教，也不要求观众信服。观众是认同还是反对并不重要，重要的是能引发观众自己的思考。

近些年来，很多新的博物馆展览的叙事视角中也同样体现了从"博学家"到"当代陈述人"的改变，比如同样是与战争有关，德累斯顿的德国军事历史博物馆、纽约的"9·11"国家纪念博物馆的展览中都体现了当代人对战争与恐怖主义的反思，其中也不乏独特而个人化的表达。

（2）当代陈述人的叙事身份

如何做一个展览叙事中的当代陈述人？从上文的分析来看，关键体现在与文化解放有关的两个关键词：尊重与自我。尊重就是指尊重事实的存在、尊重知识与观念的变迁及尊重别人的看法；自我就是有独立的批判精神，能体现自己的个性视角。当然,这只是一种基本而笼统的概念,在实践中会有很多具体的体现方式,其中下面这两种方式最为常见。

- 陈述人分化为"记录人"与"评注人"

陈述人将分化为两个截然不同的身份——对事实情况整理记录的客观的"记录人"与表达自我理解的主观的"评注人"。这也可以算是把传统的"博学家"身份进行了拆分,把其客观的一面与主观的一面有意识地分离开来,既解脱了客观对主观的限制,同时也避免了主观对客观的侵蚀,两者各司其职,还可以独立发挥。

当陈述人作为"记录人"展开工作时,强调的是忠实记录——尊重事实的存在,尽量避免自己主观判断的参与。对相关的展品与文献,"记录人"除了做一些必要的整理与呈现之外,要尽量避免以讲述真理的姿态把个人的主观判断、不确切或牵强附会的东西放到叙事中来。

如果说"记录人"的身份几乎是在弱化陈述人的存在(不但弱化了"博学家"的身份,同时也弱化了陈述人自己),那陈述人的另一个身份——"评注人"则完全相反,体现了一种非常积极的、强调自我的姿态。"评注人"可以在忠实的记录之外添加自己的评注与看法,就像脂砚斋评注《红楼梦》,并不需要改变书籍原先的内容,却可以在一旁附加上自己的观点和看法。因为评注与记录是相分离的,所以"评注人"在评注时可以适当进行个性化的发挥,而不必担心破坏记录部分的完整性与独立性,更不会与记录部分混为一谈。

当然,展览的"评注"不同于书籍的评注,它的语言方式与表达途径是可以选择的,"评注"与文献记录之间的关系也是可以设定的。相对于文献记录本身,"评注"会更加自由与灵活,也有可供创作者发挥的空间。以美国纽约"9·11"国家纪念博物馆中的"评注"为例,在"9·11"事件的遗址、遗物及对事件的回顾之外,展览的创作者还专门为遇难者的亲人及公众提供了用于悼念的设施与空间。更特别的是,展览的陈述并没有止于事件本身,还把话题延伸到了对当代恐怖主义的深度探讨,以及对生命无常的概叹。整个的展览陈述其实是由三个部分构成:文献记录、悼念追思及对话题的引申,而后两者是由前者引发的,都是对前者的"评注",只是角度和方式不同而已。这些"评注"并不属于事件本身,它体现的是今天的人们对当时事件的感性表达,以及对被具体事件覆盖着的根本内核或普遍原理的抽象提炼与思考。它已经完全超越对具体事件的表述,引申出更纯粹、更深刻、也带给人更多启示的内容,从而放大了展览叙事的意义。

与上一个案例相比,德累斯顿的德国军事历史博物馆中的"评注"与原文献记录之间并不能算是一种顺承或者引申关系,而更像一种平行发展的关系。博物馆早先是以古代兵器的收藏而闻名,在 21 世纪初进行改造时,增设了一条对战争进行反思的叙事线。在这条叙事线中,展览的创作者们把话题带到了各种人类从未认真思考过的层面,比如战争与儿童玩具之间的关系、战争给动物带来的伤害等(图7-3)。这些思考给人的印象非常深刻,从展览参观的角度来看,其价值甚至超过了另一条叙事线上的那些珍贵的兵器藏品。

我见过最精彩的"评注"来自耶路撒冷的以色列犹太人大屠杀纪念馆(Holocaust Martyrs and Heroes Remembrance Authority,图7-4):博物馆的

图7-3 德国军事历史博物馆

图7-4 以色列犹太人大屠杀纪念馆

建筑是一条长长的清水混凝土隧道，从山的一侧穿到另一侧，各种展品与文献都被依次陈列在这条隧道之中。当观众走到隧道的顶端，隧道口缓缓向山谷敞开，面前是一片绿色的山林与田野，一个恬静的犹太人小村庄就坐落在这片山林与田野之中，刚从压抑的情绪走出来的观众向前俯瞰，沉痛的心情顿时得到纾解：眼前这片田野和村庄呈现的是一种希望，一种除了纪念沉重的过去之外另一种缅怀方式，淡然而悠远。展览创作者的这个"评注"别具一格，似乎与展览中的文献记录反差极大，但仔细一想却又有四两拨千斤之妙。

把"博学家"的叙事拆分为"记录人"的叙事与"评注人"的叙事是一种一举两得的做法，既保证了文献的纯洁性，同时还给了叙事者自由开阔的表述空间。对观众来说，这种做法既可以不受干扰地看到对事实的呈现，同时也可以看到叙事者对事实的思考与看法，此外还隐隐地向观众提出了邀请，欢迎他也成为"评注人"（进行自我的思考），甚至与其他的"评注人"（比如叙事者）展开对话。

与过去的"博学家"相比，毫无疑问，"记录人"与"评注人"的姿态显得更加真实而且谦和，他们不会居高临下，也不会逼迫观众接受什么，而是更注重所有人之间的平等交流，与今天的时代精神也是完全契合的。

- 陈述人作为新观念的提出者

在博物馆的展览中，用"博学家"作为主视角来展开叙事一直是非常有效的。今天，"博学家"的身份受到质疑，并不意味着这个概念或身份完全失效了，而是对"博学家"倾向于扮演"全知者"引起的叙事权力独裁乃至自我神圣化提出警示，避免让展览叙事从社会启蒙的工具演变成为一种驯化公众的工具。问题的关键在于如何使社会公众保持某种对"博学家"的警惕，或者对"博学家"的权力进行一定的节制。把"博学家"分解为"记录人"与"评注人"就不失为一种有效的方法："记录人"必须尊重客观事实，其身份几乎是不拥有任何叙事权力的；而"评注人"更多是一种个人身份，无论他如何自我表现，也只是代表一种看法与观点，并不具有像"博学家"那样代表正确的权力与光环。把"记录人"与"评注人"的身份搭配使用就像一种治水的策略——虽然一方面在封堵其权力，但另一方面也需要找到合适的地方对权力进行疏导或泄洪，不能因为要限制叙事者的权力而伤害到叙事创作的自由。但除了这个做法之外，还有另一种更加简单的做法，不但不需要限制"陈述人"的叙事权力，甚至还可以放得更开，允许他用更加独裁与绝对的方式来进行叙事，却不会引起人们的质疑：当叙事不再对应着某个已经存在的事实，而是作为一种有价值或有启示的假说时，陈述人的身份就与"博学家"完全无关了，成为一种新观念的提出者。

新观念的提出者不会声称或暗示自己所呈现的是唯一的真理，而只是在某个命题的常规认知之外提出了一个新的观念，或者干脆提出一个前所未有的新命题，并以此为起点来展开叙事。在大多数情况下，新观念往往有已经存在的旧观念做对比，这就意味着在观众的认知构成中它所体现的只是同一命题下的多个看问题角度中的一个而已，哪怕有些过分主观甚至是极端，观众都会把它当成参考或启示，而不至于形成误导或伤害观众的认知。

在艺术博物馆或者是在世博会和双年展中，展览叙事往往就是由新观念的提出者发起的。因为这类展览的社会目的就是去呈现新角度与新观念，在世博会与双年展中甚至还会针对同一命题同时呈现多个新角度和多个新观念，所以无论多么异想天开的想法和极致夸张的叙事都不会有问题。

2 从讲述知识的博学家到叙事实验的主持人

博物馆作为传播已有知识的地方的观念已经过时,今天的新博物馆更倾向于成为生产新知识的地方。它也不是一个与现实无关的"异托邦",而更像一个与现实命题相关但又不需要承担具体现实压力的"社会实验场"。由于展览资源变得更加灵活,参与的人变得更多了(尤其是观众),过程也变得充满了不确定性,所以展览叙事也就不再是由叙事者假借一些虚拟的身份(如博学家)而讲述的一个事先确定好的故事,而变成了一个带有探讨问题和具有社会实验性质的现场叙事。在这样的现场叙事中,观众不再是听故事的人,而是故事中的人;展览的创作者也不再是讲故事的人,而是话题的发起人、游戏的设计师、现场的导演和项目的主持人。

(1)话题的发起人

在双年展和世博会模式中,策展人往往就是话题的发起人。这种展览的话题选择非常关键,既需要跟现实有所联系,又需要有一定的前瞻性,同时还能给参与者提供自我解读的空间。比如在2017年举办的第14届卡塞尔文献展上,总策展人亚当·希姆奇克(Adam Szymczyk)提出的主题是"以雅典为鉴"(Learning from Athens),就是因为他看到了当时欧洲面临的一系列深重的社会危机,希望通过展览来号召人们重新思考过去的理想社会模型——公元前的希腊雅典社会对于今天欧洲的启示意义，提出对将来世界可能性的构想。再比如在2014年举办的第14届威尼斯建筑双年展上，总策展人雷姆·库哈斯（Rem Koolhaas）提出的主题是"本源"（Fundamentals），考虑的就是当代建筑不要过于陷入建筑的一些表面问题，而应该回到建筑的本源问题上来重新思考。该主题又分成了三个分主题，其中之一是"吸收现代性（Absorbing Modernity：1914－2014"，这个话题具有极大的普遍性，因为在现代主义之后，全世界几乎所有地方的建筑都受到了现代性的塑造，而且当不同国家的样本聚集在一起时，必然会呈现丰富的多样性。

世博会的模式是每四年由不同的国家和城市轮流做东，负责提出对当下世界最有价值的主题，其他的参会国对总主题进行解读以形成子主题，比如在2015年举办的第42届米兰世博会的总主题关注全球食物安全，叫作"滋养地球，生命之源"（Feeding the Planet, Energy for Life）。参会的各国自己选定的子主题又分别体现了该国家的具体关注点、价值观，以及在创想与技术上的革新，比如中国馆的主题是"希望的田野，生命的源泉"、奥地利馆关注的是"呼吸"（Breathe）、日本馆关注的是"和谐的多样性"（Harmonious Diversity）等。像双年展和世博会这样的大型展览，虽然主题很重要，需要反映出对所在时代的严肃思考，但同时也被人们看作是一场盛会，一个大型的主题派对。主题只是引子，大家可以自由发挥，无论是主办方、参与方还是游客，最后都宾主尽欢。

不光双年展和世博会这样的临时性展览会发起对当下有现实意义的话题，号召更多人参与其中，共同寻找答案，连一些似乎本来应该讲述确定故事的博物馆也尝试在展览中拓展话题性,让展览的叙事变得更加开放与灵活——因为只有这样,才有可能去建立现场叙事或进行知识的再生产。比如在纽约"9·11"国家纪念博物馆的常设展中,展览创作者除了回顾整个恐袭事件的前因后果之外,还邀请观众来参与一系列相关话题的讨论,例如"个人如何应对恐怖主义""社会对于死难者家属的义务是什么""在恐怖主义蔓延的现实情况下,国家安全与公民自由之间的平衡该如何掌握"等。观众的积极参与使展览的整体叙事有了活跃和变化的部分,展览的知识生产在继续,观众自己也会从这个积极的参与过程中受益。

坐落于武汉汉阳的张之洞与武汉博物馆的"本职工作"是回顾一段关于清末名臣张之洞在武汉进行近代化改革(洋务运动)的历史,但展览的创作者们并没有把任务局限于对历史的回顾,而是把叙事的焦点定在了当代,从当代人的思考出发重新梳理了内容,把一段历史叙事与对今天有现实意义的话题连接了起来。于是,展览叙事的重心变成了:在当年的特殊历史情境下,以张之洞为首的一批中国早期现代化改革者们是如何以工业建设为先导,展开了包括教育、金融、商业、交通、市政建设等在内的全方位的现代化城市改革,为武汉从一座传统城市转化为一座现代化城市奠定了坚实的基础。在现场的展览中,创作者们不断通过标题的设定、人称的转换、对具体事实的抽象提炼等方式来向观众暗示:这不是一段已经过去了的历史叙事,而是一段源头比较久的当代叙事。在展览的参观过程中观众会意识到,由张之洞所开启的武汉城市现代化进程今天依然还在进行,展览讲述的内容与城市中每天所发生的事情依然紧密相连。除了常规的参观部分之外,展览的流线中还专门设置了张之洞图书馆、纪录片放映厅及一个开放的讲堂,通过各种丰富的方式加重话题性和讨论性,把历史内容引向与今天相关联的思考。

(2)展览现场的规则设计师

如果现场被当作叙事发生的场所,就意味着观众成为叙事的联合创作者。这时,原先的展览创作者的职责就不只是讲故事,而是要主动承担起掌握现场叙事进程的角色。这就意味着,他必须成为现场运行规则的设计师及现场活动的总导演。

把叙事的发展跟现场的发生贯穿起来并不算展览的独创,环境戏剧与实验戏剧在这方面有很久的历史与丰富的经验。倒是展览一直以来是以"物"为中心,在涉及"人"的角色时,反而会保守得多。同样都是在空间现场展开的叙事,戏剧中的很多掌握现场发生进程的方式都可以被展览学习与借鉴,比如今天的很多艺术展都需要观众的参与才能完成(艾未未的"童话",以及阿布拉莫维奇的"节奏0")。艺术家对观众参与和现场运行规则都做了精心的设计,一方面保证了展览的叙事不会偏离最初设定的目标;另一方面,只有明确了前提与规则,参与者才知道如何行动。

如果展览的创作者希望观众在进入展览现场的时候,马上就知道该如何行事,他就需要把规则融进展览的设计之中,让规则成为展览中最先也最容易读取的内容。2011年的某一天,在美国新奥尔良街头一幢被废弃的房子的墙上出现了一块巨大的黑板,上面数次重复地印着这样一个句子:"Before I die, I want to ……"(在我死之前,我想……)。这是一道填空题,粉笔就放在黑板旁边,非常清晰地告诉它的观众:你可以在上面写下你的答案(图7-5)。这块黑板是一位叫作坎迪·张(Candy Chang)的华裔女性艺术家放置在这里的。她刚刚经历了一位至亲的离去,这让她意识到,意外与明天不知道哪个会先到。因此,她开始问自己这句话,思考自己的人生是否为一些不重要的事情所占据,却没时间去思考和做自己生命中最重要的事。事实上,这句话尽管很严肃,内容却是每个人都能理解并有亲身体验的——问题人人都懂,规则也足够简单。很快,黑板就被写满了,一位老太太写道:"在我死之前,我想自己养活自己。"一位姑娘写道:"在我死之前,我想谈一场真正的恋爱。"还有的如"在我死之前,我想和爸爸说我爱他。""在我死之前,我想再抱一抱那个人。"无论答案是严肃、心酸还是玩世不恭,从这些平凡人的平凡心愿背后,我们都能想象到很多没有表达出来的东西。很快,这块黑板被人们自发地传播到了沙滩、街角、公园……据说最后遍及6个大洲、60多个国家。

并不是所有情况下,叙事者都会给出"上联",然后诱使观众或参与者去对"下联"。有时候,叙事者只需要给出规则,然后就回到幕后,把舞台交给观众或参与者。近些年来,在美国出现了一个既像展览又像节日的盛会——"火人节"(Burning Man Festival,图7-6),每年的8月底至9月初在美国内华达州黑石沙漠(Black Rock Desert)举行,主旨是提倡社区观念、包容心态、自由创造、时尚及反消费主义。策划者设定的规则由一正一反两个部分组成:一方面是绝对的创作自由。参与者也不分艺术家和观众,任何人都可以通过激进疯狂

图 7-5 展览"在我死之前,我想……"

的艺术、音乐甚至肉体形式的行为艺术方式来表达自我;另一方面是绝对严格的反消费主义、环保主义的要求。除了冰和咖啡之外,这里不销售任何东西,也不允许任何商业行为,所有参与者的生活用品必须自带。八天现场活动的结束,以巨大的火人燃烧殆尽为象征,所有人们带来的物品必须就地销毁或者打包带走,恢复沙漠原有的样子。在这套规则中,既有坚定的信念和严格的要求,也有充分的自由。志趣一致的人们在这里会集,尽情地发挥着自由的想象力。这个叙事由大家共同写就,这里没有讲故事的人,他的职责早就改变了:事先写出规则,并在现场维护规则。

　　一个展览的叙事未必一定是从观众进入现场才展开的,有的时候,现场只是整个流程的一个环节发生的地方而已,这就需要叙事者从一开始把整个运行规则系统设定好,才能保证每个阶段都能按照预定的逻辑来发展。以伦敦 V&A 儿童博物馆(The V&A Museum of Childhood)举办的一个展览为例,这个展

图 7-6 美国内华达州黑石沙漠举行的"火人节"

览与寻常的展览不同，因为它的展品是可以吃的。在展览前的一个月，策展方 AMV BBDO 先是举办了一场儿童设计大赛，请儿童们设计出他们想象中的"终极食物"，然后从中选出最棒的六个想法，与一家专业的食品设计工作室包帕斯与帕拉（Bompas & Parr）合作制成成品。这六件"终极食物"分别是在黑暗中会发出绿光的冰激凌、欧洲防风草龙卷风、可以吃的泡泡、能够飘来飘去的菠萝云、彩虹香肠及音乐果汁——全都是用蔬菜和水果制成的，最后连展览的海报和邀请函也是可以吃的，而且有不同的口味，由插图画家罗伯·弗拉文（Rob Flowers）来设计制作完成（图7-7）。等到展览开幕的那天，孩子们在现场嬉戏中吃光了所有的展品、海报和邀请函。在这个展览的进程中，环节比较多，而且每个环节都有不同的人参与，既有行业的专家，也有天真的儿童，如果没有这样一套精巧有效的规则，整个叙事是不可能发展下去的。

（3）社会实验场的项目主持人

当博物馆具有了"社会实验场"的性质，就意味着它与当下现实世界之间既不完全隔离，也不融为一体，而是一种若即若离的关系。也就是说，它一方面期望展览创作不会远离社会，以改造社会现实为目标（无论是直接还是间接）；另一方面，它又需要屏蔽社会现实的干扰与压力，以获得足够的自由创作空间。

图 7-7
伦敦 V&A 儿童博物馆
可以食用的宣传品

从其"实验"的一面来说,即便过程与结果无法预判,预先设定目标与流程都还是非常必要的。而且在进程中也需要负责人根据具体情况来把握进度,或者根据过程中出现的新变化及时对流程进行调整,以保证"实验"的顺利进行。而从其"社会"的一面来说,既然"实验"有具体的社会目标,那实验的结果(有时还包括过程)就应该对社会有启示意义,对现实形成实际的影响,甚至是直接改造了现实。那么展览也已经不再是单纯的文化叙事,而在一定意义上成为一种半文化半社会、半理想半现实的项目,叙事者也在事实上变成了这个"社会实验场"的项目主持人。

要实现这种小心翼翼的、模糊的"中间"或"双面"状态,最佳的展览叙事场所就不应该是一个完全独立的文化空间,一个开放的现实生活场所或许会更符合"社会实验场"的要求。在2017年年底举办的第七届深港城市\建筑双城双年展的展览地点就选在了深圳的南头古城,南头是明清时期的新安县城所在地(其城门和县衙等都保留了下来),但更实际地来看,南头在近几十年来的城市化巨浪中早已被挤压成了一个城中村,整个古城被村民自建的各种楼房挤成了一种典型的城市下层社会的密集居住状态——当地的村民、外来的工人、年轻的小白领等都混住在这里。由于城市发展用地紧张,深圳的很多城中村都被迫拆除,现存的一些城中村也面临着马上就要消失的威胁。而拆掉城中村一直是个有争议的话题,一方面城中村脏乱差,也会滋生一些消防、治安等问题,似乎有碍于城市的现代化发展;另一方面,城市发展也要兼顾公平,应该给低收入人口提供容身之所,此外低收入人口的被迫外迁,也会给城市发展带来新的问题。正是在这样的社会背景下,这届双年展把主题定为了"城市共生"——研究城中村的发展问题，展场也选在了城中村。

　　由于展览在人们的生活空间中发生，主题又是关于生活空间的发展与改造，所以这个展览不可避免地具有社会实践项目的一些特征。因为展览需要在南头的很多个生活空间中举办，而且不光是会在空间中植入展览的内容，还包括要对一些空间进行改造，因而如何征得当地居民的同意，协调好他们的利益就成了一大难题。所以策展人的第一步工作就是跟政府官员、街道部门一起去走街串户，跟每户有利益牵涉的居民去沟通与协调，事实上这也是整个双年展最困难的一个部分，一直持续到最后一刻，通过各种力量的帮助才得以解决。接下来就是对一部分公共空间场所进行改造，总策展人刘晓都和孟岩都是建筑师，在对南头古城做了足够的调研之后，把一些零散和废弃空间进行整合，给村里开辟了一些可供居民休闲和文化活动开展的公共空间。这些空间改造给村

里带来的变化是永久性的，即便双年展结束了，这些新的公共空间依然会继续发挥价值。在这之后就是真正的"展览"了，策展人会邀请建筑师、艺术家、城市研究者、人类学家等对城中村问题有研究或感兴趣的创作者在各个场地中展现自己对城中村的研究、对其未来发展的想象，不同的参与者关心的具体问题并不一样，有些是关于城中村的普遍问题，有些则是基于对南头当地的研究而创作的。

尽管这次展览招致了一些关于文化精英强行介入居民生活的批评声音，但策展方还是非常注意与当地居民之间建立良好的互动关系，甚至把这当作展览的理想宗旨和现实前提。开幕式、一些子项目和作品创作也都邀请当地居民共同参与，甚至有些子项目就是为改善当地居民的生活而服务的。同时，组委会和策展人也希望居民们把展览看成一次"嘉年华"或者"庙会"，而不是一次陌生人对自己生活的侵扰。当然，组委会和策展人最希望的是展览能成为创作者与当地居民之间一次联手协作的机会，为南头和其他城中村问题的解决找到有益的启示和现实的路径。

这届双年展带有明显的"社会实验场"意味，策展人与其他创作者的很多工作都要在非常现实的生活空间和语境框架下展开。与我们通常所说的纯粹文化意义上的、讲求独立自由创作的双年展相比，这次展览显得更像一个"现实"的项目，但也正因为如此，它的社会意义才变得更加具体，更加清晰可见。（图7-8）

7-8 2017年深港城市\建筑双城双年展"城市共生"

当展览叙事成为一种以理想介入现实的行动,首先要解决的就是展览所带来的理想创造与当地社会现实之间的冲突,上述深港城市\建筑双城双年展的例子已经很清楚地证实了这一点。所以,对于展览的组织方、创作方或叙事者而言,仅靠心中的文化理想注定会寸步难行,他们必须学会创造性地利用各种资源来解决现实的问题,技巧性地平衡各方的利益冲突。最重要的是,把展览的成功与现实问题的解决紧密地联系在一起,这其实就意味着即便从创作的角度上来讲,展览也必须变成一种扎实的在地创作,那种典型的文化精英式的、居高临下的、把外来模式与设定好的程序强行注入当地的做法注定会受到当地人的抵制,也很难成功。

珍妮特·马斯汀在《新博物馆理论与实践导论》一书中介绍了澳大利亚土著博物馆在初期与当地土著社区之间发生的种种现实问题和矛盾,当地的现实情况与西方社会差异很大,如果只是简单地套用西方博物馆思维方式,就会形成鸡同鸭讲的局面[60]。比如澳大利亚土著的文化并不注重器物,主要是靠生产行为和文化表演来传承的;再如他们社区的一些仪式活动,对于游客来说很有吸引力,但却会被当地人视为不友好和不尊重;有些器物在今天的部落生活仪式中仍然会用到,这就与博物馆通常保存文化的方式之间形成了冲突。而最本质的问题是:想要借助旅游来提升当地社会经济发展与如何尊重和保存当地土著文化之间存在激烈的矛盾。也就是说,土著博物馆的展览叙事注定会介入当地土著人的现实生活之中,展览的创作者不能仅仅把展览视为一种文化创作,而应该把它视为一种从文化思考出发的社会项目,从而化解与本地需求之间的冲突,博物馆的建设也只有在因地制宜的探索之中才可能找到真正的解决之道。

如果说这些澳大利亚土著的博物馆建设初期遇到的问题在于固化地套用文化展览的模式、缺乏灵活的变通，也没有充分意识到展览作为社会项目的这一面，那么纽约下东区移民公寓博物馆的做法显然是在一开始就放下了博物馆的文化架子。项目的组织者在初期就把博物馆与展览当成一种推动移民社区发展的文化项目来看，从保留20世纪初的一段移民文献收藏与阐释下东区的移民体验开始。他们并没有着眼于传统的展览方式，而是把文化叙事装进了一系列为移民服务的联合创作之中，比如跟《纽约时报》合作，出版几种文字的移民指南；跟银行合作，翻新移民公寓，并为低收入移民提供租金优惠；利用早期移民的日记和信件，为新移民开设语言学习班；在博物馆的研究项目中尽量吸收来自少数民族、移民家庭和工人家庭的研究生参与……文化展览与社会实践之间的边界已经变得很模糊了，展览的叙事者也就变成了文化的实践者与社会项目的主持人。

当然，文化展览与社会实践之间的边界变得模糊了，并不意味着两者就是一回事了，博物馆和展览在社会中存在的基础是文化思考与想象实验，如果能把文化思考、想象实验与社会实践结合起来当然是好事，但还需要掌握好分寸，不能丢失其本源。如果过分倒向社会实践的一面，展览就容易被现实的需求牵着鼻子走，从而失去其文化性与理想性的底色，最终也会因此丧失其存在的基础，这是展览项目的主持人务必警惕的。

3　博学家视角与诗人视角的融合

（1）文学叙事中的事实性与虚构性的区分与融合

在早期的文学中，一直有所谓"事实性"(factual)和"虚构性"(fictional)两个叙事流派，前者偏于历史，后者偏于诗歌，而且这种区分方式几乎在任何一种文化的文学中都存在。如果做个简单分析，那就是：前者求真，后者求美；前者强调客观存在，后者强调主观认识；前者着眼于具体事实，后者关注普遍意义；前者对应的是"说过的话或发生过的事"，后者对应的是"可能该说的话和可能该发生的事"[61]。罗伯特·斯科尔斯在《叙事的本质》一书中对此做过清晰的界定："诗人所讲述或歌颂的并非事物的实际情形，而是其理想状态。与此相反，历史学家的书写则不是为了描绘事物的理想状态，而是为了记载事物的实际情形，既不添枝加叶，也不偷梁换柱。"[62]

从理论上来说，对文学叙事进行事实性和虚构性的区分是成立的，但在现实中两者却未必能够做到泾渭分明，尤其是在小说这种大众喜闻乐见的文学形式中，反而更倾向于把两者相互融合。对此，斯科尔斯是这样解释的："小说将事实性与虚构性元素加以融合，这并非由于幼稚和下意识，而是出于成熟与自觉性；此融合之所以成为可能，乃得益于所谓现实主义这一观念的发展；虽然理性主义似乎禁止这两条支流的联姻，但现实主义却为此提供了合理的平台。"[63] 在这里，斯科尔斯点出了一个关键之处：从表面上来看，事实性和虚构性有着明显的差异，但这其实也意味着两者各有明显的缺陷，只有把两者进行融合，小说的叙事能力才会变得更强大和全面。

从作者的角度出发，追求更自由开阔的表达是一种天性，相对来说，"真"算是一种限制，而"美"却是一种自由，如果真与美不能完美兼顾的话，那部分地牺牲"真"而追求更高的"美"就是一种很自然的选择了。更何况，如笔者在上一章分析的，"美"在某种意义上也是一种"真"，只是有时候我们被对"真"过分狭窄的定义所束缚了，才会在这个小圈子里打转。所以斯科尔斯才说，"叙事艺术是讲故事的艺术，一个人越是有文学修养和艺术悟性，就越会感觉到那种驱使自己以事实为代价去寻求美和真的创造性压力。"[64] 著名小说《追忆似水年华》的作者马塞尔·普鲁斯特（Marcel Proust）说的就更加直截了当："既然我们都是构建自己人生的造物主，那么作为见证者的叙述者与作为创造者的叙事者之间就不存在什么相互排斥。"[65]

（2）早期展览叙事中的事实性与虚构性之分

早期的博物馆展览只能算是一种"展示"形式，还算不上是一种"叙事"形式。但在经历了一段时期的发展之后，展览慢慢地孕育出了一定的叙事性，并且随着社会的发展，展览的叙事性也在持续地发育成熟。就像在文学中一样，展览也开始出现了类似"历史"与"诗歌"的分野：前者就是我们通常见到的那种专业性的博物馆（如历史博物馆、自然科学博物馆、天文博物馆，等等），而后者一般专指艺术博物馆（包括美术馆及部分画廊等）。从这种分类法里不难看出，人们把"真"当成了博物馆叙事中需要去普遍关照的内在本质，而把"美"当成了一个从属于某个专业的事。

在专业性博物馆的叙事中，观众看到的不只是展品，而且会认知到一个相对完整的"历史性"叙事——主要对应的正是"说过的话或发生过的事";而在艺术博物馆中,人们看到的也不只是一件件艺术作品,也在体验对生活现实的另一种(大多数情况下是诗意的)观察——对应的也是那种"可能该说的话和可能该发生的事"。就与"历史性"叙事的区别而言,当代艺术博物馆往往比古典艺术博物馆更加彻底一些——至少从表面上看,当代艺术离"真"更远一些。古典艺术(尤其是西方古典艺术)源于写实,在当时也起着一定的纪实功能,似乎并未完全脱离现实的、历史的视角;而当代艺术关注的虽然也是当下的现实世界,却是从超越现实的、自由想象的视角出发,并不去追求具体事实的忠实呈现,所以离"诗歌"更近。

(3)博学家视角与诗人视角的互补

在展览中,"历史性"叙事主要是借用"博学家"的视角呈现的。顾名思义,"博学家"通晓很多事情,长于理性分析与逻辑思考,能够把各种看似无关的因素联系起来,也能发现表象与内在之间的因果关系。因此,"博学家"往往能够把曾经发生过的事实重新拼合起来,或者呈现隐匿的客观存在,就像斯科尔斯所描述的,"他是一位孜孜不倦的调查者和分析者,一位冷静公正的评判员——简单地说,就是一位权威人士。他不仅可以按照自己的原则对事实加以呈现,而且也可以围绕它们展开评价、比较、训诫和归纳,告诉读者该何所思,甚至暗示他们该何所为。"[66]

但从叙事能力的角度来衡量,"博学家"的缺陷也相当明显:首先,从叙事的内容构成上来看,所谓博学,也是有限的博学,对实证与逻辑推理比较依赖,既不需要超越现实的视角,也不注重灵活的想象,靠"博学家"来就事论事尚可,但要跳出具体事实去进行叙事的深入发展就很难了。其次,从叙事的形式构成上来看,"博学家"往往习惯靠理性思维来工作,并不太注重对事物的直观感受,但按照理性思维组织出来的叙事即便内容再严谨扎实,在外观感受上都会显得枯燥无味。然而,展览是一种非常注重感受的叙事形式,它带给观众的认识与感受是一种你中有我、我中有你的状态,当展览在形式与感受上显得很无趣的时候,在观众眼里,它的内容价值也会大打折扣。有人认为这种感性的缺失可以在后期通过设计进行弥补,孰不知视角的缺陷对于叙事来说是一种根本性的问题,就如同想通过化妆与打扮来弥补一个人在气质与修养的不足一样,不仅原先的问题无法掩盖,弄不好还多了一分没必要的矫饰。

对比来看,"历史"叙事的所短恰好是"诗歌"叙事的所长。当然,这并不是说诗歌的叙事视角就优于历史的叙事视角,因为这种视角的缺陷也同样明显。首先,诗人或艺术家大多对形式和美非常敏感,能够从感受上来认识事物,这不但填补了"博学家"的理性认识缺失的部分,也能给叙事表达带来感性的魅力。但如果仅仅依靠这种感性认识,将很难把历史文献与研究成果有效地组织起来,建立起有逻辑、理性、宏大而坚实的叙事结构,也就无法完整地讲述事实。其次,"诗歌"虽然不擅长讲述事实,却能更好地表达叙事者对事情的主观认识与个人感受,也能把超越事实本身的想象融进来,所以就能在事实之外为叙事拓展出更大的发挥空间——这都是"历史"叙事做不到的。但除了艺术博物馆之外,大多数其他类型的博物馆都不大可能冒着失去对事实真实描述的风险,而把整个叙事都建立在个人的主观认识与感受之上。

尽管看上去"历史"与"诗歌"这两种叙事视角是完美互补的，但博物馆展览之所以会走上两条截然不同的路，既有自身发展不成熟的原因，也是受到当时的社会条件所限。两种叙事视角分别对应着"事实性"和"虚构性"，不仅分属完全不同的逻辑，其背后牵涉的价值观和社会伦理更是非常复杂，真要在展览中配合叙事，不光需要认识上的进步，也得社会条件具备才行。

事实上，各有偏科的专业性博物馆及艺术博物馆的展览叙事也确实都在发展中遇到了更大的麻烦。知识构成的日益多元化，知识更新速度的不断加快，社会风气更趋向于个性解放，以及互联网带来的知识即时可得，都使得"博学家"在展览中的角色越来越虚弱。支撑博物馆展览的"历史"叙事的社会基础也不再牢固，对于很多博物馆来说，叙什么的重要性在降低，而怎么叙的重要性却在不断上升，几乎所有的博物馆展览都在向"以观众为中心"演变。所以，对于个性化的内容、参观过程的感受，以及审美体验的需求也就显得日益迫切了。对于擅长"诗歌"叙事的艺术博物馆来说，尽管不存在这样的问题，但艺术博物馆一直有过度精英化的嫌疑，容易造成自我孤立，与社会和公众脱节，当然也需要做出改变。事实上我们已经可以看到艺术展览的一些积极的改变，公共艺术的概念越来越受到重视，艺术已经走进了社会空间，甚至与具体的社会问题结合在一起；艺术家们也开始积极地关注社会文献，甚至把艺术展直接命名为文献展；借助新媒体带来的技术手段，让公众从艺术作品中获得更鲜活的体验……从某种意义上来说，罗伯特·斯科尔斯所说的现实主义观念的发展已经趋于成熟，"两条支流的联姻"时代也已经到来。

（4）博学家视角与诗人视角的融合

从本质上来讲，叙事是人对世界的重新讲述。"博学家"与"诗人"这两种叙事视角都在重新理解和描述世界，但两者的侧重各有不同："博学家"是以世界为本，充分调动自己的认知能力，尽量多地去理解世界；而"诗人"是以人自己的内心为本，打开身体与感官，让世界照进自己内心。从理论上来讲，如果能把两者融合起来，就能弥合各自的缺陷，让展览叙事变得更加强大与成熟。如果从现有的各种案例来分析的话，"博学家"与"诗人"这两种叙事视角在展览中的融合可以分成两种方式："剪辑式"的融合与"角色式"的融合。

所谓"剪辑式"的视角融合，就是让"博学家"都与"诗人"都在一个展览中出现，分别对同一个主题进行阐释或表达。整体叙事也可以以其中的某一方为主，但基本上是各自独立创作，然后再把两种独立创作"剪辑"在一起，观众最终看到的就是一个理性视角与感性视角相互穿插的展览。而所谓"角色式"的视角融合，就是从叙事的一开始，就把"博学家"与"诗人"两种角色融为一种角色来展开工作，把"博学家"变为"诗人式博学家"，或者把"诗人"变为"博学性诗人"，由此展览中理性的一面与感性的一面就会融合得更加流畅，展览的整体叙事也会显得更加浑然一体。

我们可以把"剪辑式"的视角融合看作主题艺术展的变种，只不过参展的重要艺术家被换成了善于用理性来讲故事的"博学家"而已。柏林犹太人博物馆就是一个很好的例子，虽然文献与叙述性的展览部分自成一体，但以色列艺术家玛纳什·卡迪诗曼（Menashe Kadishman）等人的艺术装置及建筑师丹尼尔·里伯斯金（Daniel Libeskind）的建筑设计的感性表达穿插其间，让整个展览的参观过程变得更加富有情绪。

  从基础结构来说,美国纽约"9·11"国家纪念博物馆的展览叙事也该归于"剪辑式"的视角融合之列,这在很大程度上是因为其展览叙事由多个不同的功能部分组成:其中一个功能是给遇难者家属和观众提供一个抚慰心灵和悼念的场所;另一个功能是呈现事件的遗物与文献,主要是现场的遗址和遗物,以及后来征集与整理出来的"9·11"事件的相关文献,以此来回顾整个事件事实的一面;还有一个功能是延展性的思考与感悟,主要包括对事件前因后果的梳理、对当今恐怖主义形成的反思,以及对生命无常的慨叹等。这些不同功能的叙事有的偏"博学家"一些,有的偏"诗人"一些,在每个功能板块中,也会有相对理性的部分与相对感性的部分。以"延展性的思考与感悟"这个部分(主要是在北塔的历史展区)为例,这里对该事件的后果及影响进行了深入的探讨,话题包括:谁该对事件负责?该如何铭记这段历史?如何平衡国家安全和保护个人自由的矛盾?人们应该从事件中学到什么?等等。但除了理性的思考之外,这里也不乏感伤情绪的表达,其中令人印象最为深刻的是引用了诗人维吉尔的诗句

图 7-9 诗人维吉尔的诗句

"No day shall erase you from the memory of time"（日日夜夜都不能把你从时间的记忆中抹去，图 7-9）。

不过，作为一个坐落在"9·11"事件恐袭遗址上的怀念之地，如果博物馆过于硬性地把叙事进行切割与梳理，无论其结构看上去有多么合理，其实都会有些不妥当。毕竟在面对这样一个巨大的悲剧事件时，人们的感性和理性会完全交织在一起，不可能分得很开。人们的感伤发自内心，应该要贯穿整个叙事，而不适合成为某些特定情节烘托气氛的工具。因此，就整体而言，只有具备诗人情绪的"博学家"或者拥有博学思考能力的"诗人"才能完美地胜任讲述者的角色。

事实上，展览的创作者们交出的答卷是值得称赞的。在保护与展现遗址文献这方面，展览处理得非常精彩。博物馆就建在遗址之上，重要的断壁残垣基本上都被保留在原地，自然地呈现了被飞机撞击、大火烧毁的各种现场残物与遗迹的状态。人已经不在了，就让这些承受了炼狱经历的遗物的真实状态来说话：被大火烧炼、扭曲了的钢梁像从地下伸出的痛苦的手伸向了天空；一部消防车被巨大的力量撕裂，像碎布条一样随风而舞（图 7-10）；一段当时逃生的楼梯

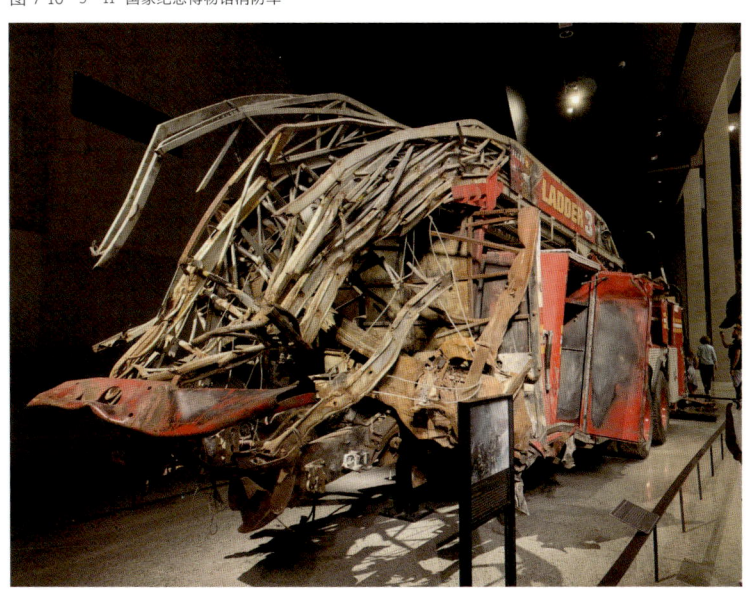

图 7-10 "9·11"国家纪念博物馆消防车

像出土文物一样静静地待在那儿,边上紧挨着的就是观众楼梯,当观众下楼的时候,就可以感觉到,在悲剧发生的那个时间,就在咫尺之遥,有多少人跟跄地奔跑在这段楼梯上,恐惧,哭喊,面部像这个空间一样扭曲着……几乎每件遗物都以它最具悲剧感染力的姿态定格在那里。可以想见,在面对这些遗物时,展览创作者们以艺术家特有的敏感捕捉到了遗物中蕴藏的那种痛苦的力量,因此,他们没有对这些遗物进行任何的动作,而是把精力都用在人们无法觉察的地方——梳理好空间的起承关系,安排出最有感染力的观察视角,使遗物的力量直接连通观众的内心,让一片宁静的遗址成为一个人人皆深受感触的剧场。从这个角度来看,"9·11"国家纪念博物馆又可以称得上是"角色式"视角设计的翘楚之作。

  在现场,有些东西留下了印迹,有些东西却不在了,早年雄伟的世贸中心双子塔及几千条生命永远地消失了。博物馆为此专门设立了供人们悼念的场所,最终采用的是建筑师迈克·阿拉德(Michael Arad)的方案"倒影缺失"(Reflectiing Absence)——消失的大楼和逝去的人们以"缺失"的状态再次回到我们面前:沿着世贸双子塔遗址向下挖出两个大坑,四周是不锈钢制的池壁,

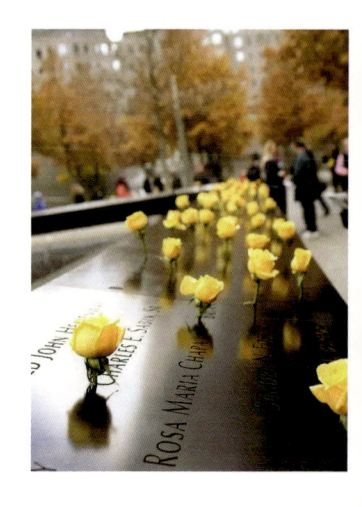

水流日夜不间断地从池壁内侧向下冲刷，流向底部。池壁上沿的平台镂空铭刻着每一位遇难者的名字，名字上面时常会插着家属和悼念者的黄玫瑰。这里，钢的池壁、水流的冲刷、镂空的名字、斜躺着的黄玫瑰，还有悼念者的沉默或抽泣，共同构成一个带有浓重悲剧色彩的纪念情境。到了夜间，向上射出的镭射蓝色光束塑造出曾经的世贸双子塔的形体，不屈而坚毅地直插云霄，就算是从几十英里之外，人们都可以清晰地看到双子塔的"虚空"与"失去"（图7-11）。

通常情况下，我们会把梳理与使用遗物文献看作类似历史考古研究的工作，这种认识并非没有道理，但如果仅限于此，也就抹杀了对文献的感性认识。在美国纽约"9·11"国家纪念博物馆这个案例中，正是借助了"诗人"或"艺术家"的感性认识，展览才发掘并表现出了遗物中最具价值的部分。从全局的角度来看，博物馆的展览虽然离不开"博学家"式的理性研究，但其本身对我们来说更像一种感性的事物。就如"9·11"国家纪念博物馆这个案例显示的，要想把故事真正讲好，就需要"博学家"具有诗人的感性，或者"诗人"拥有博学家的理性。

图7-11 "9·11"国家纪念博物馆黄玫瑰和镭射光束

（三）亲历者视角的演变

1　亲历者视角在今天的勃兴

在早年的大多数博物馆展览中，基本都是这样的叙事模式：强大的博学家视角主导着整体叙事，中间穿插一些亲历者的情境，既能让观众在认知的过程中增添一些体验感，也能给参观带来节奏的变化。但在今天，由于博学家的身份开始受到质疑，博学家的性质在发生变化，变成了事实的记录人、表达自己观点的评注人、新观念的提出者、叙事实验或者项目的主持人。讲课式的叙事正在退出历史，共同参与式的叙事逐渐变成主流。在这种转变中，原先作为配角的亲历者视角由于更贴近观众，更有参与感，所以在新的展览叙事体系中正在变得越来越重要，从亲历者视角发起的叙事也就得到了巨大的发展。

亲历者叙事视角之所以越来越受欢迎，从本质上来说是因为得到了社会发展的支持。从人的意识上来说，社会在经历了现代启蒙之后，人的自我意识开始觉醒，在认知层面会更愿意相信自己的亲身体会而不愿去简单相信别人的判断，即便在一些还未完成现代启蒙的国家，在全球化和互联网文化的影响下，民众的自我意识也在不断成长，会对权威教化模式产生反感，追逐自我价值的实现。毫无疑问，与听博学家讲课相比，自己亲历的方式更符合个人意识的转变。从社会的空间构成上来说，互联网正在重构社会资源的组合和分配关系，知识的传播越来越被转移到线上，而体验却越来越依赖线下的物理空间，而亲历者视角的强大之处主要就在于能塑造人的体验。从科技的进步上来说，今天飞速发展的虚拟现实技术就是一种围绕着亲历者视角而发展出来的技术，支持人们去"亲历"任何想象中的世界。从展览自身的演变来说，展览越来越避免去呈现由创作者预先确定的内容，而是倾向于成为一场由观众来共同亲历和参与的社会实验过程。

当一切外在和内在条件都已经足够成熟，亲历者视角在展览叙事中的潜力也就被激发出来了。

2 亲历者视角与亲历者叙事

（1）两种亲历者视角

当我们探讨博物馆展览中的亲历者叙事视角的时候，必须先搞清楚这样一个前提：它是作为与博学家视角相对的一个比较概念而存在的。在大多数情况下，博学家与亲历者这两种叙事视角都会被结合起来使用，比如在由博学家主导的传统展览叙事中常常会出现以亲历者视角生成的场景，但如果从整体的叙事结构来看，这些场景所担当的只是一种图例，被编织进了一个从博学家视角出发的叙事框架之中。反过来说，如果我们要谈亲历者叙事视角的勃兴，就意味着亲历者叙事视角将成为展览叙事的发起者或主要构建者。

在典型的博学家视角出发的展览叙事中，展览创作者变身为讲课的"博学家"，观众则是听课的"学生"。当讲到某些"场景图例"的时候，观众也会短暂地从"学生"的角色中跳出来，进入某个场景情境之中，但这种离开是暂时的，当观众从该情境中走出，还是会回到"学生"的角色之中。在整个叙事语境中，故事里的人是缺失的，"博学家"是讲故事的人，而观众是听故事的人，如果采用亲历者的视角来叙事，就意味着观众从听故事的人变成了故事里的人，或者说观众将通过进入故事里的角色，借用亲历者的经历与体验来"听故事"。

以亲历者视角发起的展览叙事基本上可以分成两种类型：一种是"用亲历者的视角去叙事"，而另一种则是"让观众成为现场叙事的亲历者"。第一种类型中的故事基本上还是预先设定好的，只不过不是从讲故事的"博学家"角度来出发，而是从故事中的某个角色的角度出发，观众将移情在这个角色上来体验整个故事；第二种类型是把在展览现场所发生的故事当成真正的故事，尽管预先也有话题与规则的安排，但故事的发展还是要靠现场的进程来决定，观众将以某种现场身份参与到这个在当下发生的故事之中——故事的参与者自然就是故事的亲历者。

"用亲历者的视角去叙事"的核心是在已经设定好的故事中寻找或创立一个最有价值的角色，从这个角色的视角出发来展开叙事。这个角色几乎将会统摄展览叙事构成中的一切：不仅整个叙事从他的视角发起，逻辑与体验也要围绕他的视角来构建，展览的创作者要附在他的角色中才能开展创作，观众参观的时候也得移情到他的角色中才能把他的体验转化成自己的体验。而且亲历者角色的选择是非常灵活的,在同一个故事框架中,选择不同的角色来担当亲历者,就会讲出不同的故事,带来不同的参观体验。有的展览叙事甚至会从几个不同的角色视角来展开叙事,观众就可以在不同视角的交织中获得更丰富的叙事与体验。亲历者角色的选择越离奇,带来的故事与观众的体验就越特别,比如第42届米兰世博会英国馆的叙事就是以蜜蜂的视角来发起的,观众体验到的就是一个与人类视角截然不同的世界。

要"让观众成为现场叙事的亲历者",就是让叙事变成一场在展览现场发生的事件,并让观众积极地参与进来。在现场发生的故事总是充满了不确定性,哪怕有预设的前提与规则也无法改变这一点。无论观众的角色与参与方式是怎么设定的,每个观众所面对的具体情境都不会一样,所做出的反应和行为也不会相同。所以,当观众成为现场叙事的亲历者,就意味着每个人都拥有了一个独一无二的亲历过程,以及一个只属于自己的故事。

(2)移情式的亲历者视角

从亲历者的视角去叙事,观众就拥有了一项特权:可以移情于在现实人生中无法扮演的角色,得到在现实人生中无法获得的视角,以此去"亲历"自己的现实人生不能拥有的世界。而且无论这场"亲历"如何刺激与危险,都是在现实中的那个自己获得完全安全保障的前提下展开的——就像在电脑游戏中一样。

亲历者视角所带来的移情式的体验是对过于程式化的现实人生的有益补充,越是在现实人生中缺失的,观众就越期望能从展览的叙事体验中得到。何况,无论看起来多么不现实的目标,在叙事世界中都可以实现,而耗费的成本或付出的代价几乎可以忽略不计。如果把人的这种体验愿望看作一种现实需求的话，就必然会出现一个社会生产与供给体系。事实上，今天展览的社会生产已经能够对照观众的欲望清单来提供丰富多彩的移情式亲历体验——就像超市中分类明确、琳琅满目的商品一样，可以满足不同人的不同口味与需求。

从亲历者的视角出发去叙事，选择亲历者的角色是展开叙事的第一步。一般来说，有两条重要的原则：一是对观众来说，该角色进入的门槛要够低；二是对叙事来说，视角要够独特。

之所以要把角色进入的门槛设得很低，是因为观众在参观展览之前，往往并不具备与该展览相关的知识基础，而是以一个陌生者的姿态直接闯进了这个故事，所以需要在极短的时间内进入角色之中才行。如果门槛太高，就意味着很多观众将无法有效地进入叙事逻辑之中，除非有特别的考量，否则的话，这个问题将会是致命的。

独特的视角能够带来独特的故事，人们来参观展览，就是为了获得与日常不一样的认识与体验，只要视角够独特，哪怕是看平常的事物也能看出令人耳目一新的东西来。对于叙事的视角选择来说，往往宁可独特到偏颇、极致到离谱，也好过正确的中庸，因为那样就无法从日常逻辑中跳脱出来，也就失去了叙事的意义。

如果展览所关注的话题或观察的对象是我们熟悉的，通过独特的角色设定或者采用特别的视角，就能看到平素我们看不到的东西，生成与日常观察有差异的叙事。就以我们熟知的两个成语故事"盲人摸象"与"坐井观天"为例，通常我们会把这两个故事看作因为视角受到限制而导致错误认识的案例，因为与我们正常人的视角相比，盲人与青蛙的视角看到的只是局部，所以得出对于整体的认识是错误的。但如果换个角度来理解，这两个故事却变成了通过独特视角来建立个性叙事的典范，因为对于我们正常人来说，早就知道大象与天空的样子，从盲人与青蛙这样的独特视角来看，反而能获得崭新的认识与个性的体验。试想一下，如果把我们的眼睛蒙起来去摸一次大象，用我们身体的尺度与大象的尺度进行直接的比对，用手臂去感受大象皮肤的肌理、厚度、温度以及身体不同部位的差别……其感受注定与我们平时的观察是不同的。而像青蛙一样坐在井里看天空的体验对我们来说更不易获得，井里会提供一个非常特别的观察天空的视角——井口成了一个镜头或画框，把天空剪成圆形，坐在井里，就可以仔细地观看天空的微妙色彩变化，或者云朵的缓慢运动，这种感受是我们在日常环境中不易体会的。美国艺术家詹姆斯·特瑞尔（James Turrell）就曾在英国约克郡雕塑公园做过一个类似坐井观天的装置作品《天空空间》(*Skyspace*)，观众就坐在一间屋子里从天顶的一个方口来慢慢观察天空的细微变化（图 7-12）。

图 7-12 詹姆斯·特瑞尔 《天空空间》

可见，一个独特的视角必定会使人看到在日常视角中看不到的东西，从而生成一段独特的叙事与体验。从某种意义上来说，这个世界已经被我们的日常视角遮蔽了，只有通过独特的视角，我们才可以绕过这层遮蔽，在早已习以为常的景象之中发现新的认知，获得新的体验，这个世界才可能会重新变得有趣。

但如果展览所关注的话题或观察的对象是我们比较陌生的，就意味着它本身对于我们来说已经够特别了，就不一定要设置多么奇特的视角，反而，应该重视这个视角是否有更好的代入感，是否让观众比较容易地进入叙事和理解内容。好的视角选择还能更好地突出主题，制造出戏剧感与张力，比如柏林的犹太人博物馆与阿姆斯特丹的安妮之家博物馆，里面的故事都与第二次世界大战德国纳粹迫害犹太人有关，展览中也都出现了从亲历者的视角来展开的叙事，由于今天的观众都没有亲身经历过第二次世界大战，更没有体会过纳粹的残酷，所以在这两段叙事中，分别采用了两个让人体验非常深刻的亲历者视角，一个是参与大屠杀的纳粹刽子手，另一个是想要躲避纳粹迫害的犹太小女孩，尽管关于纳粹迫害犹太人的故事有很多，但这两个视角还是非常直接而极端，内在极富张力，也很容易营造出戏剧感。在柏林犹太人博物馆的这段叙事中，观众将被迫踏上一条由铁铸成的、人的扭曲面孔铺就的甬道，"亲历"一段践踏生命的作为纳粹刽子手残忍与冷血的体验；而在安妮之家博物馆里的这段叙事中，观众就成了当年的那个藏身在房子夹层里的犹太小姑娘安妮·弗兰克，在逼仄而阴暗的空间中熬过漫长而恐惧的时光，如果观众在之前读过《安妮日记》，就会更容易体会到那种内心的折磨。

（3）现场叙事中的亲历者视角

如果叙事不是被预先制作好并在展览现场向观众统一推送的产品，而是随着观众的参与和现场的进程而生成的结果，就意味着观众将在叙事中扮演非常积极的角色。尽管同样是出演角色，但观众在现场故事中的角色与预制故事中的角色有很大的不同：如果展览只是在讲预制的故事，那观众将只是移情于被设定好的某个角色之中，借他的视角来体验这个故事；但如果故事在现场发生，观众相当于通过某种参与的方式来与创作者展开对话，即便事先也对观众的身份做了设定，但完整的故事却是没法事先设定的，每个观众自己的判断、思考与行为将最终会决定故事是什么。

请观众参与现场故事并不是展览的专利，在很多先锋戏剧中，观众都会被卷入演出的进程之中，观众既是观众，同时也是演员。以李建军导演的纪实戏剧《25.3km 童话》为例，剧场就是一辆行驶的大巴车，演员就混杂在乘客（也就是观众）之中，演员与观众都会从不同的站上车，演员上车之后会先做自我介绍，然后就引导观众来聊天，或参与到观众的聊天之中（图 7-13）。在这个"剧场"里，观众与演员之间几乎看不出任何区别，而且观众与演员在哪站上车哪站下车都是不确定的，上车之后站在什么位置，周围是谁，谈到什么话题，即时反应是什么，也都是随机的，每个观众都是对话的参与者，但是对话的内容与对象

图 7-13
李建军导演的纪实戏剧
《25.3km 童话》

却并不相同。在同一场演出中,由于观众不再是旁观者,而是其中的演员,所以他们的视角是不一样的,所经历的过程和体验到的内容也是有差别的。

戏剧要靠演员的表演来进行,所以观众的参与也要靠人与人之间的直接交流来实现,但在展览中情况就不同了,展览主要是靠展品(物)来表现,所以观众的参与也只有落实在媒介物上才行得通。本书的前文曾提到一件艺术作品,这是一块黑板,上面是一道填空题：Before I die, I want to……(在我死之前,我想……)。观众被邀请填上自己的答案,当黑板被填满之后,还可以擦掉其他观众的答案再留下自己的答案,直到自己的答案被另一个观众擦掉。当观众在作答时,既是在跟艺术家对话,也是在跟其他观众对话,更是在跟自己过去的人生对话,而这些所有的对话都是依托于这块黑板来实现的。同样要靠观众的共同参与来完成,艺术家玛丽娜·阿布拉莫维奇(Marina Abramovic)的作品《节奏0》中所使用的媒介物更加特别,除了摆在桌子上的很多工具之外,艺术家自己的身体也被当作了媒介物——观众可以使用桌子上的任何工具来摆布艺术家的身体,艺术家希望以此来测试人们在面对不设防的陌生人的身体时做出的下意识反应。在这里,艺术家的身体既不代表艺术家本人,也不是戏剧中的演员,而成为一种被物化了的"不设防的陌生人"。今天,通过观众的参与来制造现场故事已经很普遍了,就连一些很常规的展览也会专门设置观众参与的环节,比如投票、留言、留影等,能够支持观众参与现场对话的媒介也越来越普及、越来越丰富了。

与移情式的亲历者视角不同,不管观众在展览现场故事中的角色具体是什么,都不需要脱离原来的自己而成为别人(而移情式的亲历者视角恰好就是靠成为别人来实现的），因为既然是强调现场的价值，注重观众的参与，就意味着故事将带有实验与探索的色彩，这就需要每个观众都继续成为自己。只有这样，才能体现每个参与者的差异，才能在与展览创作者的对话中制造出不同的内容，共同创建出丰富的成果，大家共同参与的意义也就得到了体现。

观众参与现场叙事是时代发展的产物，从进程上来看，是观众的"参与"替代了"听讲"；从展览的构成来看，是观众实现了在叙事中的自我存在；从本质上来看，则是知识与思想民主化的体现，公众将获得一种新的权利——跟策展方一起，共同进入展览创造的自由天地。

3 亲历者叙事的现场结构营造

（1）亲历者叙事的体验性现场结构

一般来说，展览的叙事主要依托于可见形态和空间构成来展开，而亲历者的视角也要靠观众的直观感受与体验来实现。因此，从亲历者视角发起的展览叙事现场注定不是一种展示性或讲述性的结构，而应该是一种与亲历者状态相符合的体验性结构。

如果说展示性结构依托的是展品，讲述性结构依托的是知识，那么体验性结构依托的就是角色与视角。只要使观众一直保留在他移情的或现场故事中的角色与视角之中，他就不可能跳出这个体验性结构之外。而观众、角色与视角之间的这种锁定关系又完全建立在自己的感知基础之上。也就是说，展览现场的所有事物，包括形态、空间、知识、媒介、互动、流线、叙事……都必须以设定好的那个角色与视角为基准,并且以观众的感知为框架来进行组织与安排。

依托亲历者视角而建立的展览现场注定是沉浸式的——观众将沉浸在那个角色与视角之中。而实现沉浸的路径基本上可以分为两种:一种是从场景出发,另一种是从情境出发。其实,这两种方式也分别对应着前文说到的两种亲历者视角:从场景出发对应的是"用亲历者的视角去叙事",而营造情境主要对应的是"让观众成为现场叙事的亲历者"。

(2)营造亲历者叙事的场景

其实,在展览中营造一个亲历者场景并不难,就算在传统的"博学家"叙事中,也常常会插入一些亲历者场景,但要营造能够连续起来的亲历者场景就不容易了。如果还要考虑到把场景跟叙事有机地结合在一起,就难上加难了。

相比较而言,小说与电影就非常擅于营造连续的亲历者场景。小说可以通过文字引导读者在叙事场景中连续穿行或自由切换,而观众也会用联想去补足那些没有说出来的部分;电影则很擅于借助镜头选景把场景的局部真实感扩展为环境整体的真实感,再通过长镜头在场景中穿行,用蒙太奇手法把不同的场景剪辑在一起,让观众始终无法离开他移情的那个角色。尽管展览也属于叙事艺术,但是小说与电影有两个优势是展览不具备的:一是小说通过文字描述,电影通过镜头,让人仅靠有限的描述与呈现就能想象出一个完整的场景或世界;二是小说与电影可以随意地切换场景、空间、甚至包括时间,在保证场景连续的前提下去配合叙事的展开。而展览的叙事必须在一个真实的时空结构(真实的展厅与真实的观众参观时间)中展开,要想营造连续的场景,并且还要配合叙事的发展，那就必须像小说与电影一样解开现实时空关系的枷锁。

也许，我们可以从戏剧的做法中找到一些启示。传统的舞台戏剧会大量地使用隐喻，靠隐喻来突破舞台现实时空的枷锁，重构出叙事需要的空间与时间。隐喻既可以靠道具，也可以靠演员的表演来实现，比如通过挥动马鞭来隐喻骑马、通过摸索的动作来表现黑暗、换把椅子就切换了空间、转一圈回来就经过了万水千山，等等。所以，我们肉眼看到的舞台场景并不是戏剧叙事真正要表现的场景，舞台上真实发生的时间也不是戏剧叙事要表现的时间。通过舞台上特有的隐喻方式，现实的时空枷锁被解开了，叙事才会顺利地展开。

同样面对解开时空枷锁的难题，展览的解决方式与戏剧既有相同之处，也有不同。展览中少有人的表演参与，但物与空间的发挥机会却比戏剧要大得多。展览中的物不是供人使用的道具，而是具备独立表演能力的"演员"；展览的空间也不是一个固定的舞台，可以真的在参观流线中进行切换，其丰富性、真实感与灵活度都比戏剧舞台要强大得多。展览中会用到隐喻，但也能通过营造真实的场景感受来解决问题。

- 连续的场景

要在展览中营造出连续的亲历者场景，就必须保证空间、角色或视角都是连续而不间断的。

所谓空间的连续，指的是当讲述或实现一段完整的叙事时，观众参观的这段场景是完整的、不会断开的。也就是说，要做到叙事段落、场景空间和观众时间的三合一，而且整个段落要足够紧致，不能插入其他与此无关的场景。最重要的是，要保证观众始终待在这个场景之中，这里所指的观众并不一定是观众的肉体，更主要的是他的视觉注意力、想象空间及精神状态（特殊情况下还有其他的感知系统）。展览中最常见的做法是建造一个把观众完全置入其中的沉浸式空间——让观众进入一个独特而封闭的世界，而且这个空间场景必须是丰富可变的，以保证观众的注意力被牢牢地吸引在这里，不会因觉得无趣而迅速离开。

而所谓角色与视角上的连续，是指场景中的一切设定必须始终与那个亲历者的角色或视角保持对应关系。如果与亲历者的角色或视角脱节了，即便观众本人仍然留在这个空间之中，场景其实也失去了连续性。

以2017年在北京佩斯画廊举办的、由日本新媒体艺术团体TeamLab制作的展览《花舞森林与未来游乐园》为例，这是一个标准的沉浸式空间——整个展厅就像一片无尽的花海（图5-13，第192页）。空间中设置了几十台投影仪，在墙面、地面上投射出各种变化丰富的植物与花朵，通过黑暗的空间和部分墙上的镜面制造出花海的无限感，同时也营造了空间的独特性和封闭感。观众在一个真实的三维空间中，却相当于进入了一个影像塑造的虚拟世界。观众就像一个沉浸在花海中的小姑娘，这里摸一下，那里拍张照，无论走到哪里，都不会离开这片花海，直到他走出展厅，回到现实世界，这场幸福的旅行才算结束。

- 场景的切换

在上述的这个展览中，尽管在不同的花海区域，内容与形式也有一定的变化，但从本质上来讲，这就是一个大型的场景，只是它的内部构成比较丰富，能够让观众持续性地沉浸在其中（在伦敦的泰特现代美术馆涡轮大厅举办的艺术家埃利亚松的《气象计划》也是同样的道理）。这种做法对重视即时感受而叙事结构比较简单的展览会非常有效，但如果内容比较复杂，而且叙事中比较注重结构性转换的话，就很难用一个大型场景来解决问题了，而必须诉诸多个场景的结合。这种情况下，最核心的问题就是如何在多个场景切换的同时保证角色或视角的连续性了。

以2015年米兰世博会的英国馆为例，整个英国馆的叙事都围绕着一个非常奇特的视角——蜜蜂来实现，不光知识或故事结构，甚至连展览的空间场景也要按照蜜蜂在生活中的空间视角来塑造（图7-14）。观众的整个参观过程主要

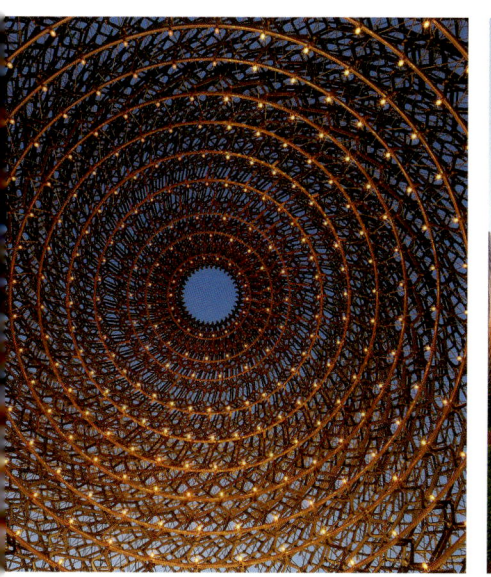

图 7-14 米兰世博会英国馆　蜜蜂的空间视角

在四个场景中展开,分别是果园、草地、蜂窝与一个建筑项目。进入展馆之后,观众将先在果园漫步,接下来就会发现一片芳草地,穿过这片芳草地,就进入了一个蜂窝,最后再进入建筑项目中的功能区。这个观众行进的场景序列就是一个典型的蜜蜂的行动路线:先在果园中飞舞,然后在草地上嬉戏,然后回到自己的家(蜂窝)。为了帮助观众得到更好的体验,每个场景也都参考了蜜蜂的视角来进行设置:比如在草地的场景中,草地的地面被抬升了很多(正常人胸部左右的高度),从观众行走的路径向两边的草地看,视线正好就是蜜蜂在草丛中飞舞的高度;再比如为了让观众能以蜜蜂的视角进入蜂窝之内,特意把蜂窝做成了透明的框架结构,同时蜂窝的比例也放大了很多倍——以对应蜜蜂与蜂窝的比例。在这个展览中,叙事随着观众的行进路线逐渐推进,场景也随之持续地切换,内容与体验也因此而不断地改变,但观众却始终没有离开那个独特的角色与视角——蜜蜂。

(3)营造事件的现场

如果一个从亲历者视角出发的故事是预设好的,只是打算通过展览来推送给观众,那就要靠精确的场景来把故事讲清楚。在参观的进程中,要一直暗示出观众移情的那个角色与视角,规范好观众的行为,以保证一切都有条不紊地进行。但如果故事并不是(或不完全是)预设好的,而是要在展览现场中即时发生,那观众就自然成为叙事的亲历者,甚至是重要的参与者。与此同时,故事也将无法完全预设,而是拥有了不确定性。这样一来,想要凭借场景设计来解决问题就很难了,反而场景越是精确、规范性越强,就越会限制故事的发展,连观众参与的积极性也会降低,故事的不确定性也就被弱化或不存在了。因此,如果要突出叙事的现场性,就不能用场景去讲故事,而只能通过事件来生成场景。

作为现场叙事的参与者,观众必然会沉浸在事件中的角色、任务与进程当中。如果事件本身是紧致并且富有张力的,就能灵活地适用于任何场景,并在一定程度上去塑造场景。生活中的事件也是如此,以打架为例,打架是不分时间和地点的,家里、学校、闹市、街区甚至在议会上都会有人打架。打架的人会完全地沉浸在事件当中:角色清晰,任务明确。他需要在精神上保持高度集中,才能对每一刻的形势变化做出即时的反应——他绝对不会分心,更不会离开他所在的角色,此刻的现场就是一个沉浸式的打斗场,只有对手、武器、障碍、拉架的人和围观的人。与打架的情形类似,对于沉浸在热恋中的人来说,不管在何时何地,眼里也只有爱人,甚至平时看上去很无聊的环境都会充满爱的气息……所有类似的例子都在印证同一个道理:当人沉浸在某个事件的角色当中,周边的一切都会被这个事件与角色所塑造或重新定义——场景当然也不会例外。

当展览也成为一场事件,当观众也处于"打架"或"热恋"之中,那现场也将被展览事件所塑造。以女艺术家玛丽娜·阿布拉莫维奇(Marina Abramovic)的行为艺术作品《节奏0》(图7-15)为例,这个作品充满了事件性与过程感,虽然预先有设定,但整个过程都要靠现场的观众参与来实现。现场的规则非常简单,

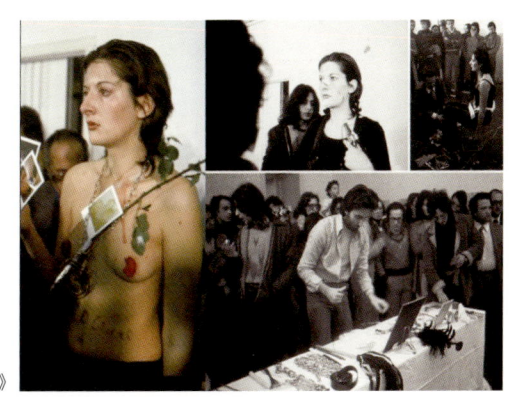

图 7-15 玛丽娜·阿布拉莫维奇 《节奏0》

就是女艺术家就坐在展厅里一动不动,任凭观众使用放在桌子上的72件工具来摆布她。这些工具是有讲究的,其中有些工具可以说是"善意"或"中立"的,比如香水、糖、相机、玫瑰、口红等,而有些工具却象征着"恶意",比如剪刀、斧子、锯子,最夸张的是还有一把上了膛的手枪。观众刚进来时,还处于一种观望的状态,但随着时间一分一秒过去,观众从将信将疑到放开手脚,有人把她的衣服脱掉,有人把水浇到她头上,也有人帮她擦干眼泪,甚至真有人拿起那把手枪塞到艺术家的手里,指着她的脑袋。

在这个事件过程中,观众从将信将疑的围观到参与事件当中,整个故事都是完全开放的。故事是什么,以及故事中观众的角色是什么,都由他所使用的工具(如玫瑰与手枪),以及他对女艺术家的身体所做出的具体行为来界定。从表面上看,通过这72件工具,以及观众的具体行为选择可以演化出许多不同的故事,但实质上,所有的故事又自然地合成了一个故事,它测试的是围观者自己的内心对于一个不设防的陌生人的身体的意念和界限。

无论我们把这一连串故事看成一个事件,还是把每个观众挑选工具及随后的行为当成一个单独的故事来看,似乎事件与故事发生的地点与所在的场景都并不重要,定义故事的关键就是放在桌子上的那72件工具。观众拿起什么工具就几乎已经预示了他打算对女艺术家的身体做什么,也在内心确定了他打算在故事中出演什么角色。

从这个案例中不难看出,对于在现场发生的事件性展览来说,场景将会被事件所塑造,而事件则会被规则与道具所造就。

八 走向新展览
——从文化叙事到文化实践

（一）博物馆展览的转型

1 博物馆的异化与泛化

今天，博物馆的模式正在发生深刻的变化，从内到外，几乎涉及博物馆的所有方面。现实情况繁杂，学说流派众多，很难把脉络厘清。这种状况有点像当年西方的后现代主义运动，其本身的概念虽然有些含混，但它对现代主义批判与解构的姿态却是相对清晰的。今天博物馆发生的变革也是如此，从思想上来说，是从对现代博物馆的批判立场出发；而在现实操作中，则体现为一种对现代博物馆进行"解构与重构"的过程，尝试打破已经陈旧的模式，寻找适合当下社会发展的新路径。

在学术界，对传统博物馆模式进行反思的研究和著述大量地出现。其中一部分持悲观主义观点，认为博物馆这个诞生于现代社会早期的事物已经不适应今天的社会发展，甚至出现了"博物馆终结论"[1]，其中的代表性著作包括美国罗切斯特大学艺

---

[1] 这种理论将博物馆看作19世纪的产物，随着机械复制技术的发展和普及，博物馆对于"知识"的自居地位被迫消解，以其作为标志的精英文化制度也就此告终。

术史教授道格拉斯·克里普（Douglas Crimp）的《论博物馆的废墟》(*On the Museum's Ruins*, 1993)，稍微含蓄一点的如大卫·卡里尔（David Carrier）的《博物馆怀疑论》(*Museum Skepticism*)，等等。也有一部分人持比较乐观的态度，认为今天的这些混乱现象只不过是博物馆进化过程中经历的一些尝试与波折，总体来看，博物馆正在向更成熟、更有社会价值的形态演变，这其中最受到普遍认可的说法是"生态式博物馆"及美国学者艾琳·胡珀·格林希尔提出的"后博物馆"[67]，指出博物馆应该摒弃僵化的文化保护区姿态，以更加开放的方式来拥抱社会。

关于博物馆新模式的实践与探索也已经如火如荼，这从对博物馆的各种新命名就能看出来。事实上，对博物馆重新命名的过程就是一个对传统博物馆概念的批判过程。有些新的博物馆取名为艺术中心""科学中心"等——注重的是概念上的模糊性和功能上的多元化；有些则取名为"探索馆""体验馆"等——强调去结合今天的技术成果，主动提升观众的参观体验；有些甚至干脆抛弃了博物馆的实体性，比如华盛顿州立大学艺术博物馆主任克里斯·布鲁斯（Chris Bruce）曾把"计划"（Project）这个词作为"后博物馆"的原型，"旨在构建以观众的选择、互动和乐趣为优先的灵活多变的社会空间"[68]；而辛辛那提艺术中心曾在其教育项目中采用过一个新词叫"非博物馆"(unmuseum)², 意在主动瓦

---

2 "非博物馆"是位于美国俄亥俄州辛辛那提市罗森塔当代艺术中心（简称CAC）六层的专为儿童教育设立的博物馆。博物馆以艺术体验为核心，设置了手工艺术项目、学校与家庭参观和展览开放聚会等活动，并允许儿童及其亲友在博物馆中参与艺术互动、随意触摸、嬉笑跑闹等行为。

解现代博物馆拥有的过强的文化权威，鼓励儿童观众从视觉艺术中去独立探索意义；还有很多新的博物馆虽然还叫作博物馆，但会加上一个非常社区化的前缀，指示着这些博物馆在承担社区文化中心的职能……

虽然在博物馆专业领域出现了对博物馆模式与概念的反思风潮，似乎昭示着博物馆正在经历一场被社会发展所抛弃的危机，但同时在社会中也出现了一种与此截然相反的趋势：越来越多的社会机构和社会场所纷纷开设博物馆（在过去，博物馆是被视为一个非常专业的文化领域，如果不具备充足的文化资源与受到专业认可的文化身份是做不到的，甚至是没有资格的）。前者所呈现的是博物馆的去博物馆化风潮，而后者所呈现的是非博物馆的博物馆化风潮。看起来似乎这两种风潮是相互矛盾的，但如果我们换个角度来看，就会发现博物馆与社会空间正在从河两岸向中间走来，并即将迎面汇合，两个看似相反的行进趋势其实指向了同一个中点——今天的博物馆必将变得越来越多元与开放，博物馆与现实社会之间的交融也会越来越全面。从某种意义上来说，博物馆在今天的这种变化正是在回应启蒙运动时的梦想——以文化的名义，建立起一个广泛的、人人都能参与的公共领域。

当然，博物馆在今天的异化与泛化必然也会带来一系列的问题，比如美国学者与博物馆专家李雪曼（Sherman Lee）就曾忧心忡忡地指出博物馆有变成迪斯尼乐园的危险，可能会堕落为文化上的蛮荒之地。[69] 就今天的实际情形而言，这些学者们的担心并非多余。在探索博物馆发展新模式的道路上，似乎很多博物馆都正在被现实的需求所裹挟，一味地追求所谓的公共化、体验感和娱乐性，对博物馆"过度精英化"的文化批判已经变质为对顺应现实与讨好公众的摇旗呐喊。在这样的情况下,展览作为博物馆最直接的面对公众的窗口,将无可避免地要直面这些问题。

2　展览叙事的成长

从博物到展示,从展示到叙事,博物馆展览的叙事性就是在展览的发展进程中逐渐酝酿成熟的。展览从最早的以物为中心发展到现代社会初期的以知识为中心,就是一个从以展示实物为主到以讲述故事为主、从靠个体独白到讲究整体配合的演化过程。之后再从以知识为中心到今天的以人为中心的发展过程中,展览一方面不断地从文学、电影和戏剧等其他叙事形式汲取营养,持续提升其叙事能力;另一方面也正是因为有了与这些叙事形式的对比,展览才能更积极地挖掘其不同于其他叙事形式的独特之处。就是在这样不断的探索与实践中,展览中的叙事性逐渐成长起来了。

在展览叙事性的发展中,对"真实"之理解的扩展与深化起到了最根本的作用——因为这决定了展览叙事将建立在怎样的基础之上,也决定了展览叙事可以达到的边界范围。早年的展览必须完全遵从客观事实,而今天的展览则允许主观判断与想象的存在;早年的展览主要关注事物的自身价值,而今天的展览则注重同步探索事物关系背后的本质内涵;早年的展览只关注已经发生的真实,今天的展览则开始关注可能发生的真实或应该发生的真实;早年展览叙事的真实主要指的是叙事与原型之间的忠实对应关系,而今天的展览叙事的真实则还包括与当下关系的真实、知识生产的真实、现场发生的真实甚至是社会影响的真实,等等。随着"真实"概念的向外拓展,展览叙事的发挥空间也就变得越来越开阔了。

任何一种成熟的叙事形式都离不开一个成熟的语言系统,每种展览要素的发展都意味着展览叙事语言的发展。其中最基本的就是物的语言体系的建立,但也不能忽视对观众的感知系统与剪辑能力的研究与探索。在展览的这组核心关系中,物是被感知的客体,观众是感知的主体,两者都被进行深度的拆解与重组。物的像、意义与媒介都可以被拆解并按照叙事表达的需要重新组合在一起,而观众的感官也同样可以根据叙事表达的需要进行屏蔽、强调或修辞。在一个以感知为框架的展览参观行为中,如果主体与客体都变得可以自由拆解与组合的时候,其语言系统也就自然变得立体与丰富起来了。

从展览的叙事者与观众的关系来看,今天的展览已经不再局限于只是由叙事者向观众讲故事。叙事者不一定是通晓一切的博学家,还可以作为事件的记录者、评注者、新观念的提出者、话题发起人或者展览现场规则的设计师等;观众的角色也在逐渐化被动为主动,他们在慢慢地进化为展览话题的对话者、展览现场演出的参与者,甚至是展览的联合叙事者。当叙事者与观众之间的关系发展得如此富有变化,展览的叙事也就拥有了变幻莫测的发挥空间。

展览的叙事性一直在成长,毫无疑问,我们在今天看到的状况也不会是它在终点的样子。

3　从文化叙事到文化实践

无论社会如何发展，展览的基本要素都一直没变，只有物（客体）、空间（场）、观众（主体），以及把它们组织出新意义的文化视角。但在不同的时代与社会环境中，对这四样要素的认识与使用却千差万别。当我们站在"当代"的语境之中来重新审视这些变化，以及它们的组织关系，就能从中读出全新的一面——展览正在从文化叙事走向文化实践。

物：叙事之物的范围一直在拓展。到了今天，已经很难找出文化之物与日常之物的区别，世间万物皆可被视为文化叙事之物，这就意味着展览世界与日常世界之间的界限已经不再清晰。展览叙事把日常的物的意义或形式进行解构，并重新组织成新的意义与形式——在文化的层面上，按照理想的模式，展览已经在着手重新组织现实世界。

空间：早先在文化展览空间与世俗社会之间建立的围墙在消失。今天，在需要的时候，任何社会空间都可以迅速转化为文化展览的空间，互联网更是把文化空间与社会空间编织在了一起。空间界限的模糊、空间性质的转换、空间关系的穿插，当文化叙事的场所与社会生活的场所日益混杂在一起的时候，文化叙事就难免会与社会实践产生关联，或者说成为某种意义上的文化实践。

观众：当观众越来越积极地参与到展览的现场叙事之中，就意味着观众并不是按照既定的视角去体验一个完全预设好的故事，而是以参与者的角色与叙事者一起共同建立新的叙事。也就是说，展览并不是在讲述一个旧事件，而是在发生一个新事件。对于一个新事件来说，去复述已有的事物是没有意义的，只有去探索新的可能才能体现新事件的价值。何况既然展览已经成为一场事件,那它本身就必然带有了一定的实践性特征。

文化视角:要想体现展览叙事中的当代性,就必然会与对当下现实的批判联系在一起。这并不是说故事本身必须描述当下的现实,而是指讲述任何故事的时候,只要是从当代的视角出发,就能够发现它与当下现实的某种内在联系。换句话说,任何叙事都可以成为当代的叙事,更何况当展品是现实生活中的物件,展厅是现实生活中的空间,展览的话题是现实生活中的话题,连展览本身都成了现实生活中的一场新事件的时候,文化自然就成了一种社会实践的姿态,而叙事也自然就演化为一种社会实践的方式。

展览从文化叙事转向文化实践,虽然算是内部机能转变的结果,但真正在背后支撑它的是文化概念的变迁。今天我们所认知的文化已经不只是一种人类社会生产的结果,更是一种"富有成效并持久的认知和思想工具"[70]。正如英国学者齐格蒙特·鲍曼(Zygmunt Bauman)所言,"世界和人类生存的方式就是一项有待完成的任务,而不是预先给定和不可改变的"[71],那今天的展览叙事正是一种恰当的实践方式。

（二）走进世俗生活的展览叙事装置

从广义上讲，展览是一种历史非常悠久的社会事物。直到今天，每个家庭基本上都能看到"展览"的参与，而像寺庙、教堂、墓地等与人的精神世界关联更紧密的社会空间也有展览与叙事的性质，只不过通常我们并不会意识到这一点。因为我们已经被现代社会塑造出一种分工式的认知习惯，认为只有专门的博物馆才算得上是带有文化性与精神性的展览空间，而这种带有明确文化属性的事物就应该跟世俗生活划清界限。直到20世纪末"后博物馆"概念的提出，才算正式开启了文化领域对这种过分专门化的展览叙事空间的反思。而后来各种"泛博物馆"展览的出现，则充分证实了社会中已经有大规模的实际行动来对此做出回应：企业与私人开始大量建设自己的博物馆；商场里纷纷建起了美术馆，或不定期地举办文化展览；随着人们的社交和商业交易向互联网迁移，几乎所有的线下空间都出现了对文化体验的需求，甚至干脆直接冒用各种博物馆的名号……在这里我无意对这种现象进行评判，只是从这些现象中看到了一场新浪潮的出现：展览叙事正在大规模地走出博物馆，出现在各种各样的世俗社会空间之中。

事实上,经典文化走出专门的文化空间并与世俗生活相互交融的现象是当代文化中的一种普遍现象,并不只发生在博物馆上。20世纪初,在戏剧中就诞生了"环境戏剧"[72]的概念,强调戏剧与生活环境的相互交融;到了20世纪中叶,"环境戏剧"就进入了蓬勃发展的状态,戏剧不是在专门的剧院中演出,而是出现在各种各样的世俗生活的空间里,成了"生活剧院""街头剧院""游击队剧院"[73]。就像理查德·谢克纳(Richard Schechner)[1]所指出的:"一切空间都可用于表演,既可以在经过改造的空间,也可以在现成的空间中演出。……在环境戏剧作者眼中,任何一个空间都可以转化为演出场所"[74]。而他的另外一段话则点出了环境戏剧的本质:"演出空间的扩大,使得戏剧与生活相互渗透,戏剧包容着生活,生活包容着戏剧。"[75]而约翰·凯奇(John Cage)对戏剧的定义则更为极端:"我总是简单明了地说,戏剧是眼睛与耳朵介入的某种东西。……我想我把戏剧的定义定得如此简单的理由是因此人们可以把日常生活本身看作戏剧。"[76]在某种程度上,在博物馆展览身上发生的变革与在戏剧身上发生的变革几乎是一样的,我们同样也可以把日常世界本身看作现成的展览,只是它的文化姿态还不够明显,概念还不够出奇,叙事还不够紧凑……如果在日常生活的现成展览中植入一些能够体现特别文化想象的因素或片段,就会带来全新的认识与体验。也许我们可以参照"环境戏剧"的概念,把这种新的博物馆状态叫作"环境博物馆",或者另一种形容会更贴切:它们是植入现实生活的"展览叙事装置"。

---

[1] 理查德·谢克纳,美国作家、编剧、影视评论员,现任加州大学洛杉矶分校影视剧本写作专业主任。

之所以把展览称为"装置",是因为这个词能够比较准确地描述走进世俗生活的展览叙事的形态与概念特征。首先,"装置"这个词就是为了形容现有生活语境中无法定义的新事物,当它出现在日常图景中的时候,就会显得与众不同,一下子就会被识别出来——非常符合展览在外观上的需求。其次,"装置"也是一种强调整体性与综合性的事物,往往会围绕某个强烈的文化概念而建立起一种"文化磁场",把辐射范围内的所有事物都统合在这个磁场之中。当它作为一个整体嵌入世俗生活中,就会从气质、格局上与世俗生活"隔离"开来。如鲍里斯·格洛伊斯所言:"艺术装置是一种把艺术家自主权的范围从个人艺术品扩张至整个展览空间本身的途径。"[77]"它邀请观众把这些公共空间当作作品的整体空间来体验。这个空间中的任何东西都成为作品的一部分,仅仅只是因为作品在这个空间中展出。艺术物与一般物(simple object)的差异在这里变得毫无意义,代之而变得至关重要的是一个显著的装置空间与一个不显著的公共空间的差别。"[78] 此外,装置往往还代表着一种临时性的建构,它与通常担负塑造城市日常空间责任的建筑物不同,不会恒久地对某个空间的功能进行定义,可以根据需要出现或消失。最后,装置还可以是灵活的、可移动的,它可以专门为某个空间打造,也可以主动去适应任何一个空间,用格洛伊斯的话说就是"在任何时间被安置在任何地点"[79]。

其实,展览叙事进入世俗生活的条件早就在不知不觉中被孕育出来了。主要有两个关键概念的变化。

一是今天的我们该如何从展览叙事的角度看待我们的世俗生活环境。

在早年的博物馆概念中,世俗生活环境是博物馆文化围墙之外的一种次要环境。但如果我们参照前文提到的约翰·凯奇对戏剧的定义,就会发现日常的世俗生活也可以被当作展览来看,就像著名城市理论家刘易斯·芒福德(Lewis Mumford)所指出的:"大城市的主要作用之一是它本身也是一个博物馆:历史性城市,凭它本身的条件,由于它历史悠久,巨大而丰富,比任何别的地方都保留着更多更大的文化标本珍品。"[80] 更何况在今天关于文化标本的概念比芒福德在当年所指的范围还要开放许多,也就是说,今天的城市作为博物馆的意义比过去还要明显。

二是我们该如何站在今天的实际情况来重新看待博物馆这个历史事物。

过去的博物馆的核心是物的收藏,展览是呈现珍贵的文物。但随着展览叙事的发展,当代博物馆的价值重心已经转移到展览叙事上,物品不再是展览文化价值的核心,对物品的再观察与再创作(也就是叙事)才是文化价值的体现。从展览叙事的角度上来讲,文物与非文物之分变得不再重要,所有的日常物品都可以成为展览叙事中的一部分。这样一来,从理论上来说,展览装置出现的场所就是博物馆所在的地方,而展览装置存续的时间就是博物馆存续的时间——博物馆展览作为一种植入日常世界的文化装置的性质变得更加清晰了——甚至拥有了即插即用的功能。

换个角度来说,早先固定的博物馆展览空间其实是一种工业社会中形成的空间的社会职能分工结果。但今天已经进入了所谓的"后工业社会",过于严格的空间职能分工体系不但无助于社会的发展,甚至已经成为社会发展的障碍。更何况随着技术的进步,今天的空间概念也已经大大拓展了,网络虚拟空间在人们的生活中正在扮演着越来越重要的角色,与物理空间的穿插与交织也正在构成一种前所未有的空间状态。所以，展览空间的概念已经注定无法与某个确定的物理空间联系在一起。所谓展览空间，就是展览叙事发生的游戏场。建立在物理空间概念之上的博物馆与世俗社会的其他空间的职能区别已经变得非常微弱，我们更应该思考的问题是：如何在社会空间中塑造展览叙事场"内"与"外"的界限？以及在不同的具体叙事及空间环境下，界限的确切意义是什么？

不管从外在的趋势还是内在的条件来说，展览叙事的社会化变革都势在必行。但这并不意味着一场展览叙事的社会化大发展将水到渠成，我们依然无法确定把展览叙事与世俗生活之间的围墙拆掉是一种时代的进步，还是展览叙事进入了历史螺旋发展新阶段的一种自然现象？当我们对接下来展览叙事将在社会中扮演更积极的角色而欢欣鼓舞的时候，难道不会在心里产生一丝隐忧——好不容易在300多年来现代社会中建立起来的展览叙事的精神高度和文化独立性，会不会就此被世俗化所吞蚀？对于这个问题，此时笔者也没有能力给出答案，但可以肯定的是，这种变化进程是注定的，是不可阻挡的，在相当长的一段时间之内都不会停止，甚至还会愈演愈烈。因为其背后的推动力不仅来自博物馆与展览学术界的自我批判与积极思考，也来自整个文化世界的集体反思，更重要的是来自社会的整体变迁与发展。浪潮已来，我们需要思考的，是如何更好地理解它，以及更好地掌握好它。

无论这场演变的过程以怎样的方式来体现，是专业的博物馆向一种更开放、更注重实效的社会形态演变，还是展览叙事以一种文化思考的身份介入各种各样的世俗事务之中，其结果都是相通的：都意味着带有文化思考的展览叙事与更开放但也更世俗的社会资源的正面碰撞。当然，这同时也意味着展览叙事正在失去文化圣殿的保护（也包括一个深厚完善的专业系统的支持），可能会面临过度世俗化、商业化或者娱乐化的风险——从某种意义上来讲，这是不可避免的（尤其是在转型的初期阶段更是如此，即便长期来看也不可能完全避免），看起来这就是拆掉围墙要付出的代价。既然这种伤害和风险是注定的，那也许更应该思考清楚的是：怎样做才能降低这些伤害与风险？以及付出代价之后换来的是什么？要知道，展览叙事要完全杜绝这些风险，就只能永远待在博物馆的文化保护区围墙之内。重返世俗生活，虽然要面对这些风险，但却有可能把展览叙事中蕴含的文化价值转化为更大的社会价值。社会发展的最佳路径原本就隐藏在抓住机会的同时避免风险的高难度操作之中，何况在绝对安全与绝对风险之间往往都会有一个很模糊的区间。某种意义上而言，面对这个挑战就是当代博物馆人必须要承担的使命，一切就要看如何具体去做了。

整体来看，文化性的展览叙事要在这场变革中走出一条卓有成效的路来，其核心问题就是如何在融入世俗生活的同时保持文化的独立性，反之亦然。这个问题的前后两个部分互为前提，或者根本就是一个问题的两个方面，因此只能诉诸一体化的解决之道。如果我们把这种走向世俗生活的展览叙事看成一种植入社会机体的文化装置的话，如何融入世俗生活其实是一个外向性的问题，而如何保持文化独立性其实是一个内向性的问题。前者的根本在于开放性，后者的根本在于凝聚力。这样看来，走进世俗生活的展览叙事装置的基本模型也就呼之欲出了，它必须是一个内外指向完全相反的双重结构：对外似水，灵活多变，能对接与适应各种复杂的空间及社会环境；对内似钢，坚实不侵，始终保持着文化的视角与态度。只有同时做到这两点，走进世俗生活的展览叙事才有可能真正成为一种积极回应时代发展的社会文化装置，既能更直接地参与到社会的运作体系之中，又不失其根本——基于独立的文化思考，创造一个更加理想的世界。

1　融入现实——当代展览叙事装置的社会性结构

展览叙事装置的外向性结构就是它的社会性结构，需要体现展览叙事装置能够更有机地融入社会运作体系之中并在其中发挥积极作用的能力，这种能力主要包括以下四个方面：

- 介入任何社会话题的能力;
- 适应各种世俗空间需求的能力;
- 从任何一个要素发起并完成叙事的能力;
- 给现实带来积极变化的能力。

（1）介入任何社会话题的能力

对于展览叙事装置来说，介入社会话题的能力其实就是文化范围的界定问题，也就是叙事是否能够把其所关照的文化范围扩展到更大的社会领域的问题。如果把这个问题放到早期的现代博物馆，答案就是否定的，因为当时博物馆的主要意义在于保存那些可能会随着社会发展而被毁灭的精粹文化。这就相当于清晰地界定了有些"文化"是重要且有资格进入博物馆，有些"文化"是不重要的而没资格进入博物馆。再进一步说，有些事物会被视为属于文化范畴，而有些事物则被排除在外。通过博物馆文化权力的严格筛选，框定了博物馆的文化标准，往往是那些代表重要历史的、事关重要人物的、比较稀有的或者体现特别文化高度的事物才有可能进入博物馆，并以此为基础来策划展览。今天，社会文化观念已经发生了天翻地覆的变化，其中最根本的就是"将人类的栖息地想象为文化世界"，以及把文化视为一种"认知和思想工具"（齐格蒙特·鲍曼）[81]，这就意味着用"范围"这样的概念去讨论文化已经失去了意义。当人用文化的视角来观察与思考的时候，世界就已经是文化的世界了（今天世界上那么多稀奇古怪的小的主题博物馆就是例证），展览叙事当然也就具有了介入任何社会话题的能力。

（2）适应各种世俗空间需求的能力

从展览叙事装置与世俗空间的关系来看，当下的世俗空间是一种现实前提，而展览叙事装置是后来的融入者，后者必须主动去适应前者才行。这种主动的适应行为可以从两个角度来解读：一是空间关系上的相互契合，二是展览叙事装置能与世俗空间形成有效的对话。

从空间关系上来看，由于世俗空间的尺度必然是各有不同，形态也是变幻莫测，所以展览叙事装置必须在空间上具有足够的弹性和变通性，才能很好地与之相适应。这对展览叙事算不上挑战，只要不是以超尺度且不可改变的实体展品为前提，展览叙事就有足够的灵活度来处理空间问题，这可以从家庭、教堂、庙宇、墓地等各种差异巨大的叙事空间中得到证明。

从空间对话的层面上来看,当下的城市生活空间基本上是在依照工业社会的社会分工逻辑建立起来的,比如商场、办公楼、学校、工厂、医院、音乐厅、公园、道路……其形态、尺度与材料等基本上都是通过各自的功能需求来决定的(博物馆和美术馆成为"黑盒子"与"白盒子"也是基于这个原理)。但建筑空间的生存周期相对较长,而社会发展却相对较快,在进入后工业时代和互联网社会之后,很多空间已经失去了其最初设定的功能。更何况按照互联网社会的逻辑来看,空间的状态也不应该是固定的,需要不断地调整格局与组织关系以适应社会生产与生活的灵活变化。这样一来,对于展览叙事来说,现实中的空间就成了某种意义上的现成品(无论从空间结构上还是实体形态上都是)。只是把它视为展览叙事装置的容器的话,似乎在思维格局上就会显得有些局限,而如果把它视为装置的有机组成部分,反而更容易体现现实空间的价值。

事实上,这也算不上什么新概念,在现代博物馆的第一波浪潮中,像大英博物馆、卢浮宫等老式的宫廷建筑就被整合成为整个展览的一部分(尤其是在后来的改建中),而在之后的工业遗址改博物馆的浪潮中也同样如此。近年来,有些展览干脆就选择在废弃的监狱、谷仓、自由市场,甚至是一些日常生活还在照常进行的场所举办,文化展览叙事与现实空间的对话已经在不知不觉中越来越深入,也越来越成熟了。

(3)从任何一个要素发起并完成叙事的能力

一般来说,需要具备物、空间、人与文化视角这四个基本要素才能完成一个展览叙事装置。但在现实中,启动时往往只是具备其中的一两个要素而已,其他的要素就要靠在创建装置的过程中去补充和完善了。这种状况固然是出于现实条件的限制，但也是现实给叙事装置提供的机会：正是因为要素的缺失，展览叙事装置才得以以超现实的重组方式介入社会现实之中。同时，这也是展览叙事装置融入世俗生活的精髓所在——既能靠现有要素与具体的世俗生活场景衔接，又能靠外来的补充要素给这里带来创造性的改变。现有要素在装置中扮演最为关键的角色，因为它们身上具有两个重要的双重性，正是这两个双重性把展览叙事与社会现实联结在了一起。

第一个双重性是作为社会资源与社会问题的双重性。一方面，现有要素是某个社会现实环境中本来就有的资源，可以为展览叙事所用；另一方面，现有要素身上往往也直接牵涉了这个现实环境中的具体问题所在。它们之所以会率先成为可以被叙事使用的资源，很多时候也是因为它们是这个现实环境中的冗余资源，与之牵涉的问题很难靠现有的规律和做法去解决。在新的叙事中，冗余资源可以转化成新的有效资源，同时其所牵涉的问题也会在叙事植入的过程中扮演路标和引子的角色，帮助新叙事在旧环境中找到适当的契机与切入点。

第二个双重性是作为社会真实和叙事虚构的双重性。当现有要素被纳入一个新叙事中的时候，自然要在一个带有虚构性的叙事结构中扮演角色，与那些外来的新因素相互交织、相互照应，共同建立起新的价值。但承担新角色并不意味着完全抛弃旧身份，它们身上原有的与这片社会现实相关的牵涉并不会被切断或完全消失，而是会平行地运行或潜在地发挥作用。正是由于现有要素天然具有的这种双重性，才能让一种虚构的展览叙事与一个真实的社会现实既各自独立又彼此相融。

具体来看,能够跟物、空间、人与文化视角这四个基本要素相对应的任何资源都可能成为展览叙事装置的先发要素。相对而言,以物和空间作为先发要素在展览中有着更久的历史,而以人与文化叙事作为先发要素出现的时间要晚一些,但无论哪种做法,在今天的社会中都能找到足够的佐证。以物作为先发要素是展览叙事最原始也是最常规的做法,很多早年的博物馆展览都是以物作为先发要素的。以空间作为先发要素的例子也不少,但作为一种普遍的情况出现还是在快速和大规模城市化之后,因为社会生产模式升级太快,所以原先的功能空间不断地被淘汰。比如由于工业生产升级或工厂外迁而在城市中留下来的厂房,或者由于线上商业兴起而日益凋零的商场等,这些失去原有功能的空间中的很大一部分都在向博物馆或体验性空间转化。此外,还有一些新兴的现代化国家(比如中国)中的很多城市都在快速地新建很多博物馆,把建筑与空间当成了先发要素,其他部分还来不及跟上。以文化视角作为先发要素则主要源自社会系统中的一种自我审视或自我批判的诉求,像世博会和一些严肃的双年展都属于这种情况,都是出于对社会普遍性问题的一种关注,希望通过文化性的展览叙事这种探索性的方式来寻找解决的途径。而以人作为先发要素是展览叙事"以人为本"转向的一个具体表现。其中关键的一点是"人"的概念从抽象的大众转向了具体的社群,像很多社区博物馆和生态博物馆很多都是以具体的人群为出发点来考虑的,如华盛顿的阿纳卡斯蒂亚邻里博物馆是从当地社区黑人的角度出发,纽约下东区移民公寓博物馆是从移民的角度出发,马萨诸塞州当代艺术博物馆则是把北亚当斯市当地的艺术家们当成先发要素建立起来的。

从展览叙事的角度来看,无论现实环境中先提供了哪个要素,都可以以此为基础来建立叙事装置。更何况这四个基本要素的概念所指范围非常宽泛，基本能涵盖现实生活中的大多数事物，这就相当于在现实生活中布满了无数个展览叙事装置的接口，从任何一处都可以进行衔接。

（4）给现实带来积极变化的能力

如果说现实生活会对展览叙事装置表现欢迎的姿态，那一定是因为它能够给现实生活带来积极而有效的变化。否则的话，不管双方在形式上如何契合，这桩姻缘都是无法实现的。因此，展览叙事装置融入现实生活这个概念必须从社会生产的角度能够解释得通才行，这就要看这种装置中的文化性是否能转变为一种有效的社会生产，以及是否能融入整体的社会生产流程才行。

首先我们必须认识到，在任何一个当下，现有的社会生产都既有其合理的一面，也有其待改进的一面。以正常的社会发展规律而论，进行小的改进并不难，而想进行突破性的变革或大的拓展却不容易，因为靠其规律性的内部机制往往是无法做到的。文化性的展览叙事装置其实是一种"局外人"[82]，一般也无法直接当作解决问题的手段来使用。但"局外人"通常没有具体的现实负担，却不会缺少理想的视野，所以能够带来崭新的视角、在旧系统中没有出现过的新资源和新事物，以及全新的连接与组织方式。用德国建筑师马库斯·米森（Markus Miessen）的话说，"局外人拥有的特殊力量正是来自它们与结构内部的各种政治全无关系"[83]，而且，这其实是一种更具远见的谋略——"这些局外人的角色在系统中种下种子，让局内人在未来耕耘"[84]。

叙事是构想性的，是以不对现实负责的方式来对现实负责。正如瑞士策展人汉斯·乌尔里希·奥布里斯特(Hans Ulrich Obrist)所言:"在某种程度上,艺术的一股伟大力量是它提出的一个不可适用的模型,在不同时代里则可能变成可适用模型。"[85] 更何况,叙事所提出的理想模型中已然植入了现实的因子,并不是纯粹的虚构。它不是作为原有生产链中新增的一环编入原先的社会生产流程,而是作为一种新的力量来激发它或突破它。

展览叙事装置往往会呈现视觉上的奇观,这既是展览叙事的独特视角与个性艺术表达带来的结果,也可以视为是展览叙事装置在日常世界里的必要生存技能。在习惯成自然的日常世界中,奇观可以让展览叙事装置成为一种爆炸性的、极富吸引力的事物,从而吸引更多人、媒体与资源的关注,理想性的叙事就此也具备了非常现实的功能。

此外,展览叙事现场不仅仅是一种文化生产的工厂,同时也是一种带有探索性与前瞻性的"社会实验场"或"社会温室"。一些在社会现实的桎梏中无法诞生的想法或创造都可以在这里被孕育出来,从而变成对社会现实有价值的提案。

展览叙事装置能够介入任何社会话题,也能适应各种现实空间需求,还能从现实中已有的任何一个要素发起叙事并完成它,最重要的是,它能够给僵化的现实带来积极的变化。今天,展览叙事装置已经初步具备了融入社会运作体系并在其中发挥积极作用的能力。当然,随着社会发展还会出现新的变化,一切都只是刚刚开始。

2　保持文化独立性——当代展览叙事装置的叙事性结构

要探讨当代展览叙事装置的内向性问题，就必须同步考虑到其外向性问题，甚至是以外向性问题为前提来探讨内向性问题。可以说，如果没有融入世俗社会这个前提，如果展览叙事还都被保护在博物馆这个文化圣殿里，那当代展览叙事装置的内向性话题根本就不会出现。正是因为围墙消失了，文化叙事与世俗生活交织在一起，新的问题才被摆到桌面上来：进入日常生活叙事的汪洋大海之中，展览叙事的文化性和独立性不会被淹没吗？

在融入世俗社会的前提下来讨论展览叙事装置的文化独立性，关键在于两点：一是文化上的纯洁性，二是叙事上的完整性。所谓文化上的纯洁性，主要就是指保持文化视角的纯洁性，不要为政治、商业和娱乐等世俗力量所侵蚀；而所谓叙事上的完整性，就是指在复杂的现实环境中保持完整的文化叙事结构，不要为世俗生活的叙事所肢解或冲垮。而接下来的问题是：它能做到吗？如果能的话，其意义与价值何在？就前一个问题来说，如果按照经典博物馆的标准来衡量，答案必然是否定的；而就后一个问题来说，如果真的不打折扣地做到的话，那展览叙事装置植入世俗社会之中的意义也必将荡然无存。这就意味着，这里所指的文化独立性与我们通常认知中的文化独立性是不一样的。

现实条件决定了当代展览叙事装置的独立性必然是一种相对灵活的独立性，而不会是过去博物馆中的那种绝对封闭的独立性。虽然这种独立性看似是无奈的、不完整的，但这又何尝不是一种主动而更富有活力的独立性呢？借助这种看似有些含混的独立方式，展览叙事装置不是可以容纳更广泛的社会资源,并与世俗生活产生更深入的互动吗?要知道,绝对封闭的独立性虽然是一道有效的防火墙,可以保护文化不受世俗生活的侵蚀,但也正是由于这种过度的保护,让过去的博物馆文化走上了自我束缚的精英化道路,与鲜活的世俗生活之间划上了一道本不应该存在的鸿沟。

以世俗社会中的商业性为例,曾经人们也总把商业性与文化性对立起来,在博物馆里更是严防死守。但如果深想一步就会发现,人们真正反对的只是文化行为与商业行为形成直接联系,而间接的联系是无妨的。很多博物馆或者里面的展览都受到了商业的赞助,商业品牌和商业公司的名字甚至可以直接出现在文化性展览之中,只要不对展览的具体内容施加影响就没人觉得不合适,甚至连商业的元素也可以进入文化性展览之中,只要它最终能变成文化视角下的观察对象就行。这既可以通过艺术创作的文化视角来实现,像安迪·沃霍尔、达明·赫斯特等艺术家的作品都向我们展示了如何把商业世界变成艺术观察的一部分;也可以通过策展的文化视角来实现,连北京的中国国家博物馆都曾举办过路易威登的主题展,但它进入国家博物馆的前提就是以一种呈现历史文化的视角来展开叙述。从种种现象中足以得出这样的结论:商业元素本身并不是障碍,背后的商业考量也不是问题,只要在叙事视角上保持文化的独立性,展览叙事就会是一种文化行为。所以,要挡住商业的侵蚀,需要的不是僵硬的"墙",而是灵活的"网"——这就是文化的视角。

人们还有一种担心是文化展览叙事进入世俗生活之后会不会过度娱乐化。虽然像赫胥黎在《美丽新世界》与尼尔·波兹曼在《娱乐至死》中对文化成为一场滑稽戏的担心并非没有道理,但也不能就此断定展览必须与娱乐绝缘。就像理查德·沃尔特（Richard Walter）在《剧本：影视写作的艺术、技巧和商业运作》中所指出的，在谈到文化时，我们对娱乐往往是有误解的，"长久以来，'娱乐'一词笼罩着贬义色彩，它暗示的内涵是短暂、肤浅、琐碎、无足轻重，这是不应该的……（它不是指一个人在脸上画油彩，然后跳踢踏舞，以'娱乐'某种观点；而是在脑海中玩味它，掂量它的分量，查看它，权衡它，赋予它价值并进行深思"[86]。

我们应该把所谓的严肃文化与娱乐的关系分为两个层面来看：一是过去的博物馆由于太在意保持知识的神圣感，才摆出一副极其严肃的面孔。但在今天看来，是否显得过于冰冷而不够人性化？如果说它原本也存在问题，那就说明它需要被解决，而不必因过于纠结当下的解决方式是否完全恰当而止步不前。这其中既有方向问题，也有方法问题或者是尺度问题，两者不宜混为一谈。

二是知识性和思想性与娱乐性和体验性之间是否天然是对立的？今天的一些展览叙事过度追求娱乐性，以及用体验性来替代知识性和思想性——用罗伯特·麦基（Robert Mckee）的话说就是"用奇观来取代实质，用诡异来取代真实"[87]。这确实会引起人们尤其是学界人士的担心（这也可以算是一种商业性的侵蚀，恰好反证了上面所说的文化视角的重要性），但如果从这些具体现象中的不妥就给这个命题导出一个否定的答案也过太草率。也许我们可以对照一下电影产业的情况，电影的娱乐性与体验性都很强（而且一直在持续增强），但这并不妨碍电影成为一种艺术性和思想性都很强的叙事形式。只要人们意识到这种问题的存在，就会逐渐寻求解决的途径。换个角度来看，这种现象是不可能完全杜绝的（在电影中也是一样），但对于展览叙事来说，只要把知识性和思想性一直当作其内在框架，随着时间的推移，人们总会找到把知识性、思想性与娱乐性、体验性更好地结合的办法。就这些问题来看，当代展览叙事装置的独立性命题依然很难有一个清晰的答案，尽管方向已然清晰，但还是需要人们在不断实践中去找到更具体而实用的方式。

从叙事的角度来看，把当代展览叙事装置植入世俗生活之中，就是在日常叙事中插入文化叙事。无论这两种叙事之间有怎样的联系，或者看上去如何不易分辨，其内在都只能是两种叙事，因为其视角、构成的秩序及人与叙事之间的关系都截然不同。就像社会学家布尔迪厄所指出的，场域是通过其内在机制来构建的，"进入（场域）意味着心照不宣地接受场域的基本规则"[88]。也就是说，无论文化圣殿的围墙是降低了，还是拆除了，当代展览叙事装置的独立性都得靠在叙事内部建立紧密关系和对外保持距离来实现：对内要做到叙事序列之间有足够的"密度"，不能被"撕裂"；而对外，也就是与日常生活的叙事之间要保持距离——既然不能依靠围墙，就得依靠其他的方式来做到。

最常见的一种方式就是把展览叙事整体地嵌入一个大的世俗空间中去，比如在大商场中为了增加文化体验而开设的美术馆，一些由老旧厂房或城区在"缙绅化"的过程中也会设立美术馆或博物馆，大致都属于这个性质。这是一种空间嵌入的方式，我们也可以把这种展览叙事装置看成一个博物馆或美术馆的微缩版，而且从模式上来看也确实没什么区别：既保持空间的独立性，还照搬了一个跟原先没两样的策展系统。还有一种方式是时间性的嵌入，也就是展览叙事装置只是在某一时间段占用了某个空间，在这个时间段内把这个空间改造成一个文化叙事的场所，等约定时间一到就完全退出。正是因为它不会长久占用空间，所以这种时间嵌入的方式往往拥有更大的自由度，展览叙事装置就可以出现在任何地方。由于展览叙事在时间维度上的权属关系已经被界定清晰了，所以文化叙事与日常叙事之间的距离也就被明确了。

当然，不是在所有的情况下都可以把展览叙事装置完整地嵌入到世俗世界中去。而且既然是融入世俗生活，就不能完全靠相互隔离来解决问题，而是要在相互交融的前提下去探讨文化叙事的独立性。如果对外保持可见的距离是不现实的，那就更应该注重叙事内部的结构问题。只要能充实起叙事序列的"密度"，就可以建立起完整的文化叙事。针对这个话题，也许戏剧的一些做法可以提供参考：戏剧同样也要在一个真实的空间中展开叙事，传统的戏剧也是靠围墙来与日常叙事进行隔离（在剧场中演出），舞台上的剧情是连贯的，所以叙事就有足够的"密度"。而在布莱希特之后，戏剧常常不时地把舞台与剧情扩展到原始的设定之外，把剧场现实也拉进叙事结构之中。环境戏剧则走得更远，其舞台就在世俗空间之中，演员、观众与路人之间无法一眼就分辨出来，戏剧叙事与日常叙事也交杂在一起，观众要靠自己的理解或参与把文化叙事从日常生活叙事中组织或实践出来。戏剧成了日常的一部分，而日常也成了戏剧的一部分。戏剧与日常现实交融的做法可以给展览叙事装置带来启示：对于进入世俗生活的文化叙事来说，必须得把生活的一部分"转化"到文化叙事结构中去，以此来充实叙事的密度与厚度，而不至于被日常叙事撕裂或湮没。

还以2017年第七届深港城市\建筑双城双年展为例，展览关注的是城中村的未来发展问题，场地就选择在了南头古城——一个很有特点的城中村，于是这里的日常叙事就自动转化成了该文化叙事的一部分。外来的资源——不同的学者、建筑师和艺术家带来了与此话题相关的新思想和新实践：一方面，通过展示案例作品与现场讨论等方式把跟这个主题相关的理想价值契入叙事之中；另一方面，也通过一些具体的在地实践强化了理想价值与在地的日常叙事之间的联系——文化叙事的"密度"和"厚度"都增强了。事实上，蜂拥而来的观众也是一种外来资源，他们的出现大大强化了该城中村作为文化事件发生地的性质。同时，他们的一言一行都为该主题带来持续性的发酵。整个展览自身的叙事虽然是散点式的，并没有很强的逻辑性，但文化叙事与日常叙事的交互却非常深入，双年展成了城中村难得的盛会，城中村的日常生活成为该主题文化观察下的一部分。

　　复杂的文化叙事对观众自然也提出了更高的要求，社会的发展不光是在塑造展览叙事的形态，也同步在塑造展览叙事的观众。丹尼尔·平克（Daniel H. Pink）在畅销书《全新思维》中就提出人的思维能力在继续进化，他在书中断言我们正在从信息时代走向概念时代，人们将具备更强的从复杂信息中提取必要信息并组织成有效概念的能力——他称之为"高概念"和"高感性"的能力。"高概念"能力包括了"创造艺术美和情感美，辨析各种模式，发现各种机会，创造令人满意的故事，以及将看似无关的观点组合成某种新的观点"。而"高感性"能力包括了"理解他人，了解人际交往的微妙，找到自己的快乐并感染他人，以及打破常规、探寻生命的目标和意义"[89]。事实上，这个描述就是对当代展览叙事装置的理想观众的描述。毕竟，无论能建立起多么理想的叙事，如果不能跟人的思想意识相匹配，一切将都变得无意义。

（三）积极的中立区

如果说过去的展览是依靠博物馆的光环营造了一种"文化保护区"，那今天融入世俗社会的展览叙事装置就是借助其在文化上的含混性而建立的一种"中立区"。这两个概念看似距离并不远，其实却有着质的差别。所谓"保护区"，就意味着里面的东西是脆弱的、值得珍惜的，不小心保护就会灭绝，同时也意味着该区域与外界是一种主动隔离的态度。而"中立区"指的是一个缓冲的区域，它往往处于对立或矛盾的双方（或多方）之间，可以缓解彼此之间的冲突；而且"中立区"也暗含着一种态度——兼容看似冲突的事物，搁置看似对立的矛盾，给个性或激进的想法一个成长的空间，让看似不现实的构想有一块存在的假想地。此外，"中立区"不但是个缓冲的空间，同时也意味着一段缓冲的时间，很多尖锐的冲突会随着时间慢慢地调和，很多不现实的构想会随着时间慢慢变得现实。在这个社会急速发展变化的时代，"中立区"是一个极有价值的概念，更何况，当代展览叙事装置所建立的，是一种"积极的中立区"。

如果我们处在一个稳步发展的时代，社会机制都在有条不紊地运行，既没有大的危机也没有大的变革动力,社会资源都已经被使用到一个合理的系统之中,在这样的社会状态下无论是讨论"中立"这个抽象概念,还是讨论展览叙事装置作为"中立区"这样的具体话题,意义都不大。但今天的我们正处在一个社会快速发展与充满变革愿望的时代,像冲突、断裂、跨界、重建、再生之类的关键词频繁地出现在社会生产与生活的各个领域,这就意味着新的知识与新的生产力正在强烈地冲击着原先的知识结构和社会结构:传统的工业社会在形式上还未完全解体,但正在失去其内在的力量;来自新知识社会的动力在持续不断地增强,但能与之相适应的社会结构却还没有形成。在这样的历史阶段,一切看上去都是不稳定与不清晰的。当原有的结构断裂时,资源就会成为碎片,只有在新观念和新力量的引领下才能组成新的结构,并带来新的价值。而当代的展览叙事装置恰恰是以新观念和新力量为先导——在看似断裂与冲突的事物之中引入新的事物,在看似纷乱繁杂的观念中引入新的视角——正如鲍里斯·格洛伊斯所言:"'当代'的意思可以理解为'时间的同志'——同时间合作,在时间有问题和困难的时候帮它一把。"[90] 这正是当代展览叙事装置以"积极的中立区"的姿态融入现实生活的意义所在。

在我们正在经历的这场社会变革中,中心与边缘(无论是指知识领域还是社会生产领域)正呈现截然不同的状态。中心正在因资源和组织过于僵化而走向荒凉,而边缘——各种领域之间的交界地带却正在成为最具活力的地方。作为曾经的放逐之地,边缘远离传统中心力量的控制,结构相对松散,是各种看似不相容的事物的汇聚和杂交之所,虽然布满矛盾与冲突,但也更能接纳新事物和新观念,是新生力量孕育和发展的理想地带,也是展览叙事装置切入社会现实的合适区域。很多学者都把新的社会结构发展趋势描述为一种生物性结构状态,由于最大的社会驱动力来自知识,而知识又是在快速更新与变化的,因此社会资源与构成力量之间的组合关系将会非常灵活,这也意味着中心与边缘的具体所指也不再是稳定的,而是一种持续变化中的相互关系:新的知识与生产力会把边缘变成中心,中心变成边缘;而在接下来的变化中,边缘可能会再次变成中心的一部分,而新的中心将再次被边缘化……正是在这样变化活跃的社会状态中,当代展览叙事装置作为"积极的中立区"才有机会体现出它的最大价值,展览叙事装置中的文化叙述才具有了积极的社会意义——借助其构想性和实验性,人们才能突破现实的羁绊,建立起超越常规的理解。尤其重要的是,展览叙事装置的这种积极性并不主要是以直接生产的方式参与到社会建设中来,而是会秉持文化的独立性,以此来获得有距离感的社会观察。因此,当代展览叙事装置与现实世界之间的关系必然会呈现一种若实若虚的间离状态。

  人们谈论历史时,通常会说到的一句话是"时势造英雄",任何一种事物的出现与发展都有其真实的社会原因在推动。大约三百年前,在传统社会向现代社会的转型过程中,现代博物馆开始步入公众生活并逐渐证明了其巨大的文化价值,同步还培育出成熟的博物馆文化系统。今天,社会正在面对新的变革,于是我们可以看到"后博物馆"观念的产生,以及"泛博物馆"现象到处出现,这就意味着展览叙事正在向新的阶段发展。"展览叙事装置"既然是应时代而生,就必然会在接下来的社会发展中扮演有价值的角色。事实上,"展览叙事装置"这个词是笔者自拟的,因为笔者无法在社会现有的词汇表中找到合适的称谓来描述这种正在发生却还没被准确定义过的事物。此时,从创作的视角来对它展开一次探讨与研究,虽不敢说填补空白,但也算正当其时。也许未来还会有更多人步入这个研究领域,也会有更多与此话题相关的著作出现,在这里,我且就先抛一块砖吧。

注释

[1] Stewart Susan, The open studio: essays on art and aesthetics, Chicago: University of Chicago Press, 2005.

[2] [法]阿兰·布洛萨:《福柯的异托邦哲学及其问题》,汤明洁译,《清华大学学报》(哲学社会科学版)2016年第5期,第155—162页。

[3] [美]爱德华·P.亚历山大、玛丽·亚历山大:《博物馆变迁》,陈双双译,译林出版社2014年版,第6页。

[4] 同[3]。

[5] 同[3]。

[6] 同[3]。

[7] [美]珍妮特·马斯汀:《新博物馆理论与实践导论》,钱春霞、陈颖隽、华建辉、苗杨译,江苏美术出版社2008年版,第5页。

[8] [美]大卫·卡里尔:《博物馆怀疑论》,丁宁译,江苏美术出版社2014年版,第2页。

[9] [德]乌韦·J.赖因哈特、菲利普·托伊费尔:《博物馆、艺术馆、展览馆:展览和陈设设计》,韩晓旭译,中信出版社2013年版,第16页。

[10] 同[3],第8页。

[11] [美]罗伯特·麦基:《故事:材质、结构、风格和银幕剧作的原理》,周铁东译,天津人民出版社2014年版,第1页。

[12] 同[11],第8页。

[13] 同[3],第8页。

[14] [德]鲍里斯·格洛伊斯:《走向公众》,苏伟、李同良等译,金城出版社2012年版,第64页。

[15] 同[14],第54页。

[16] 同[7],第26页。

[17] Cristina Bechtler and Dora Imhof, Museum of the Future, Zurich:JRP, 2014.

[18] [法]让·鲍德里亚:《消费社会》,刘成富、全志钢译,南京大学出版社2014年版,第1页。

[19] 同[7],第23页。

[20] 同[7],第17页。

[21] 同[7],第236页。

[22] [美]彼得·F.德鲁克:《后资本主义社会》,傅振焜译,东方出版社2009年版,第6页。

[23] 同[9],第18页。

[24] [法]米歇尔·普吕讷:《荒诞派戏剧》,陆元昶译,浙江大学出版社2014年版,第1页。

[25] 同[24]。

[26] 同[7],第24页。

[27] [美]戴维·斯沃茨:《文化与权力:布尔迪厄的社会学》,陶东风译,上海译文出版社2012年版,第114页。

[28] 同[14],第124页。

[29] 同[14],第78页。

[30] [法]米歇尔·福柯:《疯癫与文明:理性时代的疯癫史》,刘北成、杨远婴译,生活·读书·新知三联书店2003年版,第20页。

[31] [法]尼古拉·布里奥:《后制品:文化如剧本:艺术以何种方式重组当代世界》,熊雯曦译,金城出版社2014年版,第5页。

[32] 同[31]。

[33] 优画网资讯:《他当过飞行员,和死去的动物对话,被视为"巫师"却颠覆了艺术史》(https://kknews.cc/zh-hk/history/rberzzv.html)。

[34] 杨扬:《罗曼·西格纳:一半上帝,一半西西弗斯》,《艺术与设计》2014年第12期,第148页。

[35] [美]马克·鲍尔莱因:《最愚蠢的一代》,杨蕾译,天津社会科学院出版社2011年版,第22页。

[36] [加]马歇尔·麦克卢汉:《理解媒介—论人的延伸》,何道宽译,商务印书馆2000年版,第20页。

[37] [美]伊丽莎白·梅里特:《美国博物馆联盟趋势观察》,2015年(https://mp.weixin.qq.com/s/odTovPwNA_e1JZjXmjp3VA)。

[38] 同[37]。

[39] 同[7],第181页。

[40] 同[39]。

[41] [美]刘易斯·芒福德:《城市发展史—起源、演变与前景》,宋俊岭、倪文彦译,中国建筑工业出版社2005年版,第573页。

[42] [英]齐格蒙特·鲍曼:《作为实践的文化》,郑莉译,北京大学出版社2009年版,第30页。

[43] 黄丹麾:《新博物馆理论与后博物馆学》,《中国美术》2013年第5期,第156—159页。

[44] 同[42],第10页。

[45] 同[42],第11页。

[46] 同[45]。

[47] [美]罗伯特·斯科尔斯、詹姆斯·费伦、罗伯特·凯洛格:《叙事的本质》,于雷译,南京大学出版社2015年版,第278页。

[48] 同[11],第18页。

[49] 周宁、何颖:《动作与戏剧性:谭霈生戏剧本体理论的基石》,《戏剧(中央戏剧学院学报)》2003年第4期,第31—39页。

[50] [意]伊塔洛·卡尔维诺:《看不见的城市》,张宓译,译林出版社2006年版,第16—17页。

[51] 同[31],第59页。

[52] 同[42],第7页。

[53] [美]史蒂芬·康恩:《博物馆与美国的智识生活,1876—1926》,王宇田译,上海三联书店2012年版。

[54] 同[7],第23页。

[55] 同[54]。

[56] 同[42],第11页。

[57] 同[47],第273页。

[58] 同[47],第289页。

[59] 同[47],第267页。

[60] 同[7],第173—201页。

[61] 同[47],第270页。

[62] 同[47],第264页。

[63] 同[47],第59页。

[64] 同[47],第270页。

[65] 同[47],第272页。

[66] 同[47]。

[67] 同[7],第23页。

[68] 同[7],第145页。

[69] 同[8],第222页。

[70] 同[42],第11页。

[71] 同[42],第7页。

[72] 顾春芳:《戏剧学导论》,北京大学出版社2014年版,第82页。

[73] 同[72],第74页。

[74] 同[72]。

[75] 同[72],第83页。

[76] [美]理查德·谢克纳:《环境戏剧》,曹路生译,中国戏剧出版社2001年版,第4页。

[77] 同[14],第62页。

[78] 同[14],第61页。
[79] 同[14],第68页。
[80] 同[41],第573页。
[81] 同[42],第11页。
[82] [德]马库斯·米森:《参与的恶梦》,翁子健译,金城出版社2012年版,第201页。
[83] 同[82],第195页。
[84] 同[82],第194页。
[85] [瑞士]汉斯·乌尔里希·奥布里斯特:《关于策展的一切》,任爱凡译,金城出版社2013年版,第73页。
[86] [美]理查德·沃尔特:《剧本:影视写作的艺术、技巧和商业运作》,杨劲桦译,天津人民出版社2017年版,第15页。
[87] 同[11],第6页。
[88] 同[27],第146页。
[89] [美]丹尼尔·平克:《全新思维》,高芳译,浙江人民出版社2013年版,第54、55页。
[90] 同[14],第114页。

后记

一本书的后记通常都是作者向一段写作历程告别,同时也要感谢在写作与出版过程中提供帮助的人。这本书能够最终付梓,固然离不开我自己的努力与坚持,但如果没有身边师友的帮助和家人的支持,恐怕也未必能走到今天。这本书是在我的清华大学博士学位论文的基础上进行再加工完成的,在此必须要感谢我的导师马泉教授。他既是我的老师,也是我的同事与兄长,这些年来,一直以各种方式在支持和帮助我。还要感谢我的好友杨林青,在我萌生了出版这本书的念头之后,有赖于他的热心帮忙联系,才得以与文化艺术出版社结缘。此外,一本书摆在读者面前的时候已经不完全是作者的功劳,在出版的过程中,要感谢本书的编辑王红与王奕丹,是她们认同了这本书的价值,并为之付出了不少心血;还要感谢直径叙事工作室的小伙伴们,有些工作并不显眼,但如果没有你们,这本书的面世时间肯定要大大延后了。

其实,为这本书提供过帮助的人很多,这里无法一一列出,希望大家理解,我本人对于大家的帮助一直铭感于心。希望这本书能有一些社会意义,也算不辜负你们了。

图书在版编目（CIP）数据

流动的博物馆 / 李德庚著 . — 2 版 . — 北京：文化艺术出版社，2021.11
ISBN 978-7-5039-7154-9

Ⅰ.①流… Ⅱ.①李… Ⅲ.①博物馆—流动展览—研究 Ⅳ.① G265

中国版本图书馆 CIP 数据核字（2021）第 230251 号

流动的博物馆

著　　者	李德庚
责任编辑	王　红　　王奕丹
书籍设计	李　响　　马夕雯
出版发行	文化藝術出版社
地　　址	北京市东城区东四八条 52 号（100700）
网　　址	www.caaph.com
电子邮箱	s@caaph.com
电　　话	（010）84057666（总编室）84057667（办公室） 　　　　 84057696 — 84057699（发行部）
传　　真	（010）84057660（总编室）84057670（办公室） 　　　　 84057690（发行部）
经　　销	新华书店
印　　刷	北京荣宝艺品印刷有限公司
版　　次	2022 年 1 月第 2 版
印　　次	2022 年 1 月第 1 次印刷
开　　本	880 毫米 ×1230 毫米　1/32
印　　张	11.25
字　　数	180 千字
书　　号	ISBN 978-7-5039-7154-9
定　　价	98.00 元

版权所有，侵权必究。如有印装错误，随时调换。